| 禁止攀登 | 禁止触摸 | 禁止吸烟 | 禁止启动 | 禁止合闸 | 禁止通行 |

图 1-41　禁止标志图形符号

当心绊倒　当心火灾　当心电缆　当心坠落　当心机械伤人　当心弧光

图 1-42　警告标志图形符号

必须戴　　必须戴　　必须戴　　必须戴　　必须戴　　必须戴
防毒面罩　防尘口罩　防护眼镜　安全帽　防护耳罩　防护手套

图 1-43　指令标志图形符号

紧急出口　　　　电话　向左滑动开门　向右滑动开门　推开　　拉开

图 1-44　提示标志图形符号

当心触电　非电气操作人　止步 高压危险　生命危险　心 险
　　　　　员严禁操作

图 1-45　补充标志图形符号

 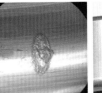 

a) 疲劳剥落　　　　　　　　　　　　b) 裂纹、断裂

图 5-13　常见滚动轴承失效形式

  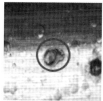

c) 磨损   d) 电流腐蚀

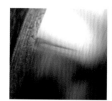  

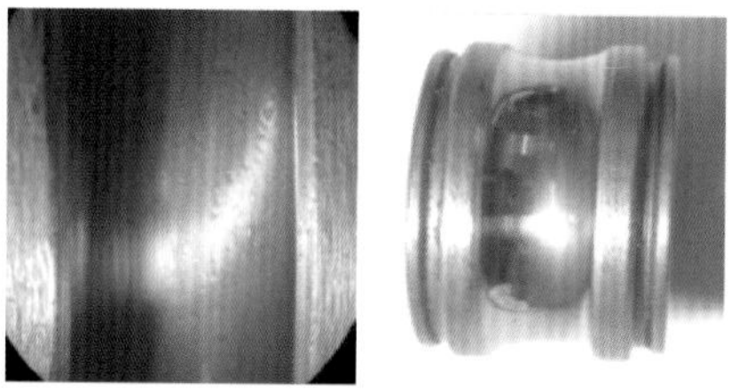

e) 压痕   f) 锈蚀    g) 保持架断裂

图 5-13 常见滚动轴承失效形式（续）

设备点检标准卡									
点检简图	NO	部位	负责人	标准	要点	方法	周期	时间	目的明确化
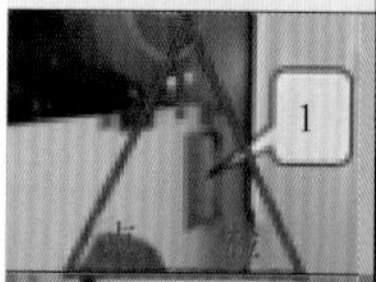	1	液压系统油位	操作者	油位在上下限之间	如异常应通知加油人员	目视确认	每班班前	10s	保证液压系统正常工作
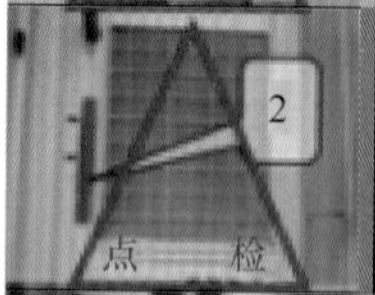	2	水冷装置液位	操作者	液位在上下限之间	如异常应通知维护人员	目视确认	每班班前	10s	保证冷却系统正常工作
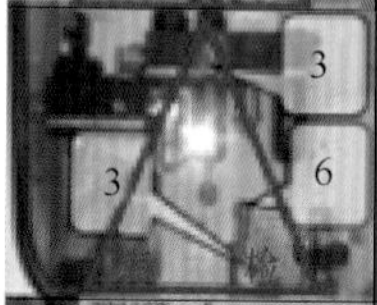	3 6	气动区域空气压力、气动区域是否漏气	操作者	是否与标准值一致、无漏气响声	如异常应通知维护人员	目视确认、听觉、触觉确认	每班班前	20s	保证气动系统正常工作
	4	操作面板	操作者	操作面板无故障警告信息	如异常应通知维护人员	目视确认	每班班前	10s	确认区域防护等是否安全有效，自动监测的效值是否正常

图 5-20 "设备点检标准卡"样例

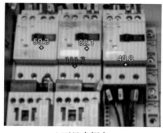 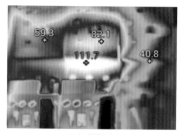

a) 可见光视角   b) 红外视角

图 5-26 红外热成像仪检测图

国家职业技能标准汽车行业评价规范配套教材

汽车机电
维 修 工

（初级工）

中国人才研究会汽车人才专业委员会　组　编
刘　源　主　编
韩亚军　主　审

机械工业出版社
CHINA MACHINE PRESS

本书主要面向汽车行业机电维修工，旨在规范从业者的从业行为，引导职业教育培训的方向，为职业技能鉴定提供考核依据。本书主要包括电器安装和线路敷设、继电器控制电路装调维修、电子电路焊接作业、钳工基本作业、机械设备装调与维护等内容。本书参照行业标准，具有图文并茂、编排形式新颖等特点，特别注重培养实际操作技术能力，与汽车生产和社会发展联系紧密。

　　本书可作为国家职业技能标准汽车行业评价规范的培训教材，也可供职业院校汽车机电维修相关专业的师生参考。

图书在版编目（CIP）数据

汽车机电维修工：初级工 / 中国人才研究会汽车人才专业委员会组编；刘源主编.-- 北京：机械工业出版社，2024.8.--（国家职业技能标准汽车行业评价规范配套教材）.-- ISBN 978-7-111-76039-9

Ⅰ.U472.41

中国国家版本馆 CIP 数据核字第 2024ME2215 号

机械工业出版社（北京市百万庄大街22号　邮政编码100037）
策划编辑：舒　恬　　　　　　　　责任编辑：舒　恬
责任校对：张勤思　马荣华　景　飞　　封面设计：张　静
责任印制：任维东
河北鑫兆源印刷有限公司印刷
2024年11月第1版第1次印刷
184mm×260mm・18.25印张・1插页・413千字
标准书号：ISBN 978-7-111-76039-9
定价：89.90元

电话服务　　　　　　　　　　网络服务
客服电话：010-88361066　　机　工　官　网：www.cmpbook.com
　　　　　010-88379833　　机　工　官　博：weibo.com/cmp1952
　　　　　010-68326294　　金　书　网：www.golden-book.com
封底无防伪标均为盗版　机工教育服务网：www.cmpedu.com

编审委员会

主　任：朱明荣

副主任：李喆乐

委　员：黄晓静、桑梦倩

编审人员

主　审：韩亚军

主　编：刘　源

参　编：刘芳亮、刘　乐、李　征、毛　鹏、孙兴龙、
田永斌、魏明伟、汪　清、徐跃宏、俞海金、
晏军飞、喻剑平、张东升、周正威

我国汽车产销量连续 15 年蝉联全球第一，国内汽车保有量也在急剧增长。汽车机电维修工是汽车维护保养的关键角色，负责修复汽车的电气和机械问题，保障车辆的正常运行，同时确保维修工作的质量和安全性。目前，我国部分机电维修从业人员存在缺乏专业知识、操作不规范、安全环保意识较弱等问题，因此，行业内急需优秀的机电维修技术技能型人才。

为规范从业者的从业行为，引导职业教育培训的方向，为职业技能鉴定提供依据，适应经济社会发展和科技进步的客观需要，立足培育工匠精神和树立精益求精的敬业风气，依据《中华人民共和国劳动法》，2020 年 8 月，中国人才研究会汽车人才专业委员会发布了《国家职业技能标准汽车行业评价规范》。基于该规范，中国人才研究会汽车人才专业委员会组织了汽车行业 16 家大型整车企业的专家，共同编撰了这本面向整车企业的机电维修教材，旨在全面提升汽车行业机电维修工的工作水平。从内容体例上，本书主要内容包括电器安装和线路敷设、继电器控制电路装调维修、电子电路焊接作业、钳工基本作业、机械设备装调与维护五个部分。本书在博采众长的基础上，力求达成以下两个目标。

1）以行动为导向，体现贴合企业实际特色。

本书采用"以行动为导向，基于实际工作流程"的理念开发，重构了机电维修工教育的课程体系。书中每个知识点都与机电维修工的工作内容密切相关。

2）以能力为本位，对接职业技能等级考核标准。

编者参考《国家职业技能标准汽车行业评价规范》中的电工（机电维修）模块标准，有针对性地调整了各项目任务，学生可根据自己的需要选择学习。本书增加了大量的岗位所需的基础知识点和技术知识点。同时，本书的素材来自当今行业内知名、技术领先的各大整车厂，使本书的内容能够充分反映当前汽车机电维修技术的发展水平。

重庆城市职业学院的韩亚军担任本书的主审，负责教材整体审核、体例设计与主要内容选定。重庆长安汽车股份有限公司刘源担任本书的主编，负责总体策划、大纲编写、架构搭建、体例设计与主要内容选定，以及部分章节的撰写。参与本书编写的人员分工如下：第一章第一、第二节由广州汽车集团股份有限公司孙兴龙编写；第一章第三、第四节由海马汽车股份有限公司周正威编写；第二章第一节由安徽江淮汽车集团股份有限公司汪清编写；第二章第二节由江铃汽车股份有限公司喻剑平编写；第二章第三节由威马汽车技术有限公司毛鹏编写；第三章由重庆长安汽车股份有限公司田永斌编写；第四章第一节由东风汽车集团有限公司魏明伟、刘芳亮编写；第四章第二节由广州汽车集团股份有限公司晏军飞编写；第四章第三节由陕西汽车控股集团有限公司李征编写；第五章由奇瑞汽车股份有限公司徐跃宏、威马汽车技术有限公司张东升、中国重型汽车集团有限公司刘乐、东南（福建）汽车工业有限公司俞海金编写。

在此，对为本书的出版给予帮助和支持的有关单位和同志表示衷心感谢。另外，本书还参考了很多国内外相关领域的技术资料，也对这些文献的作者表示感谢。

本书内容全面、通俗易懂，所选择的知识内容与企业岗位需求紧密联系在一起，既能满足企业培训的要求，也可以作为高等职业院校汽车专业理实一体化教学用书。

由于编者水平和经验有限，书中难免有不足之处，望同行专家和读者朋友们多提宝贵的意见和建议，以供本书再版修订时参考。

中国人才研究会汽车人才专业委员会

目 录

第一章　电器安装和线路敷设

第一节　低压电器选用

一、常见低压电器符号认知

1. 开关符号

刀开关一般用于不需要经常切断与闭合的交、直流低压（不大于 500V）电路。额定电压下，其工作电流不能超过额定电流。根据控制极数的不同，可分为单极刀开关、双极刀开关和三极刀开关，其符号标识如图 1-1 所示。

a) 单极刀开关　　b) 双极刀开关　　c) 三极刀开关

图 1-1　刀开关符号标识

2. 熔断器符号

熔断器是指当电流超过设定值一段时间后，其本身产生热量熔断熔体，从而断开电路的一种电器。熔断器分为一般熔断器和快速熔断器，一般熔断器符号标识如图 1-2 所示，快速熔断器符号标识如图 1-3 所示。

图 1-2　一般熔断器符号标识　　　　　图 1-3　快速熔断器符号标识

3. 继电器符号

继电器是一种电磁控制类器件，常应用于自动控制电路中，起到用小电流控制大电流的作用，在电路中起着自动调节、安全保护、转换电路等作用。常见继电器有中间继电器和时间继电器。时间继电器又分为通电延时继电器和断电延时继电器。

（1）中间继电器

中间继电器符号标识如图1-4所示。

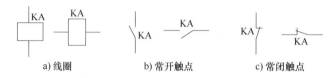

图1-4　中间继电器符号标识

（2）时间继电器

1）通电延时继电器符号标识如图1-5所示。

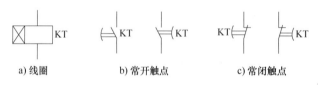

图1-5　通电延时继电器符号标识

2）断电延时继电器符号标识如图1-6所示。

图1-6　断电延时继电器符号标识

4. 接触器符号

接触器是指在工业电路中，利用其线圈流过电流产生磁场，在磁场的作用下使衔铁动作，从而使主触点闭合，以达到控制负载的电器。接触器主要由电磁系统、触点系统、灭弧系统及其他部分组成。按线圈接入的电压形式分为交流接触器（电压 AC）和直流接触器（电压 DC），其图形符号如图1-7所示。

图1-7　接触器符号标识

二、常见低压电器分类和选型

1. 按功能分类

（1）配电电器

配电电器主要应用于低压配电系统，当系统发生异常时，可准确、可靠地动作，在设定的条件下具有动稳定性和热稳定性，保护用电设备不被损坏。常见的低压电器有刀开关（图1-8）、转换开关（图1-9）、断路器（图1-10）和熔断器（图1-11）等。

图1-8　刀开关 HD11-400/38 外观图

图1-9　转换开关 LW26203 外观图

图1-10　断路器 NXB-63 C32 外观图

图1-11　低压熔断器 RT18-32X 外观图

（2）控制电器

控制电器主要应用于电气控制系统，要求能够快速、准确和可靠地动作，实现对电路稳定性控制的功能。常见的控制电器有继电器（图1-12）、接触器（图1-13）和主令电器（图1-14）等。

图1-12　带底座继电器 MY4N-D2 外观图

图1-13　接触器 3RT6016-1KB41 外观图

a) 传感器VGB30-TGF-AZ　　b) 行程开关KYJ-10

图 1-14　主令电器外观图

2. 按动作方式分类

（1）手动类

手动类电器是依靠外力直接操作来进行切换的电器，如刀开关（图 1-15）、按钮开关（图 1-16）等。

图 1-15　刀开关 HK2-63/2 外观图　　　图 1-16　按钮开关 XB2-BA61C 外观图

（2）自动类

自动类电器是依靠指令或物理量变化而自动动作的电器，如继电器（图 1-17）、接触器（图 1-18）等。

图 1-17　带底座继电器 JZX-22F（D）/4Z 外观图　　　图 1-18　接触器 CJX2-1210 外观图

3. 选型标准

（1）刀开关选型

1）按功能选型：仅作隔离开关用时，可选用不带灭弧罩的产品，且只能在无负荷下操作；刀开关须分断负荷时，应选用带灭弧罩且通过杠杆来操作的产品。

2）按技术参数选型：刀开关额定电压应大于或等于线路实际的工作电压，额定电流应大于或等于线路实际的工作电流；其极数可按照需求选择。

3）按负载选型：电动机做负载时，开启式刀开关额定电流取电动机额定电流的 3 倍；封闭式刀开关额定电流可取电动机额定电流的 1.5 倍。

4）H 系列刀开关型号参数含义如图 1-19 所示。

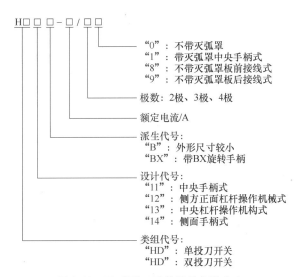

图 1-19　H 系列刀开关型号参数含义

（2）断路器选型

1）断路器是一种低压保护开关，是可以实现短路、过载，或欠压等功能的保护开关。断路器主要由主触点、灭弧系统、操作机构、保护机构组成，其外观如图 1-20 所示，断路器原理如图 1-21 所示。

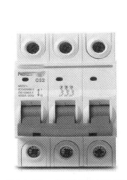

图 1-20　断路器外观图

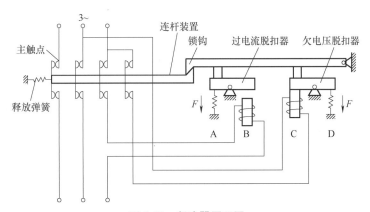

图 1-21　断路器原理图

2）断路器选型标准如下。

① 断路器的额定工作电压≥线路额定电压。

② 断路器的额定短路通断能力≥线路计算负载电流。

③ 断路器的额定短路通断能力≥线路中最大短路电流。

④ 线路末端单相对地短路电流≥1.25 倍断路器瞬时（或短延时）脱扣整定电流。

⑤ 断路器欠压脱扣器额定电压等于线路额定电压。

⑥ 断路器的分励脱扣器额定电压等于控制电源电压。

3）断路器工作原理是主触点由手动操作来闭合，当主触点闭合时，连杆装置与锁钩保持闭合状态。当出现过电流、过载，或者欠电压时，连杆机构在弹簧或者电磁铁的作用力下与锁钩脱离，断开主触点。

正常情况下，A 弹簧会拉着过电流脱扣器。当出现短路或者过载时 B 电磁铁磁力变大，克服 A 弹簧的作用力，将过电流脱扣器顶起，主触点断开。欠电压脱扣器正好相反，正常情况 C 电磁铁吸力大于 D 弹簧的作用力，欠电压脱扣器无动作。当欠电压产生时，C 电磁铁吸力降低，小于 D 弹簧的作用力，导致欠电压脱扣器将锁钩顶起，断开主触点。

脱扣脱开后，必须复位才可以继续工作。

（3）熔断器选型

1）按使用环境选型要求如下。

① 电网配电保护：一般使用刀型触头熔断器，如图 1-22 所示。

② 照明电路保护：一般使用圆筒帽式熔断器，如图 1-23 所示。

图 1-22　刀型触头熔断器 RT36-00 外观图

图 1-23　圆筒帽式熔断器 RT28-63 外观图

③ 电动机保护：一般使用螺旋式熔断器，如图 1-24 所示。

④ 可控硅元件保护：一般使用快速熔断器，如图 1-25 所示。

图 1-24　螺旋式熔断器 RL1-60 外观图

图 1-25　快速熔断器 RGS-11 外观图

2) 按技术参数选型要求如下。

① 对于照明电路和电热设备等电阻性负载，因负载电流比较稳定，熔断器可用作过载保护和短路保护。熔体额定电流 I_{rn} 应等于或稍大于负载的额定电流 I_{fn}。

$$I_{rn} \geqslant I_{fn}$$

② 对于电动机起动电路，因电动机起动电流很大，熔断器只宜作短路保护；对于保护长期工作的单台电动机，考虑到电动机起动时熔体不能熔断，轻载起动或起动时间较短时，系数值可取 1.5；带重载起动、起动时间较长或起动较频繁时，系数值可取 2.5。

$$I_{rn} \geqslant (1.5 \sim 2.5) I_{fn}$$

③ 对于保护多台电动机的熔断器，考虑到在出现尖峰电流时不熔断熔体，熔体的额定电流应等于或大于最大一台电动机的额定电流的 1.5～2.5 倍，加上同时使用的其余电动机的额定电流之和。

$$I_{rn} \geqslant (1.5 \sim 2.5) I_{fnmax} + \sum I_{fn}$$

式中，I_{rn}——多台电动机中容量最大的一台电动机的额定电流；

I_{fnmax}——其余各台电动机额定电流之和。

④ 熔断器额定电压 U_{rn} 应等于或大于所在电路的额定电压 U_{fn}。

$$U_{rn} \geqslant U_{fn}$$

3) R 系列熔断器型号参数含义如图 1-26 所示。

（4）**热继电器选型**

1) 热继电器属于保护元器件，用来保护电动机或其他用电设备免受长期过载的危害，如图 1-27 所示。

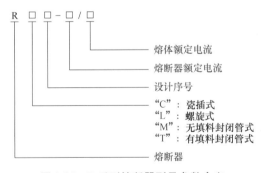

图 1-26 R 系列熔断器型号参数含义

图 1-27 热继电器实物外观图

2) 选型标准如下。

① 热继电器的额定电流 = 0.95～1.05 倍的电动机额定电流。

② 电动机回路，热继电器的整定电流应等于电动机的额定电流。

③ 当热继电器周围的环境温度不为 35℃ 时，应整定为 $\sqrt{(95-t)/60}$，t 为环境温度。

3) 热继电器一般接在主电路中，双金属片是由两种膨胀系数不同的金属碾压而成的。下层的金属膨胀系数要大于上层金属，当双金属受热时，它会向上弯曲，导致脱扣，从而断开主电路。

电动机在正常运行过程中，线缆不会发热。但是在拖动过载电路时，转速下降，线圈中的电流会增大发热元器件的发热，导致双金属片动作。但是当过载电流不是很大并且过载时间比较短的时候，热继电器是不会动作的，这样减少了因电动机起动电流过大造成的误动作。热继电器选用要根据电流进行选择，而且热继电器具有调节整定电流的调节旋钮，可以对热继电器的额定电流进行调整。热继电器原理如图 1-28 所示，元件符号如图 1-29 所示。

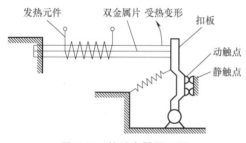

图 1-28　热继电器原理图

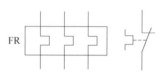

图 1-29　热继电器符号图

（5）组合开关选型

1）组合开关常用于电源引入，可直接起动和停止小容量笼型电动机，如图 1-30 所示，还可以控制单相电动机正反转、局部照明等。组合开关由多片动触点、静触点组装在绝缘盒内组成，动触点与转轴相连接，通过旋转手柄可使动触点与静触点接通或者断开。组合开关的结构如图 1-31 所示。

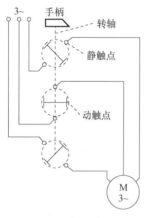

图 1-30　组合开关原理图

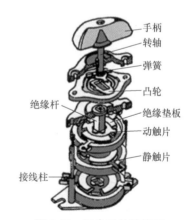

图 1-31　组合开关结构图

2）选型标准如下。

① HZ5 系列普通型组合开关适用于交流 50Hz、电压 380V 及以下、额定电流 60A 及以下的电路，可用于电源开关，控制电路的换向，或对电动机直接起动、变速、停止和换向等。HZ5 组合开关型号参数含义如图 1-32 所示。

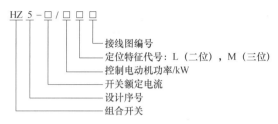

图 1-32　HZ5 组合开关型号参数含义

② HZ10 系列普通型组合开关适用于交流 50Hz、电压 380V 及以下、直流电压 220V 及以下的电路，可用于手动非频繁接通、断开电源，电动机换向，测量三相电压，改变负荷连接方式（串联、并联）或控制小容量交直流电动机。HZ10 组合开关型号参数含义如图 1-33 所示。

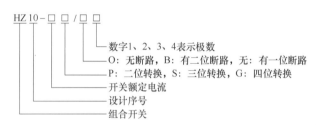

图 1-33　HZ10 组合开关型号参数含义

（6）继电器选型

1）中间继电器选型要点如下。

按照使用环境选型：主要指温度（最大和最小）、湿度（一般为 40℃下的最大相对湿度）、低气压（高度<1000m 忽略）、振动和冲击；还包含封装方式、安装形式、外观尺寸及绝缘要求等。对电磁干扰或射频干扰比较敏感的装置，宜选择直流继电器。

中间继电器选型主要考虑以下因素。

① 控制电压，即线圈电压。一般情况下，在额定电压的 70%～80% 可以确保继电器动作，低于 15% 就可以确保复位。

② 确认触点结构。中间继电器常见触点结构是单刀双掷结构，即 1 常开 1 常闭组成一组。通常会把这样的结构称为极，比如 2 极、4 极，就分别表示 2 组常开常闭、4 组常开常闭。在选型中必须明确常开及常闭点使用个数。

③ 电压和电流，选择时必须分开确定。另需注意负载类型，感性负载下，其接点电压和电流比阻性负载下要小。

④ 安装方式。选型时主要需确认底座的安装方式。

⑤ 触点输出参数，主要是指触点负载性质，如感性负载、容性负载等。

2）时间继电器选型要点如下。

① 时间继电器按照工作原理的不同，可分为空气阻尼式时间继电器、电子式时间继电

器、电动式时间继电器、电磁式时间继电器等。各类时间继电器优缺点见表1-1。

表1-1　时间继电器优缺点对比

分类	空气阻尼式	电子式	电动式	电磁式
优点	结构简单、成本低、延时范围大、使用寿命长	结构简单、延时范围广、精度高、调整方便	延时精度高、延时可调范围大	结构简单、成本低
缺点	延时误差大	—	结构复杂、成本高	延时短，仅能用于直流延时通电

② 时间继电器按延时方式分类，可分为通电延时型和断电延时型。

a）通电延时型。此类时间继电器在获得输入信号后，立即开始延时，延时至设定时间后，输出信号控制电路。当输入信号消失后，继电器立即恢复到初始状态。其外观如图1-34所示。

b）断电延时型。此类时间继电器在获得输入信号后，立刻输出信号控制电路。当输入信号消失后，继电器需要延时至设定的时间，才能恢复到初始状态。其外观如图1-35所示。

图1-34　通电延时继电器

H3Y-2-C外观图

图1-35　断电延时继电器

JSZ3F6S-DC24V外观图

（7）接触器选型

1）交流接触器的组成。交流接触器是一种三极主触点常开，以空气为灭弧介质的电磁式交流接触器件。其主要组成部分有线圈、衔铁（静铁心和动铁心）、动/静触点、辅助触点、灭弧罩等。其按负荷可分为12类，见表1-2。

表1-2　交流接触器按照负荷分类

负荷分类	AC-1	AC-2	AC-3	AC-4	AC-5a	AC-5b
说明	交流接触器对应的控制对象是无感或微感负荷，如白炽灯、电阻炉等	交流接触器用于绕线式异步电动机的起动和停止	交流接触器的典型用途是笼型异步电动机的运转和运行中分断	交流接触器用于笼型异步电动机的起动、反接制动、反转和点动	接触器用来控制放电灯的通断	接触器用来控制白炽灯的通断

（续）

负荷分类	AC-6a	AC-6b	AC-7a	AC-7b	AC-8a	AC-8b
说明	接触器用来控制变压器的通断	接触器用来控制电容器组的通断	接触器用来控制家用电器和类似用途的低感负载	接触器用来控制家用的电动机负载	接触器用来控制具有手动复位过载脱扣器的密封制冷压缩机中的电动机	接触器用来控制具有自动复位过载脱扣器的密封制冷压缩机中的电动机

2）直流接触器的组成。直流接触器的组成与交流接触器一致，但其铁心为直流控制的接触器。直流接触器的铁心没有涡流存在，一般用软钢或工业纯铁制成圆形。由于直流接触器的吸引线圈中通过的是直流电，所以没有冲击的起动电流，也不会产生铁心猛烈撞击现象，因此，它的寿命长，适用于频繁起停的场合。

3）接触器工作原理。如图 1-36 所示，当接触器线圈通电后，线圈电流产生磁场，使静铁心产生电磁吸力吸引动铁心，并带动触点动作：常闭触点断开，常开触点闭合，两者是联动的。当线圈断电时，电磁吸力消失，衔铁在释放弹簧的作用下释放，使触点复原：常开触点断开，常闭触点闭合。

4）接触器选型原则如下。

① 接触器的电压等级要和负载相同，选用的接触器类型要和负载相适应。

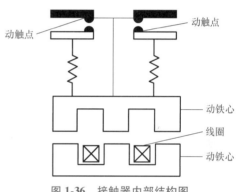

图 1-36　接触器内部结构图

② 负荷的测算电流量要合乎直流接触器的容积级别，即测算电流量不大于直流接触器工作中的额定电流量。

③ 短路时的动、热稳定校验。线路的三相短路电流不应超过接触器允许的动、热稳定电流。当使用接触器断开短路电流时，还应判断接触器的分断能力。

④ 接触器线圈的额定电压、电流及辅助触点的数量、电流容量应满足控制回路接线要求。一般要求接触器要能够在 85% ~ 110% 的额定电压值下工作。若线路过长，压降较大，接触器线圈对合闸指令失效。若线路电容太大，则接触器线圈对断闸指令失效。

⑤ 根据操作次数校验接触器所允许的操作频率。如果操作频率超过规定值，额定电流应该加大一倍。

⑥ 短路保护元件参数应该和接触器参数配合选用。选用时可参见样本手册，样本手册一般给出的是接触器和熔断器的配合表。

⑦ 接触器和断路器的配合，需根据断路器的过载系数和短路保护电流系数来判断。接触器约定发热电流应小于断路器的过载电流，接触器的接通、断开电流应小于断路器的短路

保护电流。实际应用中，接触器在一个电压等级下约定发热电流和额定工作电流比值在 1~1.38 之间。

（8）按钮选型原则

按钮是用于控制电路中的接通或者断开的电气设备，按钮根据结构不同分为常开按钮、常闭按钮、复合按钮，见表 1-3。

表 1-3　按钮分类

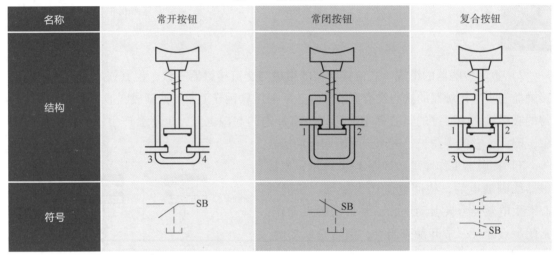

名称	常开按钮	常闭按钮	复合按钮
结构			
符号			

按钮一般由按钮帽、弹簧、动触点、静触点、外壳等组成，外观如图 1-37 所示，图中为按钮未被按下时的状态。当按钮被按下时，动断触点断开，动合触点闭合，当按钮被松开时，在弹簧的作用力下动合触点断开，动断触点闭合。

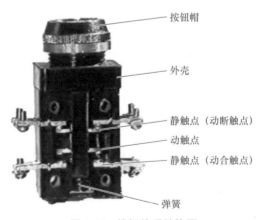

图 1-37　按钮外观结构图

需要注意的是，复合按钮的动断跟动合触点是按照一定顺序动作的，当按钮被按下时动断触点先断开，然后动合触点再闭合；当松开按钮时，动合触点先断开，动断触点再闭合。在电路设计时要考虑按钮的动作顺序，否则容易出现误动作，导致设备出现故障并产生电气事故。按钮型号参数含义如图 1-38 所示。

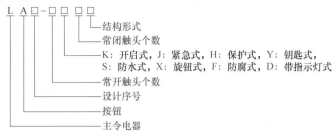

图 1-38　按钮型号参数含义

三、常见防爆电气设备认知

1. 防爆标志

（1）爆炸性环境

以气体为例，爆炸性气体环境爆炸危险区域分类见表 1-4。要达到爆炸的程度，必须同时满足以下三个条件。

1）在空间内有可达到燃烧的气体。

2）在空间内有定量的氧气。

3）在以上两个条件满足的前提下有足够的热量点燃气体。

综上所述，也可理解为当温度、压力、爆炸物浓度三个条件都满足时，将会产生爆炸。

表 1-4　爆炸性气体环境爆炸危险区域分类

分类	0 区	1 区	2 区
定义	爆炸性气体环境连续出现，长时间存在的场所	在正常运行时可能会出现爆炸性气体环境的场所	在正常运行时，不可能出现爆炸性气体环境，如果出现也是偶尔发生而且只是短时间存在的场所

（2）防爆标志构成

爆炸性气体环境用电气设备防爆标志应包括以下几部分。

1）防爆标志 Ex，表示该设备为防爆电气设备。

2）防爆型式，表明该设备采用何种措施进行防爆，如 d 为隔爆型，p 为正压型，i 为本质安全型。

3）类别符号。常见防爆设备主要分为两大类，Ⅰ 类为煤矿井下用电气设备，Ⅱ 类为工厂用电气设备。

4）防爆级别。防爆级别分为 A、B、C 三级，用来表示防爆能力的强弱。

5）温度组别。温度组别分为 T1~T6 共六组，说明该设备的最高表面温度允许值。

2. 防爆等级

（1）防爆等级划分标准

防爆电气设备的防爆等级划分是根据设备使用的类别、爆炸性气体混合物的温度组别、防爆电气设备的防爆型式来划分的。

1）Ⅰ类为煤矿井下用电气设备。

2）Ⅱ类为除矿井以外的场所使用的电气设备。依照最大试验安全间隙（MESG）或最小点燃电流（MIC）比值来区分，Ⅱ类电气设备又分为ⅡA、ⅡB、ⅡC三个类别。

以上四个类别主要是根据不同工况下可能引爆的最小火花能量。我国和欧洲及世界上大部分国家和地区将爆炸性气体分为此四个危险等级，具体区别见表1-5。

表1-5　爆炸性气体分级分组

电气设备类别	代表性气体	气体分级	最大试验安全间隙（MESG）	最小点燃电流（MIC）
Ⅰ类	甲烷（沼气）	—	—	—
ⅡA类	丙烷	A	MESG>0.9mm	MIC比值大于0.8
ⅡB类	乙烯	B	MESG＝0.5～0.9mm	MIC比值为0.45～0.8
ⅡC类	氢气/乙炔	C	MESG<0.5mm	MIC比值小于0.45

注：1. Ⅰ类：煤矿井下（甲烷）用电气设备；Ⅱ类：工厂（除煤矿外的其他爆炸性气体环境）用电气设备。
　　2. 仅适用于Ⅱ类隔爆型"d"和本质安全型"i"电气设备，以及部分"n"型电气设备。

3）Ⅲ类电气设备用于除煤矿以外的爆炸性粉尘环境，Ⅲ类电气设备还可分为ⅢA类：可燃性飞絮；ⅢB类：非导电性粉尘；ⅢC类：导电性粉尘。

（2）温度组别划分标准

根据爆炸性气体混合物引燃温度的差异，温度组别分为T1、T2、T3、T4、T5、T6六种，引燃温度用t（单位为℃）表示。Ⅱ类电气设备最高表面温度分组温度见表1-6。

表1-6　Ⅱ类电气设备最高表面温度分组

温度组别	设备最高表面温度/℃
T1	450
T2	300
T3	200
T4	135
T5	100
T6	85

3. 防爆型式

1）电气防爆型式见表1-7。

表 1-7　电气防爆型式

类型	隔爆型	增安型	本质安全型	正压型	液浸型
字母标识	d	e	i	p	o
类型	充砂型	无火花型	浇封型	特殊型	粉尘防爆型
字母标识	q	n	m	s	DIP A

2）引起爆炸有三个必要条件，三个条件需同时具备——爆炸燃点；助燃气体（特殊物质可以在非氧条件下燃烧爆炸，如镁可在二氧化碳中剧烈燃烧）；可燃物。

3）防止爆炸的产生必须从三个必要条件来考虑，限制了其中的一个必要条件，就限制了爆炸的产生。应防止化工厂、炼油厂中爆炸性和易燃性的物质可能引起的爆炸。设备和管道因密封不良而引起爆炸性或易燃性物质外泄，遇到仪表的电气接点和电气设备短路时形成的火花，都可能引起爆炸或燃烧。常见防爆措施如下。

① 选择相应的防爆型仪表和防爆型电气设备，标准的结构有隔爆型、增安型、正压型、充砂型、本质安全型和液浸型等。

② 选用适当的通风方法。

③ 预防或最大限度地降低易燃物质泄漏的可能性。

④ 不用或尽量少用易产生电火花的电气元件。

⑤ 采取充氮气等方法维持惰性状态。

4. 防爆设备

（1）隔爆型电气设备

隔爆型电气设备指把能点燃爆炸性混合物的部件封闭在一个外壳内。该外壳能承受内部爆炸性混合物的爆炸压力并阻止和周围的爆炸性混合物传爆的电气设备。

（2）增安型电气设备

增安型电气设备正常运行条件下，不会产生点燃爆炸性混合物的火花或危险温度，并在结构上采取措施，提高其安全程度，以避免在正常和规定过载条件下出现点燃现象的电气设备。

（3）本质安全型电气设备

本质安全型电气设备指在正常运行或在标准试验条件下所产生的火花或热效应均不能点燃爆炸性混合物的电气设备。

（4）无火花型电气设备

无火花型电气设备指在正常运行条件下不产生电弧或火花的电气设备。

（5）防爆设备供电限制措施

防爆设备的供电限制措施主要体现在以下三个方面。

1）将动力电与电子元件隔离。

2）采取措施杜绝外界干扰电磁场通过继电或电流输出端耦合至电子元件中。

3）限制传感电路的工作电源及电压的本质安全型电路可分为两类：i_a 及 i_b。i_b 本质安全电路必须保证正常工作状态下以及系统中存在一起故障时，电路元器件不发生燃爆；i_a 本质安全电路则要求正常工作状况下及存在两起故障时，元器件不发生燃爆。

（6）设备防爆标志

爆炸性气体环境电气设备防爆标志参数含义如图 1-39 所示。设备防爆标志举例说明如图 1-40 所示。

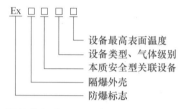

图 1-39　爆炸性气体环境电气设备防爆标志参数含义

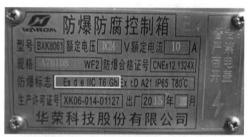

字母标识	Ex	d	e	ⅡC	T6	Gb
含义	防爆标志	隔爆型	增安型	Ⅱ类设备C类气体	设备最高表面温度为85℃	设备保护等级为Gb级

图 1-40　设备防爆标志举例说明

四、常见安全装置标志认知

1. 安全标志

安全标志是指用以表达特定安全信息的标志，由图形符号、安全色、几何形状（边框）或文字构成，它是向工作人员警示工作场所或周围环境的危险状况，指导人们采取合理行为的标志。安全标志能够提醒工作人员预防危险，从而避免事故发生。安全标志分为以下五大类。

（1）禁止标志

禁止标志用以禁止或制止人们的某些行动。禁止标志的几何图形是带斜杠的圆环，其中圆环与斜杠相连，用红色，图形符号用黑色，背景用白色。常见禁止标志如图 1-41 所示。

（2）警告标志

警告标志用以警告人们可能发生的危险。警告标志的几何图形是正三角形，黑色边框，黑色符号，黄色背景。常见警告标志如图 1-42 所示。

禁止攀登　　禁止触摸　　禁止吸烟　　禁止启动　　禁止合闸　　禁止通行

图 1-41　禁止标志图形符号（见彩插）

当心绊倒　　当心火灾　　当心电缆　　当心坠落　　当心机械伤人　　当心弧光

图 1-42　警告标志图形符号（见彩插）

（3）指令标志

指令标志的含义是指必须遵守。指令标志的几何图形是圆形，蓝色背景，白色图形符号。常见指令标志如图 1-43 所示。

必须戴　　　必须戴　　　必须戴　　　必须戴　　　必须戴　　　必须戴
防毒面罩　　防尘口罩　　防护眼镜　　安全帽　　　防护耳罩　　防护手套

图 1-43　指令标志图形符号（见彩插）

（4）提示标志

提示标志用以示意目标的方向。提示标志的几何图形是矩形，绿色背景，白色图形符号及文字。常见提示标志如图 1-44 所示。

紧急出口　　　　电话　　向左滑动开门　向右滑动开门　　推开　　　拉开

图 1-44　提示标志图形符号（见彩插）

（5）补充标志

补充标志是对前述四种标志的补充说明，以防误解。常见补充标志如图 1-45 所示。

图 1-45　补充标志图形符号（见彩插）

17

2. 安全装置

安全装置是指企业在生产经营活动中，防止生产安全事故发生或在发生生产安全事故时，可用于救援的设备，其目的是保护作业人员的安全。自动线体常见的安全防护装置有以下五大类。

（1）安全门

安全门采用电气安全连锁控制原理，实现对人员的安全保护。当作业人员通过安全门进入自动线体时，切断作业设备控制电源，确保设备无法动作，从而达到保护作业人员安全的目的。进入自动线体时，须在安全门上锁处悬挂安全锁，进行机械锁死，防止线体启动。工作完成后，取下安全锁，关闭安全门，复位，切换到自动状态，线体重新启动。安全门如图 1-46 所示。

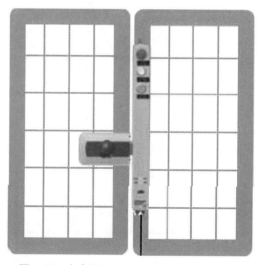

图 1-46　安全门 PSEN sg2c-5LPLLE 外观图

（2）光栅

光栅指由大量等宽等间距的平行狭缝构成的光学器件。光栅成对出现，分为发射端和接收端。当人或异物闯入光栅时，发射端的光信号受到遮挡，接收端无法接收到发射端的光信号，从而切断作业设备的控制电源，确保设备无法动作，达到保护作业人员安全的目的。人或异物离开光栅检测区域后，复位，上自动，线体重新启动。光栅如图 1-47 所示。

（3）区域扫描仪

区域扫描仪指由光信号构建一个扫描平面的光学器件，可根据保护区域的需求不同，自行设定光信号保护区域形状。当人或异物闯入区域扫描仪设定的平面范围时，区域扫描仪检测到有异物侵入信号，从而切断作业设备的控制电源，确保设备无法动作，达到保护作业人员安全的目的。人或异物离开区域扫描仪检测区域后，复位，上自动，线体重新启动。区域扫描仪如图 1-48 所示。

图 1-47　光栅发射端 C4C-SA07530A10000 和
接收端 C4C-EA07530A10000 外观图

图 1-48　区域扫描仪
microScan3 外观图

（4）急停开关

急停开关指紧急情况下，可快速切断作业设备控制电源的一种主令控制电器，能达到保护作业人员或设备安全的目的。急停开关按下后，须旋转复位或拔出，不能自复位。复位并上自动后，线体重新启动。急停开关如图 1-49 所示。

（5）安全地毯

安全地毯指一种压敏式安全保护装置。当人或异物的质量不小于设定的最小质量施加在安全地毯上时，控制器会发送停止信号，从而切断作业设备的控制电源，确保设备无法动作，从而达到保护作业人员安全的目的。人或异物离开安全地毯后，复位，上自动，线体重新启动。安全地毯如图 1-50 所示。

图 1-49　急停开关
NP4-11ZS/1-R 外观图

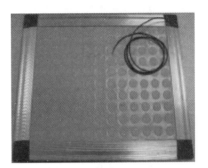

图 1-50　安全地毯 LCS-PSM2-
1000x1000-K-C 外观图

3. 安全装置的选用

现场安全保护装置的选用，需要结合现场的保护对象、安装装置的性能特点等综合考虑，进行有效选择。常见安全设备使用工况环境如下。

（1）生产现场自动线体

生产现场自动线体采用安全护栏和安全门的保护形式实现线体安全防护，如图 1-51 所示。

（2）自动线体人工上件岗

自动线体人工上件岗采用光栅组合的形式实现工位安全防护（图 1-52），或光栅与区域扫描仪搭配使用的形式实现工位安全防护（图 1-53）。

（3）自动线体人工作业岗

自动线体人工作业岗因作业环境的不规则性，采用区域扫描仪的形式实现工位安全防护，如图 1-54 所示。

（4）自动线体升降工位开口部

自动线体升降部位开口部采用安全地毯和光栅搭配形式实现工位安全防护，如图 1-55 所示。

（5）操作盒和控制柜

操作盒和控制柜采用急停开关的形式实现工位安全防护，如图 1-56 所示。

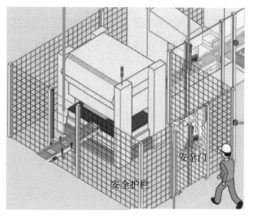

图 1-51　采用安全护栏和安全门实现线体安全防护

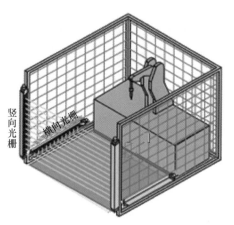

图 1-52　采用光栅组合实现工位安全防护

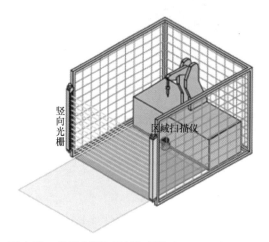

图 1-53　采用光栅和区域扫描仪实现工位安全防护

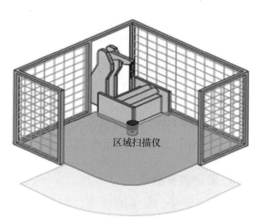

图 1-54　采用区域扫描仪实现工位安全防护

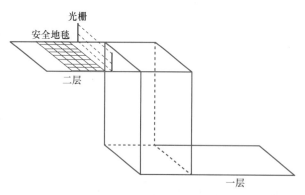

图 1-55　采用光栅和安全地毯实现工位安全防护

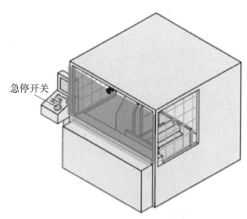

图 1-56　采用急停开关实现工位安全防护

第二节　低压电工材料选用

一、低压电缆认知和选型

电缆通常由一根或多根相互绝缘的导体和外包绝缘层组成，每组导线之间相互绝缘。其作用为将电力或信息从一端传输到另一端。电缆具有内部通电、外部绝缘的特性。电缆通常分为单股电缆和多股电缆，也就是常说的"硬线"和"软线"，同电缆截面积下，其优缺点对比见表1-8，电缆型号参数代码见表1-9。

表1-8　同截面积单股、多股电缆优缺点对比

类型	单股电缆	多股电缆
优点	结构简单、成本低	柔性高、易穿管、导电能力强
缺点	导电能力弱	成本高
其他	单股铜芯截面积上限为6mm²	—

表1-9　电缆型号参数代码标识含义

标识名称	类别	导体材料	绝缘种类	内护层	特征	铠装层	外被层
标识含义	A-安装线 B-绝缘线 C-船用电缆 K-控制电缆 N-农用电缆 R-软线 U-矿用电缆 Y-移动电缆 JK-绝缘架空电缆 M-煤矿用 ZR-阻燃型 NH-耐火型 DH-防火型 ZA-A级阻燃 ZB-B级阻燃 ZC-C级阻燃 WD-低烟无卤型	L-铝 T-铜	V-聚氯乙烯 X-橡胶 Y-聚乙烯 YJ-交联聚乙烯 Z-油浸纸	V-聚氯乙烯护套 Y-聚乙烯护套 L-铝护套 Q-铅护套 H-橡胶护套 F-氯丁橡胶护套	D-不滴流 F-分相 CY-充油 P-屏蔽 Z-直流 B-扁平型 R-柔软 C-重型 Q-轻型 G-高压 H-电焊机用 S-双绞型	0-无 2-双钢带 3-细钢丝 4-粗钢丝	0-无 1-纤维外被 2-聚氯乙烯护套 3-聚乙烯护套

电缆按导线材质不同一般分为铜线和铝线，不同材质，导线截面积与通过电流的计算公式略有差异。

$$铜线：S=\frac{IL}{54.4U}$$

$$铝线：S=\frac{IL}{34U}$$

式中 I——导线中通过的最大电流（A）；

L——导线的长度（m）；

U——导线两端允许的电压降（V）；

S——导线的截面积（mm^2）。

导线的截面积与导线线径的计算公式为

$$S=\pi r^2$$

式中 π——圆周率；

r——导线的半径（mm）；

S——导线的截面积（mm^2）。

1. 单股电缆

单股电缆指每一根电缆是由单一的一根金属电线组成的，又被称为硬线，如图1-57所示。

2. 多股电缆

多股电缆指每一根电缆，是由多根细金属线组成的，又被称为软线，如图1-58所示。

图1-57 单股铜芯电缆 **BV-4** 外观图　　图1-58 多股铜芯电缆 **ZR-BVR2.5** 外观图

3. 导电铜排

导电铜排是由铜质材料制成，截面为矩形或倒角矩形的长导体，在电路中主要用于大电流输送和连接电气设备，一般应用于车间的主配电柜里，具有电阻率低、可折弯度大等优点。导电铜排如图1-59所示。

图1-59 10mm厚导电铜排外观图

二、低压电缆线槽认知和选型

1. PVC 线槽

PVC 线槽指一种材质为聚氯乙烯（PVC）的塑料线槽，具有绝缘、防弧、阻燃自熄等特点，主要用于电气设备内部布线，在低压电气设备中对导线起机械防护和电气保护作用。常见的 PVC 线槽型号及规格见表 1-10。

表 1-10　常见的 PVC 线槽型号及规格

系列	规格（宽×深）	图示
PVC-20	20mm×12mm	
PVC-25	25mm×12.5mm	
PVC-30	30mm×15mm	
PVC-40	40mm×20mm	

2. 金属线槽

金属线槽一般由热轧钢板做成，使用冷轧钢板时，对钢板的厚度有要求，见表 1-11。金属线槽分为 6 种，皆为封闭型，分别为防火金属线槽、镀锌金属线槽、铝合金金属线槽、不锈钢金属线槽、喷涂金属线槽和热镀锌金属线槽。金属线槽具有强度大、防护性好、接地方便等特点，主要用于生产现场配电柜到设备间的布线，对导线起到机械防护、电气保护及抗干扰的作用。金属线槽如图 1-60 所示。

表 1-11　常见的冷轧钢板金属线槽规格要求

线槽宽度/mm	钢板厚度/mm
50~100	1.5
101~200	2.0

3. 电缆桥架

电缆桥架一般由支架、托臂和安装附件等构成。分为槽式、托盘式、梯架式和网格式等结构，可独立架设或敷设在建筑物或管廊支架上，具有结构简单、造型美观、配置灵活、维修方便等特点，钢材零部件采用镀锌处理。电缆桥架如图 1-61 所示。

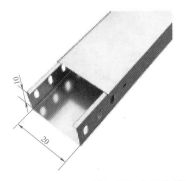

图 1-60　20mm×10mm（宽×深）金属线槽外观图　　图 1-61　200mm×100mm 金属梯架式桥架外观图

三、低压电缆端子认知和选型

1. 针形端子

针形端子是一端为圆柱形金属环面，另一端为带绝缘层套管的端子，适用于较小截面积（$0.25 \sim 240 \text{mm}^2$）导线的压接，小一型号双线缆的拼接等，可有效防止线头外露导致的短路等故障发生。针形预绝缘端子如图 1-62 所示，外观如图 1-63 所示。

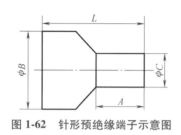

图 1-62　针形预绝缘端子示意图

图 1-63　针形预绝缘端子 E0508 外观图

E 系列针形端子型号参数含义如图 1-64 所示，常见针形端子型号及尺寸见表 1-12。

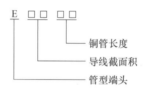

图 1-64　E 系列针形预绝缘端子型号参数含义

表 1-12　常见针形预绝缘端子型号及尺寸　　　　　　（单位：mm）

型号	A	L	ϕB	ϕC
E0508	8	14	2.6	1.3
E7508	8	14.6	2.8	1.6
E1008	8	14.3	3	1.8
E1508	8	15.4	3.5	2
E2508	8	15.4	4	2.6
E4009	9	16.4	4.5	3.2

2. U 形端子

U 形端子是一端为 U 形金属环面，另一端为带绝缘层套管的端子，适用于较小截面积（$0.25 \sim 240 \text{mm}^2$）导线的压接，小一型号双线缆的拼接等，可有效防止线头外露导致的短路等故障发生。U 形预绝缘端子如图 1-65 所示，外观如图 1-66 所示。

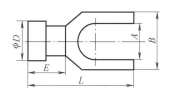

图 1-65 U 形预绝缘端子示意图

图 1-66 U 形预绝缘端子 SV2-4 外观图

SV 系列 U 形端子型号参数含义如图 1-67 所示，常见 U 形端子型号及尺寸见表 1-13。

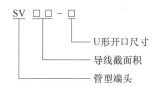

图 1-67 SV 系列 U 形预绝缘端子型号参数含义

表 1-13 常见 U 形预绝缘端子型号及尺寸 （单位：mm）

型号	A	B	L	E	φD
SV1. 25-3	3. 2	5. 7	21. 2	10	4. 3
SV1. 25-4	4. 3	6. 4	21. 2	10	4. 3
SV1. 25-5	5. 3	8. 1	21. 2	10	4. 3
SV2-4	4. 3	6. 4	21. 2	10	4. 9
SV2-5	5. 3	8. 1	21. 2	10	4. 9
SV3. 5-5	5. 3	8. 0	24. 8	13	6. 2

3. 圆形端子

圆形端子是实现电气连接的一种端子形式，主要用于导线与锁紧螺丝之间的紧固连接，属于电气连接的配件，起导电作用。圆形端子具有切换频率高、无机械触点抖动的优势。圆形预绝缘端子如图 1-68 所示，外观如图 1-69 所示。

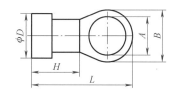

图 1-68 圆形预绝缘端子示意图

图 1-69 圆形预绝缘端子 RV2-6 外观图

RV 系列圆形端子型号参数含义如图 1-70 所示，常见圆形端子型号及尺寸见表 1-14。

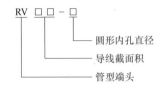

图 1-70　RV 系列圆形预绝缘端子型号参数含义

表 1-14　常见圆形预绝缘端子型号及尺寸　　　　　　（单位：mm）

型号	φD	A	B	L	H
RV1. 25-3. 2	4	3. 2	5. 7	18	10. 5
RV1. 25-4S	4. 1	4. 1	6. 7	20	10. 5
RV1. 25-6	4. 2	6. 5	11. 6	27	10. 5
RV2-3. 2	4. 7	3. 2	6. 6	18. 8	10. 7
RV2-6	4. 7	6. 5	12	27. 4	10. 9
RV2-8	4. 8	8. 4	12	27. 4	10. 8

第三节　照明电路装调

一、常见电光源的种类及特性

生活中常见的光源可分为自然光源和人造光源，最重要的自然光源是太阳，人造光源应用最多的则是电光源。通电后可以发出光亮的设备或器具统称为电光源。热辐射电光源、气体放电光源及固体发光电光源三类电光源比较常用。下文将根据这三类电光源的性能和特点，逐一进行说明。

1. 热辐射电光源

本节主要是讲述白炽灯和卤钨灯两种热辐射电光源。

（1）白炽灯

1）基本结构。在电光源的发展过程中，最早出现而且在生活中比较常见的就是白炽灯，它是指将灯丝通电加热到白炽状态，利用热辐射发出可见光的电光源，主要由灯壳、灯丝、导线、芯柱及灯头等组成。普通白炽灯的结构如图 1-71 所示。

2）白炽灯工作原理。白炽灯是将电能转化为光能，

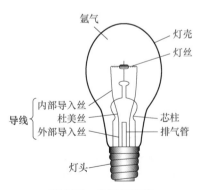

图 1-71　白炽灯结构

用以提供照明的设备。它的工作原理是当电流通过灯丝时，灯丝不断地将热量聚集，使灯丝的温度达到2000℃以上，灯丝处于白炽状态，此时就像烧红的铁能发光一样而发出光来，灯丝的温度越高，发出的光越亮。

3）白炽灯发光效率及应用。从能量转化的角度看，普通的白炽灯发光时，大量的电能转化为热能，只有极少部分可以转化为光能，效率比较低。

由于白炽灯的电光转换效率低，电能大部分用来发热，即先发热然后发光，耗电量大，寿命短，为了节能环保，白炽灯已逐渐被其他电光源所代替。

（2）卤钨灯

1）卤钨灯基本结构。在白炽灯中填充气体，通过含有卤素元素的气体循环原理制成的灯具被称为卤钨灯。白炽灯中充入的钨元素随着灯丝的持续高温而蒸发，虽然钨的蒸发率低，但随着所用时间的增长，灯壳上会沉淀越来越多的钨，从而从外表看起来灯壳是发黑的，这种发黑的灯壳可以通过卤钨循环的原理直接消除，这就是卤钨灯。

2）卤钨灯的工作原理。卤钨灯内填充的气体中含有的卤族元素，在适当的温度（通电后发热的灯丝引起）下，玻壳内钨原子就会被蒸发，而被蒸发的钨会在玻璃管壁区域与卤素原子进行结合反应，从而形成卤钨化合物。由于泡壁的温度足够高，这时气态的卤钨化合物在通过一系列的移动后会扩散到被氧化后的灯丝周围，由于灯丝的温度较高，不稳定的卤钨化合物遇热后又分化成为卤素和钨，释放出来的钨有一部分又会沉淀在灯丝上，继续形成这种再循环的过程，这样卤钨灯的发光效率就会更高，同时亮度和色温也随之得以提高。

3）卤钨灯的效率及应用。卤钨灯的发光效率及光强度远远高出普通白炽灯，主要在显色性及照度需求比较高的地方得到应用。

2. 气体放电光源

在生活和工作中，有高压汞灯、荧光灯、钠灯及金属卤化物灯等几种常见的气体放电光源。

（1）高压汞灯

在高压汞蒸气放电灯的玻璃壳内表面涂上荧光粉，放电时，内部汞蒸气压为203～507kPa，因此称为高压汞灯。图1-72所示为高压汞灯结构。

1）基本结构及原理。高压汞蒸气灯由玻璃荧光泡壳、电阻、放电管及灯头等几部分组成。高压汞灯的中心部分是放电管，用耐高温的透明石英玻璃制成，放电管又细又短，只有人的手指大小，内部装有高压汞蒸气，并充有一定量的氩，放电管的外面有球形的荧光泡壳。工作时，高压汞蒸气在电流的作用下产生电离激发而放电，从而使管中的电子和离子发生碰撞，进而发出柔和的亮光。

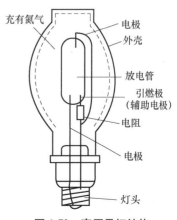

图1-72　高压汞灯结构

2）高压汞灯有以下特点。

① 高压汞灯的造价低，性价比高。

② 比较省电，而且使用寿命较长。

③ 发出的光是白色的，光效较长。

（2）荧光灯

1）基本结构。荧光灯的原理是低压汞蒸气在电流的作用下释放紫外线，使灯壳内的荧光粉受到激发，产生可见光。荧光灯是一种低气压汞蒸气弧光放电灯，通常为长管状，两端各封有一对电极。灯泡内含有低气压的汞蒸气和少量的惰性气体。

2）工作原理。在荧光灯启动时，电流通过灯丝并加热，从灯丝向着内部发射出热电子，并开始放电，放电产生的流动电子跟管内的汞原子碰撞，发生紫外线，这种紫外线照射荧光物质变成可见光，随着荧光物质的种类不同，可发出多种多样的光色。

（3）钠灯

钠灯是利用钠蒸气放电产生可见光的电光源。钠灯是一种高强度气体放电灯泡，又分为低压钠灯和高压钠灯。

1）低压钠灯。低压钠灯是通过低压钠蒸气的放电从而产生的可见光。由于其产生的是单色的黄光，因此其主要在对光色没有明确要求的地方应用。同时由于它的"透雾性"好，在一些特殊道路上应用得比较多，在它的照亮下，一些比较小的物体也非常容易被辨识。且低压钠灯相对来说用电比较少，为了节约用电，很多场所不再采用较费电的高压汞灯，而是采用低压钠灯来替代。

2）高压钠灯。高压钠灯由陶瓷电弧管、玻壳、消气剂和灯头组成，结构如图1-73所示。

高压钠灯发光原理：在工作时电弧会在电弧管的两极产生，且电弧管内的钠、汞会在这种电弧作用下蒸发，从而成为钠汞蒸气，然后电弧管内的阴极会发射电子，并且电子会向阳极运动，电原子物质在此撞击下而产生，因而电原子就获得电能量，待这些获得的电能量受到激发时即可发出可见光。高压钠灯是一种高强度气体放电灯泡。

（4）金属卤化物灯

金属卤化物灯的灯管中含有金属卤化物，它属于一种气体放电灯。金属卤化物灯一般是镇流器和辉光启动器配合启动。它一般由放电管、电极、玻璃壳及金属加热灯丝等构成，具体结构如图1-74所示。

1）工作原理。金属卤化物灯在点燃前，首先加热的是它的灯丝，这样就可以使灯管内部的金属卤化物形成一定量的气体。在灯管两端强电场的作用下，自由的电子加速冲击，撞击金属蒸气或者气体中的原子，形成分子，从气体放电过渡到金属卤化物蒸气的自持放电，进而发光。

2）工作过程。金属卤化物灯从触发到正常亮光的过程基本可以分为以下三部分。

① 触发部分：首先要给金属卤化物灯内部加高电压，这样就可以使灯内的气体被电离。

② 着火部分：在第一步中触发金属卤化物灯泡后，灯泡内的电极会被电极间的放电电压加热，这样辉光放电产生，并为下一步的弧光放电做好准备。

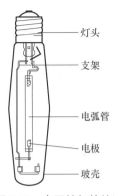

图 1-73 高压钠灯的结构

灯头
支架
电弧管
电极
玻壳

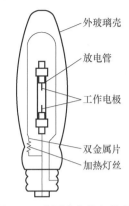

图 1-74 金属卤化物灯的结构

外玻璃壳
放电管
工作电极
双金属片
加热灯丝

③ 发光部分：在第二阶段的作用下，随着电极温度的增高，电子的发射数量也增多，这样就由辉光放电阶段到弧光放电阶断。

在这样一步一步的作用下，金属卤化物灯正常发出光亮。

金属卤化物灯的最大优点是发光效率特别高，同时金属卤化物灯的色温比较高，在同等亮度条件下，色温越高，呈现给人眼的感觉越亮。

3. 固体发光电光源

固体发光电光源主要有节能灯和发光二极管（Light Emitting Diode，LED）两种。

（1）节能灯

1）节能灯构成及原理。节能灯主要由荧光灯、电子镇流器及相关配件构成，通常会把他们的组合体称为节能灯。

节能灯的两电极是普通的钨丝，通电后钨丝会发热，同时就能发射出电子。在灯管两端的电压作用下，其内部就形成电场，同时灯管内的电子就会被加速，从而形成电子流，这些电子就会以一定速度打在汞原子（灯管内的水银，经过灯管的通电发热，变成汞蒸气）上，汞原子经过一系列的变化，释放出紫外线，这时灯管内壁的荧光粉会在紫外线的冲击下发出正常的照明光亮。同时，由于节能灯采用的镇流器效率较高，相对应荧光粉热量的转换效率就高，因此可以节约电能。

2）节能灯分类。节能灯可以按照其外形、材料及荧光粉三种方式进行划分，由于形状及性能的不同，可以在不同场所进行使用。总体来说，节能灯可分为两类，分别是自镇流荧光灯和单端荧光灯两类。

自镇流荧光灯，通俗来讲，就是把荧光灯所要使用的镇流器等相关电气配件集成为一个整体，只留有灯头卡口的一种节能灯。

单端荧光灯，就是需要与灯具配合使用，把镇流器等相关配件独立安装，并通过单灯头放电，经过系统的内部转变，照出光源的节能灯。

（2）LED

1）基本结构。LED 就是一块半导体材料芯片，主要由支架、晶片、金线及环氧树脂几种物料组成。它是能将电能转化为光能的半导体，它通过电场来发亮，改变了传统灯具的发光原理。

2）发光原理。LED 内部的半导体包含 P 型半导体和 N 型半导体，N 型半导体带额外电子，P 型半导体带额外"空穴"，这样电子就可以在空穴间移动，从一个空穴转移到另外的空穴，那么这种流动就会产生电流，当通过正向电流时，电子与空穴结合，同时释放能量，这种能量以光子的形式存在，即发出照明亮光。

3）LED 具有以下特性。

① LED 灯珠体积很小，因此应用比较灵活，可以做成各种大小、各种类型的灯具。

② 安全。LED 在低电压电源下工作，LED 灯珠的工作电压一般在 1.5~5V 之间，所以安全可靠，比较适合在公共场所应用。

③ 耐用性好。LED 元件结构简单，抗冲击性、抗震性非常好，不易破碎，能够很好地适应各种环境。

④ 响应速度快。LED 启动快，白炽灯的响应时间为毫秒级，LED 灯的响应时间为纳秒级。

⑤ 环保。LED 的内部不含任何汞等重金属材料，同时 LED 也可以回收再利用。

⑥ LED 的光线品质较高，在 LED 的光线里没有紫外线存在，对人体无害。

二、照明线路安装

电气照明是工厂供电的一个重要组成部分，良好的照明是保证安全生产、提高生产效率和保护工作人员健康的必要条件。照明设施的不正常运行有可能会导致人员伤亡事故或火灾的发生，因此，在安装照明设备时，必须确保照明设备的选型及安装的可靠性，从而保证照明设备的安全运行。

1. 施工材料

（1）材料

1）灯具选用要求。各种灯具的型号、规格等设计参数必须符合设计要求和国家标准规范的规定。灯具配线严禁外露，灯具配件齐全，无机械损伤、变形、锈蚀、灯罩破裂及灯箱歪斜等问题，各种型号的照明灯具应有产品合格证和"CCC"认证标志，进场时要进行检查并做好记录。

2）灯具导线选用要求。在安装灯具时，采用的灯具导线要能够承受一定的外部应力，同时能够在外部应力的作用下安全可靠地运行，其工作电压等级不应低于交流 500V。在选用灯具导线的线芯截面积时，要符合相应规范要求。灯具导线的绝缘性能必须完好，严禁有漏电缺陷，灯具外壳如果是金属材质，必须设有专用的接地端子。

3）管材选用要求如下。

① 穿线管管壁厚度均匀，焊缝均匀，无裂痕、砂眼、棱刺和凹扁等情况，须具备产品合格证和材质检验报告。

② 选用铁质的接线盒、线槽等相关材料时，壁厚要不小于 1.2mm，镀锌层良好，焊点

正常，自带的穿线孔洞完整无缺，有产品合格证。

③ 选用的管箍丝扣清晰，镀锌层无剥落，光滑无毛刺。

④ 圆钢、扁铁、角钢等材质应符合国家标准。

4）其他材料包括：绝缘胶带、软塑料管、塑料胀管、螺钉、螺栓、膨胀螺栓、螺母、垫圈等。

（2）工具

1）卷尺、线坠、水平尺、手套、安全带。

2）台钳、钢锯、锯条、剥线钳、尖嘴钳、虎钳、斜口钳、錾子、手锤、活扳手、扁锉、平口螺钉旋具、十字螺钉旋具等。

3）台钻、手电钻、角磨机、电锤等。

4）万用表、绝缘电阻表等。

5）电烙铁、焊锡、焊剂等。

（3）人员准备

1）照明灯具、配管、配线安装人员，须为电气专业人员，持证上岗。

2）切割、焊接等材料加工人员，须为专业钳工，持证上岗。

2. 电气配线

（1）施工前准备

1）检查照明线路所选用的绝缘电缆的规格、型号是否符合设计要求，排列整齐，无机械损伤，标志牌齐全、正确、清晰，并带有产品的合格证书。

2）根据所使用的电缆导线的截面积，选择相应规格的接线端子。

（2）施工流程

电气配线施工主要从以下几个方面进行：灯具位置确定、管道和桥架敷设、电缆穿管、绝缘测试、灯具安装、相关电气设备安装。

1）灯具位置：根据施工图纸与现场安装结构主体的实际位置，实际测量灯具的位置并进行精确定位。

2）管道和桥架敷设：根据施工图纸和现场结构的实际情况敷设管道和桥架并进行固定。

3）电缆穿管：根据施工现场内灯具已确定的实际位置及管道桥架的敷设情况放置电缆，并有足够的预留。

4）绝缘测试：使用绝缘电阻表对电缆进行相间、相线中性线及相线地线等绝缘测试，测试结果须达到设计和规范要求。

5）灯具安装：根据灯具的实际位置进行安装，同时需做好防护措施。

6）电气设备安装：主要是开关、接线盒、插座盒等设备的安装。

（3）配线

1）在电缆敷设前应将管内、线槽内的杂物清除干净，同时检查各个管口和线槽接口，确认各个接口的护口是否齐整，如有遗漏和破损，应补齐和更换，接口处的毛刺应打磨平滑。

2）为保证电缆载流导体良好的散热性，线管及线槽内电缆外径的总截面积不应超过管或线槽截面积的 40%。

3）电缆穿入钢管或线槽后，在管口和线槽口处要安装护套保护导线，管路或线槽不能直接引到接线箱时，需要将管口或线槽的接口处连接接线箱的部分电缆穿上软管用以保护电缆。

4）电缆在管内、线槽内不能有接头或扭结现象，电缆的接头必须安放在接线盒及线槽内，导线敷设在垂直管路或线槽内时，当超过一定的距离时，应固定在接线盒内，减轻电缆下垂的拉力，确保电缆线安全可靠。

5）在敷设电缆时，同一供电回路的电缆必须在同一管路或线槽内安放，对于不同的电压等级、不同的电流类别和不同的电路回路的线路，不应穿在同一管路或线槽的同一槽孔内。

6）接线盒、灯头盒、插座盒及开关盒内的导线接头要预留足够的长度，配电箱内线头要统一，不能裸露，布线要整齐美观，绑扎固定，导线要留有一定的余量，一般在箱体内要有 15cm 左右的余量。

7）电缆铜芯导线的中间连接或分支连接部分，应使用熔焊、线夹或压接法连接，其中超过 2.5mm^2 的多股铜芯导线终端应焊接或压接接线端子后再与电气设备的接线端子连接。在敷设导线时，要根据要求把导线按距离固定在线槽内，并对不同的导线进行编号，同时对编号进行分类管理标记。

8）电缆接头制作时要采用热缩套管，电缆两端及中间适当位置要挂电缆牌，电缆牌上标注电缆长度、起点、终点、规格型号及设计编号，电缆的走向及路径应平行排列，不能造成电缆交叉。

9）在任何情况下，导线均不得明露（金属软管的保护地线除外）。

10）接地应采用黄、绿二色的双色绝缘铜芯线作为接地线。

11）按照电缆导线分色施工，L1 相为黄色，L2 相为绿色，L3 相为红色；单相时，相线一般宜用红色；中性线为淡蓝色或蓝色；PE 保护接地线为黄绿双色，严格按指定的色别用线。在整个施工过程中，相线、中性线及接地保护线的色别需各自保持一致。

3. 线路检测

（1）线路检查

在电气照明线路及开关、配电箱等相关电气设备全部安装完成后，应进行自检和互检，检查导线的接、焊、包是否符合设计要求及有关施工验收规范及质量、检验标准的规定，不符合时应立即纠正，检查无误后再进行绝缘测量。

（2）绝缘检查

照明线路的绝缘测量，一般选用 500V 量程为 0~500MΩ 的绝缘电阻表，一人测量，一人及时读数并记录。按照要求，敷设好的照明线路的对地绝缘电阻值应该在 0.5MΩ 以上，动力线路的对地绝缘电阻值在 1MΩ 以上。

4. 施工质量

（1）管路及线槽常见的质量问题

1）管材使用不规范，薄壁钢管代替厚壁钢管，黑铁钢管代替镀锌管，PVC 管代替金属管。

2）穿线管口没有护口、未固定、排列不整齐、毛刺不处理，在穿电缆时损坏划伤电缆。

3）穿线管的弯曲半径太小，并出现弯瘪、皱褶甚至是死弯现象，导致穿线困难及电缆绝缘层损坏。

4）线槽的板材厚度不够，无法保证金属线槽的机械强度，线槽容易变形，影响线槽内所敷设的电缆的绝缘和安全性。

5）线槽的支吊架间距太大，一般正常的线槽长度是 2m，若安装时的支吊架的间距大于 2m，造成部分线槽没有支吊架，导致线槽连接处受力，造成机械破坏，线槽容易变形，同时支吊架未调整好，受力不均匀，也会使线槽扭曲、变形，长时间使用，会有安全隐患。

6）线槽的连接处固定螺栓的螺母安装在线槽内侧，露出的螺栓容易割伤电缆。

7）线槽接口处不平整、毛糙、有毛刺，划伤电缆。

8）线槽开孔不规范，未用专用开孔器开孔，而是用电焊或者气焊开孔，破坏线槽的强度，同时孔口毛刺易划伤电缆。

（2）电气配线中常见的质量问题

1）在施工中出现接口脱落、破损及管径不符等现象，未及时补齐，发现破损与管径不符的问题未及时进行更换，可能会导致电缆外露，接线箱内电气设备易受潮，降低设备使用寿命，存在安全隐患。

2）电缆铜线连接时，未绕接压紧，接触不可靠，出现接触不良现象。

3）在给导线的连接线搪锡时，焊锡不饱满，出现虚焊、夹渣等现象；在给导线搪锡时，未及时擦去多余的焊剂。

4）在电缆导线剥线时，没有根据线径的大小选用剥线钳对应的刀口，因用力过猛或剥线钳使用不当，造成电缆线芯受损。

5）电缆导线接头裸露、排列不整齐，未平整捆绑包扎。

6）电缆与开关、插座、配电箱的接线端连接时，未按正常接线要求接线，在同一个端子上接 3 根及以上的导线。

7）电缆的相线、中性线、接地保护线使用色标不一致，造成线路接线混淆错乱，引起线路故障。

8）接线盒或接线箱内电缆头未留余量，导致二次接线，增加导线接头。

9）线路间的绝缘电阻值偏低，电缆的绝缘层在布线时受损。

10）钢制管路和金属线槽等金属类穿线材料，不接地或接地不牢靠，起不到接地保护作用。

三、常用有功电能表

电能表是用来计量电能的仪表，俗称电度表、电表。

电能表可根据其结构、用途、工作原理、接线方式及使用的电路情况进行分类。电能可以在各种设备或者工具等载体的作用下转化成不同能量，例如，通过电动机的作用把电能变成机械能；通过电灯把电能变成光能等。现实工作生活中，有很多这种应用，而电能在这些应用中会有消耗，所消耗的电能我们称为有功电能，而这种电能的消耗需要仪表进行记录，我们把这种记录所用电能多少的仪表称为有功电能表。

在使用电能表时要注意，低电压和小电流的情况下，可直接把电能表接入电路中进行测量，要是通过电能表记录高电压或大电流，则需要接入电压互感器或者电流互感器来配合使用。

本部分主要对常用的有功电能表进行介绍，主要是单相有功电能表和三相三线有功电能表这两类有功电能表。

1. 单相有功电能表

（1）工作原理

在实际应用中，通常把计量单相电路有功电能的电能表称为单相有功电能表，单相有功电能表也是应用得比较多的一种电能表。当在被测量的电路中接入电能表后，交变电流就会在电能表的电流线圈和电压线圈中流过，被测电路电压加在电压线圈上。当电流线圈通过电流后，电压线圈和电流线圈会产生两个交变磁通，这两个磁通在时间上相同，产生的涡流相互作用，转动力矩就在这种磁通与涡流的相互作用下产生。转动铝盘制动磁铁的磁通，也穿过铝盘，当铝盘转动时，切割此磁通，在铝盘上感应出电流，这一电流和制动磁铁的磁通相互作用而产生一个与铝盘旋转方向相反的制动力矩，当主动力矩与制动力矩达到暂时平衡时，铝盘的转速达到匀速。

由于磁通与电路中的电压和电流成比例，因而铝盘的转动与电路中的负载所消耗的电能是成比例的，计数器会随着铝盘的转动而开始转动计数，计数器会自动累计电路中消耗的电能，然后显示出来。电能表工作时的相互作用关系如图1-75所示。

（2）接线方式

单相有功电能表分为直接接入式电能表（全部负荷电流通过电能表的电流线圈）和经互感器接入式电能表两类。

1）直接接入式。单相有功电能表直接接入式的接线根据电能表端子盒内电压、电流接线端子排列方式不同可分为一进一出（单进单出）和二进二出（双进双出）两种接线方式。两种接线方式的接线原理是一样的，在电能表内已连接好它们的电压电流端子同名端的连接片，只是由于端子盒内的出入端子的位置排列不同，电能表端子盒的接线端子应以"一孔一线""孔线对应"为原则，禁止在电能表端子盒端子孔内同时连接两根导线。

① 一进一出接线的正确接线方式如图 1-76 所示。

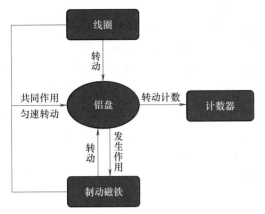

图 1-75 电能表工作时的相互作用关系

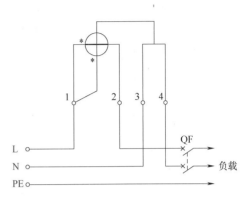

图 1-76 单相有功电能表一进一出接入式

将电源的相线（俗称火线）接入接线盒第 1 孔连接线端子上，其出线接在接线盒第 2 孔接线端子上，电源的中性线（俗称零线）接入接线盒第 3 个孔接线端子上，其出线接在接线盒第 4 孔接线端子上。

② 二进二出接线的正确接线方式如图 1-77 所示。

将电源的相线（火线）接入接线盒第 1 孔接线端子上，其出线接在接线盒第 4 孔接线端子上，电源的中性线（零线）接入接线盒第 2 孔接线端子上，其出线接在接线盒第 3 孔接线端子上。

2）经互感器接入式。当电能表电流或电压量不能满足被测电路电流或电压的要求时，便需经互感器接入，有时只需经电流互感器接入，有时需同时经电流互感器和电压互感器接入，当低压供电的负荷电流比较大时，采用经电流互感器接入的接线方式比较适合。经电流互感器接入方式如图 1-78 所示。

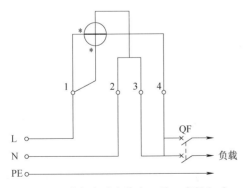

图 1-77 单相有功电能表二进二出接入式

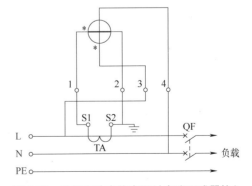

图 1-78 单相有功电能表通过电流互感器接入

2. 三相三线有功电能表

三相交流电路中负载消耗的电能是通过三相有功电能表来进行测量的，三相有功电能表是由单相电能表发展而来的，可以将三相有功电能表看成两个或三个单相有功电能表的组合。

（1）结构原理

三相三线有功电能表有两组电磁元件，它的转动元件可分为双转盘和单转盘两种。两元件双转盘式三相三线有功电能表主要是两组电磁元件分别作用在每一个转盘上，该结构的电能表电磁干扰小，一般三相三线有功电能表通常采用这种结构。两元件单转盘式三相三线有功电能表主要是两组电磁元件共同作用在一个转盘上面，质量比双转盘轻，摩擦力矩小，提高了三相电能表的灵敏度和使用寿命，但由于两组电磁元件同时作用在一个转盘上，增加了磁通和涡流之间的干扰，并且调整起来很不方便，所以一般很少采用这种方式。

（2）接线方式

三相三线有功电能表的接线方式主要分为两种：一种是直接接入式，另一种是经互感器接入式。

1）直接接入式。三相三线有功电能表使用与没有中性线系统的三相电计量，不论负载的性质和负载是否平衡，均能计量，当线路电流在电能表的测量范围内时，可采用直接接入式，如图1-79所示。

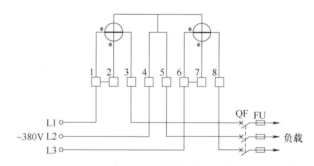

图1-79 三相三线有功电能表直接接入式

2）经电流互感器接入式如图1-80所示。

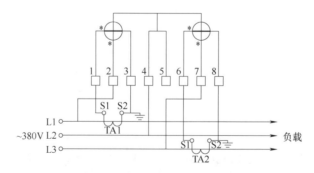

图1-80 三相三线有功电能表通过电流互感器接入式

3）经电压互感器和电流互感器接入式如图1-81所示。

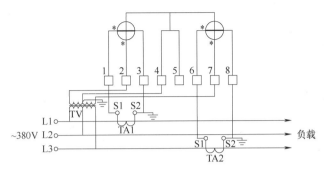

图 1-81　三相三线有功电能表通过电压互感器和电流互感器接入式

3. 三相四线有功电能表

三相四线电路的有功电能通常采用三相四线有功电能表来测量。

（1）结构原理

三相四线电能表有 3 组电磁元件、一个转动机构，它分为双转盘式和三转盘式。三元件双转盘式三相四线电能表主要是指 3 组电磁元件中的一组电磁元件单独作用于一个转盘上，其他两组电磁元件共同作用在另一个转盘上，两转盘同轴作用，由于两组电磁元件作用在一个转盘上将引起相互干扰，这就要求各组电磁元件与转盘相对位置尽可能对称，电磁元件本身的工作气隙应保持一致，以减少相对误差，目前，感应式三相四线电能表大多采用这种结构。三元件三转盘式三相四线电能表主要是指每组电磁元件分别单独作用于每一个转盘，3 个转盘同轴，这种方式可以减少各相间的电磁干扰，由于它外形尺寸大，所用材料较多，同时由于转动元件的质量增加，会增加轴承摩擦力矩，影响电能表使用寿命，所以此方式很少采用。

（2）接线方式

三相四线有功电能表分为直接接入式和带互感器接入式。

1）直接接入式。

当线路电流在电能表的测量范围内时，可以采用直接接入式，接线如图 1-82 所示。

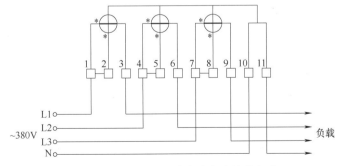

图 1-82　三相四线有功电能表直接接入式

2）采用经电流互感器接入式时，接线如图 1-83 所示。

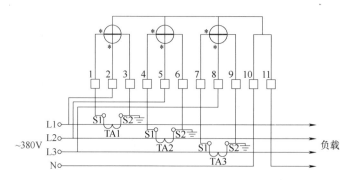

图 1-83　三相四线有功电能表通过电流互感器接入式

3）采用经电压互感器和电流互感器接入式时，接线如图 1-84 所示。

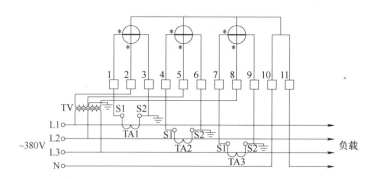

图 1-84　三相四线有功电能表通过电压互感器和电流互感器接入式

第四节　动力及控制电路装调

一、导线连接方法

导线连接是电工作业最基本的工序，也是一道十分重要的工序，导线连接的质量直接关系着整个线路是否能够安全可靠地长期运行。导线连接的基本要求：一是导线连接必须紧密牢固，接头处的电阻值小，不得大于其导线自身的电阻值；二是要有足够的机械强度；三是电气绝缘性能好，接头处的绝缘处理及绝缘性能必须符合要求。

根据电缆导线类型和对接方式的不同，其相对应的连接方法也会有所不同。通常采用的连接方法有缠绕绞接法、铜套压接法及焊接法等。一般铜导线常采用缠绕绞接的连接形式，所谓缠绕绞接，首先是把需要连接的导线对接绞合在一起，然后再将导线紧密缠绕。连接前需小心地剥除导线连接部位的绝缘层，切记不可损伤其线芯。

1. 单股导线

单股导线的连接分为直接连接和分支连接。

（1）单股导线的直接连接

相同线径的单股导线在进行直接连接时有一口诀：线交叉，拧麻花，三圈以后掰直它。顺杆爬，牵牛花，五圈以后掐断它。多条导线同处连，位置错开免"疙瘩"。

单股导线的连接，根据线径的大小一般可分为三种连接方式：

1）相同线径小截面（一般指截面 6mm² 以下）单股导线的连接，如图 1-85 所示。剥除连接头部分的绝缘层后，两根导线端各自在距离绝缘层 15～25mm（线径大的取大值）的位置相互交叉成 X 形，左上右下，然后两只手各捏住一端同时向两个相反的方向拧绕，将它们相互拧绕几圈后扳直两个线芯头，然后，将其中的每个线头都在另一个线芯上紧密缠绕 7～8 圈，如果有多余的线头，则需要用钢丝钳剪去，最后用钢丝钳捏紧线端使其紧贴导线。

2）相同线径大截面（一般指截面 6mm² 及以上）单股导线的连接，如图 1-86 所示。剥除两根导线线头绝缘层后，将两根导线线头重叠对接，然后拿一根与导线直径一样的线芯跟这两根导线线头叠放在一起，然后在 3 根导线叠放的部位用一根去皮的铜线把 3 根导线紧密缠绕在一起，正常来说，缠绕的长度按照缠绕的紧密程度来确定，合适即可。缠绕完成后，为了连接得可靠，需要折回两根导线的线头，并用这两根线头分别继续再缠绕几圈，缠绕完后再把多余的线头剪去，最后用钢丝钳捏紧线端。

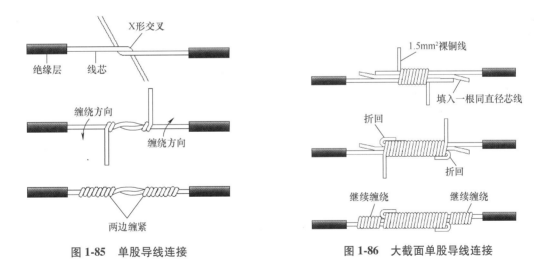

图 1-85　单股导线连接　　　　　　　图 1-86　大截面单股导线连接

3）不同截面单股导线的连接时，口诀如下：两条导线不同粗，较粗导线作为主。细线绕在粗线上，粗线回头来压住。细线再绕三四圈，压紧压实就罢手。

具体实施步骤：剥除两根导线接头绝缘层后，先将细导线的线芯紧密缠绕在粗线的线芯上，缠绕 7～8 圈后，然后往回折弯粗导线线芯的线头，并紧紧贴压在缠绕部分的导线上，之后再用细导线线芯沿着之前的缠绕方向继续缠绕，这里要注意，是压着折回的粗导线一起缠绕，继续缠绕 5～6 圈后，把多余的线头剪去，最后用钢丝钳捏紧线端，如图 1-87 所示。

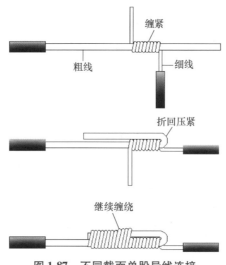

图 1-87　不同截面单股导线连接

（2）单股导线的分支连接

单股导线的分支连接可分为丁字形分支连接和十字形分支连接两种形式。

1）丁字形分支连接。一根导线进行分支连接称为丁字形分支连接，或称为 T 字形连接。在接线时，丁字连接的口诀：分支连接成丁字，直接缠绕简单时。分支导线若受力，先绕一个反 9 字。回头缠绕五六圈，再把各处来压实。

具体实施步骤：丁字形导线连接，首先将干路线芯中间和分支线芯线头剥掉绝缘层，然后再进行缠绕。缠绕的方法有以下两种。

① 直接缠绕，即将支路线芯的线头与干路线芯十字相交，在支路线芯根部留出 5mm 左右，然后直接缠绕在干路线芯的导线上，紧密缠绕 5~8 圈后，用钢丝钳剪去多余线头，并捏紧线端，如图 1-88 所示。

② 打结连接，即先将支路线芯在干路线芯上打一个结，在打结弯曲绕制过程中尽可能地压紧，不留空隙，之后再顺着干路线芯紧密缠绕 5~8 圈，最后用钢丝钳剪去线头，并捏紧各端，如图 1-89 所示。

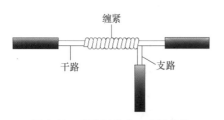

图 1-88　单股导线分支直接连接

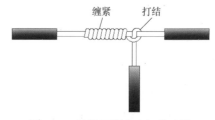

图 1-89　单股导线分支打结连接

2）十字形分支连接。单股导线十字连接口诀：十字交叉两边分，一上一下两个丁。缠绕可朝一方向，一左一右更分明。

单股导线的十字形分支连接有以下两种方法。

① 一种方法是将两个分支线芯并在一起，在干路线芯的导线上紧密缠绕 5~8 圈，然后用钢丝钳剪去多余线头，并捏紧各部位，如图 1-90 所示。

② 另一种方法是将两个分支线芯分两个方向各自在干路线芯上紧密缠绕 5~8 圈，操作方式与丁字形分支连接的第一种方法基本相同。本方法是两个分支分开进行缠绕，比第一种方法清晰，便于分辨，如图 1-91 所示。

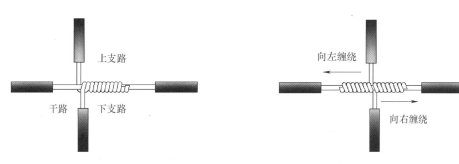

图 1-90　单股导线十字形连接并绕　　　　图 1-91　单股导线十字形连接分绕

2. 多股导线

多股导线的连接分为直接连接和分支连接。

（1）多股导线的直接连接

多股导线的直接连接首先将要连接的多股导线接头的绝缘层剥除，将其靠近绝缘层约 1/3 的线芯绞合拧紧，而后将接头其余 2/3 的线芯成伞状散开，同时将另一根需连接的多股导线也同样处理，接着将处理好的两伞状线芯相对着互相插入后捏平线芯。然后将每一边的线芯线头都分作 3 组，先将某一边的第一组线头翘起并紧密缠绕在线芯上，再将第二组线头翘起并紧密缠绕在线芯上，最后将第三组接头翘起并紧密缠绕在线芯上，同时以同样的方法缠绕另一边线芯的线头。具体效果如图 1-92 所示。

（2）多股导线的分支连接

多股导线的分支连接主要有以下两种方法。

1）第一种方法如图 1-93 所示。首先剥除要连接的多股导线接头的绝缘层，将支路线芯按 90°折弯，折弯后与干路线芯并行，如图 1-93a 所示。然后将线头折回并紧密缠绕在干路线芯上，最后用钢丝钳剪去多余线头并捏紧，连接好后效果如图 1-93b 所示。

2）第二种方法如图 1-94 所示，剥除芯线接头的绝缘层，将支路芯线靠近绝缘层约 1/8 的线芯绞合拧紧，其余约 7/8 的线芯分为两组，如图 1-94a 所示。同时将干路线芯从中间分开，将分开的支路线芯的其中一组插入干路线芯中间，如图 1-94b 所示，另一组放在干路线芯前面，并朝干路线芯右边沿顺时针方向紧密缠绕 4~5 圈，再将插入干路线芯当中的那一组朝干路线芯左边沿逆时针方向缠绕 4~5 圈，用钢丝钳剪去多余线头并捏紧线端，连接好后如图 1-94d 所示。

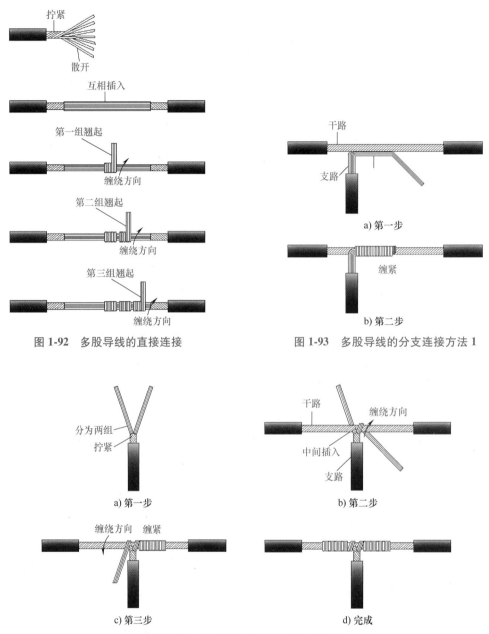

图 1-92　多股导线的直接连接

图 1-93　多股导线的分支连接方法 1

图 1-94　多股导线的分支连接方法 2

（3）单股导线与多股导线的连接

单股导线与多股导线的连接方法如下，先将多股导线的线芯绞合拧紧成单股状，再将其紧密缠绕在单股导线的线芯上 5~8 圈，最后将单股导线的线头折回并压紧在缠绕部位即可。具体效果如图 1-95 所示。

（4）同一方向的导线的连接

在实际接线时，当遇到需要连接的导线来自同一方向时，可以采用以下几种所示的方法。

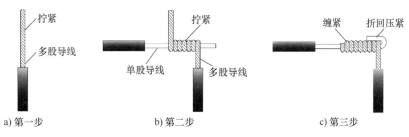

图 1-95　单股导线与多股导线不同方向的连接

1）对于单股导线，可将其中一根导线的线芯紧密缠绕在其他导线的线芯上，再将其他线芯的线头折回压紧即可，具体效果如图 1-96 所示。

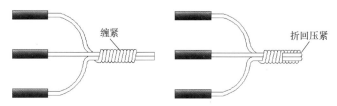

图 1-96　单股导线同方向的连接

2）对于多股导线，可将两根导线的线芯互相交叉，然后绞合缠绕拧紧即可，具体效果如图 1-97 所示。

图 1-97　多股导线同方向的连接

3）对于单股导线与多股导线同一方向的连接，先将多股导线绞合在单股导线上，再将多股导线紧密缠绕在单股导线的线芯上 5~8 圈，最后将单股导线线头折回并压紧在缠绕部位即可，具体效果如图 1-98 所示。

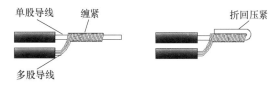

图 1-98　单股导线与多股导线同方向连接

二、低压电气接地系统

GB 14050—2008《系统接地的形式及安全技术要求》规定了低压电气接地系统的几种

形式，下面介绍其中的有关内容。

按照保护接地的类型，低压电气接地系统可划分为 3 种形式，它们分别是 TN 系统、TT 系统、IT 系统，其中两个简称字母中的第一个 T 代表的意思是供电变压器的中性点直接接地，I 代表的意思是中性点不接地或者不直接接地；第二个 T 代表的是电气设备的金属外壳直接与大地连接导通，N 代表的是金属外壳直接与供电系统的接地点相连接。

IT 系统从类型上说是供电系统的中性点不与大地进行连接，电气设备的外壳直接进行接地，它的主要优点是能保证适用场所供电的稳定性与连续性，其造价相对较高，通常都会应用于应急电源中。

TT 系统从类型上说是供电系统的中性点与大地进行连接，而电气设备的外壳也与大地进行连接。

TN 系统从类型上说是供电系统的中性点与大地进行连接，同时电气设备的外壳与供电系统的中性点连接在一起，当意外发生线路接触外壳短路时，设备保护装置在短路电流的冲击下迅速动作，从而排除故障。

IT 系统和 TT 系统应用范围不广泛，在施工现场中应用较少，故本部分主要讲解 TN 系统。

TN 系统在现实应用过程中，按照 N 线和 PE 线的组合情况，又可以分为 TN-C 系统、TN-S 系统及 TN-C-S 系统 3 种，它们之间的区别在于保护零线和工作零线的应用不同，具体在下文进行详细说明。

1. TN-C 系统

TN-C 系统是供电系统的中性点与大地进行连接，同时工作零线与保护零线进行合并使用，它将保护零线（PE）与工作零线（N）的功能综合起来，可以称作保护中性线，可用 PEN 表示。TN-C 系统适用于无爆炸危险和安全条件较好的场所，现在的应用很少，甚至在生活用电中，已经禁止使用此系统了。系统接线如图 1-99 所示。

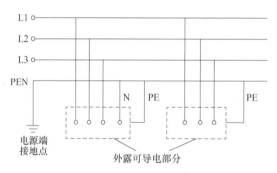

图 1-99　TN-C 系统

TN-C 系统的特点如下。

1）由于采用 TN-C 系统的供电系统的中性点与零线进行连接，当用电电气设备发生故障漏电致使外壳带电时，故障电流流回中性点，过大的短路电流致使过电流保护器迅速动作，从而自动切断供电电源，使用过电流保护器可避免触电事故的发生，减少伤亡损失。

2）TN-C 系统只在三相负荷平衡的设备中应用，若在三相负荷不平衡的设备中应用，保护中性线（PEN）中会有不平衡的电流通过，对地产生电压，同时与保护线所连接的电气设备外壳有一定的电压，这样就会使设备外壳带电，可能会对人身造成伤害。

3）在 TN-C 系统应用过程中，当使用的电气设备外壳因接触相线带电了，为了降低零线对大地的电压，必须对工作零线和保护零线进行多处接地，即重复接地。当在线路上安装漏电保护器时，工作零线就不能重复接地，如若不然，漏电保护器就上不了电。在实际应用的过程中，要是工作零线需要重复接地的话，一般都会在漏电保护器的上端进行。

4）如果工作零线断线，则保护接零的通电设备外壳带电。

5）在 TN-C 系统应用中，在安装漏电保护器的接线过程中，在其上面只能接入工作零线，而且接入漏电保护器的零线不能当成保护零线使用，否则，漏电保护器不能起作用，而且不能正常使用。

2. TN-S 系统

在 TN-S 系统中，供电系统的中性点与电气设备的外壳通过保护零线进行连接，正常使用过程中，没有电流通过保护零线，保护零线只在发生接地故障时通过故障电流，因此，电气装置的外露导电部分对地平时几乎不带电位，比较安全。TN-S 系统适用于危险性较大或安全要求较高的场所，系统如图 1-100 所示。

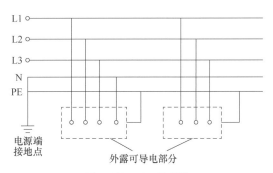

图 1-100　TN-S 系统

（1）TN-S 系统的特点

1）由于在 TN-S 系统中，是分开设置的专用保护 PE 线和 N 线，用电设备的外壳与 PE 线连在一起，而且在 TN-S 系统正常运行时，PE 线上不通过电流，这样形成不了对大地的电压，因此，可以安全可靠地使用。

2）在 TN-S 系统正常使用过程中，漏电保护器中不能接进专用保护 PE 线，而且 PE 线不能断开。

3）在 TN-S 系统正常使用过程中，必须在用电设备中安装漏电开关，用来保护电气设备，当设备的相线接触外壳后，直接短路，这样保护器能够直接切断电源。

4）在 TN-S 系统正常使用过程中，为了保证专用保护 PE 线的正常使用，一般都会在它的首端和末端重复进行接地，这样即使 PE 线从中间断开，也不会发生大的风险。

5）由于 TN-S 系统使用比较安全而且稳定可靠，一般会在一些电压供电系统中使用。

（2）TN-S 系统的注意事项

1）在 TN-S 系统使用过程中，不能断开保护零线，否则，一旦发生设备外壳带电，单相就无法形成回路，而且电源也无法切断，这样就可能造成所有的电气接零设备外壳均带电，发生触电事故的风险比较大，造成的后果无法想象。

2）TN-S 系统应用中，在同一个系统下接入的用电设备全部需要进行正常的接零保护和接地保护，这样即使用电设备出现漏电事故时，也能通过接零和接地保护，及时排除故障，而且不会造成电气设备的外壳带电，减少触电事故的发生。

3）保护零线（PE 线）的电缆要按规定要求，正常采用黄绿双色线，而且它的线径必须大于或等于工作零线的线径。在保护零线的安装过程中，连接保护零线时一般采用铜端子排。

3. TN-C-S 系统

在供电系统中，供电的电源变压器中性点与大地进行连接，但中性点没有接出 PE 线，是"三相四线制"供电，而某些用电场所要求必须采用专用保护线（PE 线）时，就需要把专用保护线从总的配电箱中引出，这种供电系统被称为 TN-C-S 供电系统。

而在现实应用中，TN-C-S 系统相当于 TN-S 系统和 TN-C 系统的结合使用，配电系统的前半部分是 TN-C 系统，后面部分是 TN-S 系统，兼有两者的优点，保护性能介于两者之间，常用于配电系统末端环境条件较差或有数据处理设备的场所，系统如图 1-101 所示。

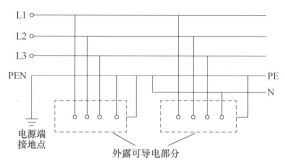

图 1-101　TN-C-S 系统

TN-C-S 系统的特点如下。

1）应用 TN-C-S 系统能够有效地对电机外壳的对大地的电压进行降低，但是无法消除外壳对地的电压，因此，在应用此系统时，接入的负载中不能有太大的不平衡电流，而且接入的专用保护线（PE 线）在首末端要进行重复接地。

2）不管什么条件，漏电保护器中都不能接入 PE 线，如果接入的话，电气线路尾端的漏电开关因检测到漏电而进行保护跳闸时，会影响到它前面的漏电保护器，引起大面积停电的情况发生。

3）在 TN-C-S 系统中，在供电系统的总配电箱中，N 线和 PE 线是连接在一起的，而在供电系统的总配电箱以后，不管在任何情况下，N 线和 PE 线都不能相互连接，而且 PE 线是一根完整的接地导线，在其上面绝对不能安装任何电气元件，比如熔断器及开关等。

三、动力电路安装

1. 低压电器安装

（1）低压电器安装前

1）低压电器的检查项目见表 1-15。

表 1-15 低压电器的检查项目

序号	检查内容
1	检查低压电器的铭牌、型号、规格，应该与被控线路或设计要求相符，附件应齐全、完好
2	检查低压电器的外观，外观应良好，外壳没有明显损伤或变形，同时，外表面的漆面良好，无损伤
3	检查低压电器内部相关元器件的状态，确保它们没有开裂或者损伤
4	低压电器的主触点也要检查确认，确认触点的压接牢靠紧密，同时也要确认压接时两侧的压力，要均匀分布，不能一侧大一侧小

2）低压电器的安装高度要求见表 1-16。

表 1-16 低压电器的安装高度要求

序号	高度要求
1	低压电器的安装高度要严格按照设计要求实施
2	对于在设计方案中没有规定的，低压电器需要落地安装时，要注意，低压电器的底部要高于地面 60～80mm，便于安装及后续的维护。为了便于操作，操作手柄的转轴中心要与地面保持一定的高度，根据人机工程学，高于地面 1300mm 左右的位置比较适宜，如果有需要侧面操作的手柄，那么手柄要留有足够的操作空间，与设备的距离要大于 200mm

（2）低压电器安装

1）低压电器的固定要求见表 1-17。

表 1-17 低压电器的固定要求

序号	固定要求
1	低压电器的安装固定，要确保安装位置排列整齐、匀称，各电器间的距离合理，便于后期的操作及维护，同时，电器的安装应符合设计及产品技术文件的要求
2	低压电器应安装在没有剧烈振动的场所，根据电器结构的不同，可制作专用支架或者通过自带的安装底板固定在其他结构上，同时要保证安装平台能够经受一定的冲击和振动。当低压电器安装在导轨上时，要选择与低压电器匹配的导轨，要选择正品合格的导轨。安装导轨时，确保导轨的固定稳定可靠，同时，低压电器在导轨上安装好之后，低压电器的两侧需要用合适的卡具进行固定，防止长时间使用造成元器件的松动
3	当低压电器的固定需要膨胀螺栓时，螺栓的规格选用要匹配低压电器的尺寸，同时，在安装膨胀螺栓时，打孔钻头要匹配螺栓的规格，尤其是孔洞直径不能太大，而且钻孔不能太深，否则膨胀螺栓固定不牢
4	一般选用镀锌螺栓来固定低压电器，为了确保电器的固定牢靠稳定，在选择螺栓时，一定要匹配低压电器上的孔洞尺寸

（续）

序号	固定要求
5	低压电器的安装需要防振时，在安装时要加装减振设备，同时，螺栓固定时要增加弹簧垫或者螺纹紧固胶，用以防止螺栓的松动
6	要用力均匀，紧固适当，用手按住元件轻轻摇动，无晃动感觉后，再略微旋紧螺栓即可
7	在户外安装没有防护的低压电器时，要做好外壳防护措施，防止雨雪的淋溅，保护低压电器的安全正常运行

2）低压电器的布线要求见表 1-18。

表 1-18　低压电器的布线要求

序号	布线要求
1	低压电器的布线要规范，按照就近原则，同排的元器件接线尽可能从同方向进线，另外，主电路进线和控制电路的进线要分开布置，不能杂乱无章随意布置
2	同一个面的导线布线时要保持整齐一致，不能随意交叉布置，布线需要交叉时，要做到提前规划走线路线，水平架空，确保导线的整体布局合理规范
3	布线要提前对空间进行规划布局，确保每条导线都做到横平竖直，同时，线路拐弯时，也要做到上下垂直
4	每根导线两端套上事先按图纸上的线号编好的编码套管，导线中间无接头
5	低压电器接线时，按照事先做好的标识进行，同时接线要美观整齐，导线线皮无破损
6	电源进线和负载出线要识别正确，即电源为进线，负载为出线，分别接入固定触点和可动触点
7	电路导线的固定螺栓材质要严格把控，不能出现锈蚀或氧化的现象，同时，拧紧时都要做好防松措施，以避免由螺栓松动造成接触不良而发生重大安全事故
8	导线与接线端子或接线桩安装时，不得压绝缘层，不反圈，不露铜过长，不得损伤线芯及导线绝缘层，每个电器元件接线端子上一般只允许连接一根导线
9	同一元件、同一回路的不同接点的导线距离必须保持一致

3）低压电器的绝缘阻值的检查要求。在安装低压电器前，要对所有的电器绝缘进行测量检查，具体检查位置见表 1-19，而且不同的电压回路要分开进行。

表 1-19　绝缘阻值的检查

序号	检查内容
1	断开主触点测量，检查进线接头和出线接头之间的绝缘状态
2	闭合主触点测量，首先要检测相与相之间的绝缘阻值、触点和电器线圈之间的绝缘阻值的状态良好，然后还要检查主电路和控制电路之间的绝缘阻值
3	低压电器中接入的各电路的带电部位与金属框架的绝缘阻值

（3）常用低压电器安装注意事项

1）低压断路器安装注意事项见表1-20。

表1-20　低压断路器安装注意事项

序号	注意事项
1	在安装前应清除内部尘土，适当给各传动部位加些润滑油，同时，为了避免电磁机构的动作受影响，要擦干净电磁铁表面出厂时带的防锈油
2	要严格按照产品技术文件进行安装使用，当技术文件没有规定安装方式时，应进行垂直安装，板前接线的低压断路器允许安装在金属支架上或金属底板上，但板后接线的低压断路器必须安装在绝缘板上。固定低压断路器的支架或底板必须平坦，防止紧固螺栓时绝缘基座受力而损坏
3	电源应接在低压断路器静触点的进线端子上，脱扣器一端接负载。为保证过电流脱扣器的保护特性，连接导线的截面应按脱扣器额定电流来选用
4	断路器与熔断器配合使用时，熔断器应装于断路器之前的电源侧，以保证使用安全
5	低压断路器的热脱扣器及电磁式脱扣器在出厂前已校正，安装时均不得自行调节，以免影响脱扣器的动作特性。若使用场所的工作电流与脱扣器的额定工作电流不符，应调换适合脱扣器额定工作电流的低压断路器
6	当低压断路器用作总断路器或电动机的控制开关时，在断路器的电源进线侧必须加装隔离开关、刀开关或熔断器，作为明显的断开点
7	低压断路器接线时，裸露在箱体外部且易触及的导线端子，应加绝缘保护

2）低压隔离开关与刀开关安装注意事项见表1-21。

表1-21　低压隔离开关与刀开关安装注意事项

序号	注意事项
1	一般应垂直装配隔离开关与刀开关，特殊情况下，也可以水平放置安装，但是在水平装配时，要确保各项安全措施做到位
2	要保证开关的固定触点和可动触点的良好接触，当流过的电流比较大时，要涂一些电力复合脂在触头上面
3	当操作机构需要加装杠杆进行操作时，要做到杠杆的长度适宜，保证操作灵活且能操作到位，同时要确保辅助接点的指示正常

3）漏电保护器安装注意事项见表1-22。

表1-22　漏电保护器安装注意事项

序号	注意事项
1	漏电保护器安装接线时，要按照电器上的标识进行接线，切记不可将电源侧和负载侧接反
2	安装有短路保护的漏电保护器时，当短路保护起作用，断开电流时，电弧会从电源侧的排气孔排出，因此，防弧距离一定要留够，避免引起其他事故
3	当漏电保护器安装在一些比较潮湿或温度较高的环境中时，确保相关的防潮湿、防腐蚀等措施做到位，室外的漏电保护器要注意防雨雪、防水溅、防撞砸等

（续）

序号	注意事项
4	安装漏电保护器的回路要与其他线路分开，不能有任何连接，同时，在选择漏电保护器的容量时，要根据所保护电路的实际容量需求进行选择，一定要适宜，不能过大或者过小，而且一个回路只安装一台漏电保护器，不能将几台漏电保护器并联或者串联使用
5	当电路中安装漏电保护器时，电路中接入的其他接地或者接零保护不能取消，同时，在安装漏电保护器时，要注意接地是不能接入保护器的，而保护器要接入工作零线，而且不能作为保护零线使用

4）低压接触器安装注意事项见表1-23。

表1-23　低压接触器安装注意事项

序号	注意事项
1	安装接触器前，要检查接触器的衔铁，确保衔铁表面干净整洁、未生锈，动作部分灵活顺畅无阻塞，灭弧罩的间隙正常
2	确保接触器的触点接触紧密、无间隙，并保证触点固定结实可靠
3	当发现触点的表面有金属颗粒小珠时，要及时进行修复，但是对触点表面可能出现的氧化膜则可以不修复，一旦修复不良，可能会影响触点的使用寿命
4	接触器的触点应定期清扫，保持清洁，不允许涂油

5）熔断器安装注意事项见表1-24。

表1-24　熔断器安装注意事项

序号	注意事项
1	在选择安装的熔断器时，根据要保护设备的实际容量与产品的设计容量的结合来进行，不能出现容量不匹配的现象，而且有特殊保护作用的熔断器损坏需要更换时，不能随意用其他熔断器进行替换，必须核实无误之后再进行更换
2	熔断器安装要保证足够的电气距离，同时要保证足够的空间间距，以保证拆卸、更换熔体方便
3	安装熔体时，必须保证接触可靠，否则会因接触电阻过大而发热或断相，同时，不能有机械损伤，否则会使截面积变小、电阻增大、发热增加、保护特性变坏、动作不准确
4	安装熔断器引线时，一定要有足够的截面积，且必须拧紧接线螺栓，避免接触不良引起接触电阻过大而使熔体提前熔断，造成误动作
5	当同一电气柜装有不同规格型号的熔断器时，在熔断器下方或者上方的位置添加型号规格标签进行区分
6	当操作有部分带电的熔断器时，要戴绝缘手套进行操作
7	在安装熔断器时，不管它是什么样式的，都要确保其底座安装结实牢靠，防止意外事故发生
8	当在金属底板上装配熔断器时，一定要确保熔断器底座的绝缘，与底板之间要增加一层绝缘垫
9	一般应不带电拆换熔断器。有些熔断器允许在带电情况下更换，但要注意切断负载，以免发生危险
10	更换熔体时，必须注意新熔体的规格尺寸、形状应与原熔体相同，不应随意更换，凑合使用

2. 管线敷设

管线敷设布线是用金属管、线槽或塑料管作为导线的保护层所敷设的线路。金属管或线槽有防潮、防火、防爆等性能。塑料管有防潮、抗酸碱、耐腐蚀等性能。

（1）一般规定

1）在对管线敷设及敷设方式进行设计布局时，首先要核实各用电器的位置，核实安装环境及建筑物是否有特殊的规定，并制定相对应的预防措施，同时，也要考虑周围的环境是否会影响管线的敷设，应提前做好应对措施，防止意外损害的发生，确保布线的安全可靠。

2）敷设方式见表1-25。

表 1-25　敷设方式

敷设方式	敷设说明
明敷	所谓明敷，不是说电缆不做任何防护直接敷设，而是把电缆置于线槽及线管等载体内，然后再把线槽及线管等载体架设在建筑物内的墙上、厂房钢结构的表面上和一些固定支架上等，这就是明敷，简单说就是电缆载体架放在明面
暗敷	暗敷就是经过防护的电缆敷设后，通过人眼无法看到，把穿过电缆的线槽或者线管埋设在混凝土或钢结构的里面，表面无法看到，只预留出接线头

3）在敷设电缆的过程中，为了安全考虑，必须做好接地保护工作，尤其是金属导电部分裸露在外面的，必须严格按照要求进行接地。

4）当电缆的保护体采用金属性质的材料时，在确定电缆型号规格时，必须选择使用绝缘电缆。不同电路回路穿插在同一线槽或管内时，所有的电缆绝缘等级都按这些电路回路中最高的绝缘等级要求执行。

（2）金属管布线

1）在所有布线时选用的保护器材中，金属管是应用得最广泛的一种，除了会腐蚀金属的场所，几乎所有场所都能使用。

2）采用金属管布线时，同回路的所有电缆导线必须置于同一根金属管内。

3）采用金属管布线时，为了避免信号的干扰，不能把动力回路、控制回路以及通信线路混放布置在同一根金属管中，当然，可能也有一些特殊情况，特殊情况要视现场情况而定，而且要严格按照布线规范要求执行。

4）采用金属管布线时，对于一些比较潮湿的场所或者需要进行埋地时，一般采用特殊的钢管；相反来说，其他的场所则可以采用相对便宜的普通穿线管，可适当节省些费用。

5）在金属管布线明敷时，金属管固定点间的距离要视情况而定，对一些材质比较厚实的管材，固定点距离可以适当放宽，而对于那些材质比较轻容易变形的穿线管，最好还是近距离固定。针对上述情况，可根据现场实际勘察情况再进行部分调整。

6）采用金属管布线时，如果现场有热水管路或者蒸汽管路，那么需要将金属穿线管架设在那些管道下面，防止现场的热量传导造成电缆的损坏。

7）采用金属管布线时，如果需要长距离架设或者需要转弯时，那么就需要在金属管之间合适的位置增加转接盒。

（3）硬质塑料管布线

1）在有腐蚀性物质的场所，一般要采用硬质塑料管进行布线，由于硬质塑料管不能承重，因此一般敷设在地面或者能受力的部位，安装时，均采用暗敷的方式布线。

2）采用硬质塑料管布线时，为了避免信号的干扰，不能把动力回路、控制回路以及通信线路混放布置在同一根塑料管中，当然，可能也有一些特殊情况，特殊情况要视现场情况而定，而且要严格按照布线规范要求执行。

3）采用硬质塑料管布线时，如果现场有热水管路或者蒸汽管道，那么需要将硬质塑料穿线管架设在那些管道下面，防止现场的热量传导造成电缆的损坏。

4）采用硬质塑料管布线时，如果需要长距离架设或者需要转弯时，那么就需要在硬质塑料管之间合适的位置增加转接盒。

（4）金属线槽布线

1）金属线槽布线基本上都是应用在室内的，而且金属线槽布线都是采用明敷的形式，但是也有些场所不适合用金属线槽进行布线，比如会腐蚀金属线槽的地方，因此，在选择布线材质时，一定要对现场环境进行研判。

2）在采用金属线槽布线时，同回路的所有电缆导线必须在同一个金属线槽中放置。

3）采用金属线槽布线时，一般情况下，不能在金属线槽内接线。

4）采用金属线槽布线时，为保证金属线槽的牢固可靠，在两个线槽连接处必须加装连接片进行固定，另外，当金属线槽需要拐弯或者进行分支时，需要加装转接机构，并同时加连接片固定。

5）采用金属线槽布线时，当现场倾斜架设金属线槽，并往金属线槽内放置电缆时，需要把每根电缆进行捆绑固定，避免电缆在金属线槽内移动下拉，长时间的下坠影响电缆的使用寿命。

6）在悬空架设金属线槽布线时，为确保金属线槽的牢固可靠，需要在线槽中间加装支撑点或者吊点，一般情况下，2m左右一个点即可。

3. 接地接零保护安装

随着电力系统的发展，电已在我们的日常工作生活中不可或缺，但同时，触电事故也经常发生，怎样做才能保证我们的设备以及人员的安全呢？目前，在电力技术方面，主要做的就是安装接地接零保护，即凡是电力存在的地方，都要做好接地接零的安装，另外就是安装漏电保护器，通过这些电力技术手段来减少触电事故的发生。

本部分主要介绍保护接地和保护接零。

（1）接地和保护接地的概念

所谓接地，就是将电力系统或电气装置通过载体与土地之间做的电气连接。连接到接地体的导线称为接地线。接地体与接地线合称为接地装置。

按照不同的用途，接地可分为两种方式，分别是保护接地和工作接地。

工作接地是指根据电力系统的运行需求而做的接地动作。

为防止电气装置的金属外壳、配电装置的构架或线路杆塔等带电危及人身和设备安全而进行的接地连接，被称为保护接地。

（2）保护接地

将电气设备不带电的金属外壳用导线与接地体相连称为保护接地。

1）保护接地原理：当用电设备/设施发生漏电时，对地就会有电流出现，为减少这些泄漏电流，并把其控制在一定的安全范围内，漏电保护器会在漏电电流超过设定的安全值时自动把电源切断，这就是保护接地的工作原理。

一般来说，保护接地就是将电器因为各种原因产生的有害电荷（比如摩擦产生的静电或电火花，或者电器漏电产生的电荷）通过导体导入大地，使得这些电荷不会危害到人体或产生电火花而引燃其他易燃物。

2）保护接地作用：将电气装置/设施中不带电的金属部分与大地进行充分连接，降低接点的对地电压，避免人体触电危险，这就是保护接地的作用。

保护接地这种用电安全措施，是对人身安全的一层防护。在1000V以下的电网中，当发生意外而造成电气装置的金属部分带电时，会造成电力系统的相线与中性线之间的单相短路，这样就可以使电力线路中安装的保护装置立即发挥作用，自动切断电源。就是通过这种无论发生什么意外，都不会让电气设备的金属外壳长时间带电的措施，来确保操作人员的人身安全。

（3）保护接零

保护接零是把电气设备的金属外壳和电力系统的中性点进行可靠连接，通过这种安全用电措施的实施来保护操作人员的人身安全。

1）保护接零的原理：保护接零的原理是借助接零线路使设备在绝缘损坏后造成短路时，瞬间的短路电流直接触发保护装置，自动切断电源，保护操作人员的人身安全。

2）保护接零的作用：保护接零是没有将接地线接地而是接在零线上，目的就是在设备外壳带电时直接利用导线将电引走，不让电流在人体接触带电外壳时从人体流过，以免发生触电事故。它的作用主要是保护人身安全，防止因接触电压和跨步电压触电。

保护接零适合中性点直接接地的三相四线制系统，是将电气设备平时不带电的外露可导电部分与电源中性线N（N线直接与大地有良好的电气连接）连接起来，并且保护接零要有至少两处的重复接地。电气设备发生短路故障后，保护接零能否立即起作用，能否立即切断电源，主要还是要看保护装置能否做出快捷有效的动作，这也就要求电气维护人员定期对线路的保护装置进行维护保养，使保护装置处于有效正常的状态，这样才能更好地保护操作人员。

（4）保护接地和保护接零安装注意事项

在电力系统的接地和接零保护中，接地装置是最重要也是最为关键的一环，在其安装时，必须确保其安装的可靠性和合理性，安装过程中为秉承高效节约的原则，有以下几个方面需要注意。

1）在安装过程中，要知道接地装置和接零装置的区别，同时要保证接地装置的完整性，确认其包含了接地体和接地线，也要确保接零装置的完整性，接地装置和零线网络共同构成了接零装置。

2）在安装过程中，每个电气设备都要通过独立的接地体连接线与接地支线连接，当有多个电气设备需要连接时，则需要设置接地干线，那么这样就可以通过接地干线把每个电气设备都连接起来，接地干线再与接地体进行有效连接，这样就形成了完整的接地装置，电气设备的接地线不能进行串联连接。

3）供电系统网络中的接地装置必须采用人工接地体。

4）在安装过程中，接地装置的接地体在地面以上的部分可以用螺栓连接，但是螺栓要做好防腐蚀/锈蚀处理；而其埋在地下的部分必须进行焊接，同时，在焊接过程中，不能出现漏焊、虚焊的情况，接地体的焊接一般采用圆钢或者扁钢，也有两种结合使用的情况，但是不管用什么材料，焊接牢固是最基本的要求，也是最重要的部分，具体的焊接要求，根据规范要求执行。

5）采用保护接零时，除系统中性点外，还必须在一定的位置选择一处或者多处接地，即重复接地，重复接地主要是确保保护接零的有效。

6）不管是工作接地还是保护接地，在接地装置的技术要求中，接地电阻都是最重要也是最关键的技术指标。一般情况下，接地装置的接地电阻都很小，按照常规来说可以忽略不计，但是对于接地电阻，还有相关的规定，如一般性的低压电气设备装置的接地电阻要求不大于 4Ω，避雷器接地时，它的接地电阻不能超过 10Ω。

7）对于中性点接地的三相四线制系统只能采用保护接零。

8）不允许在同一电流回路上，同时采用两种方式。

9）在同源的低压电力供电系统中，接地保护和接零保护不能同时存在，只能选择一种保护方式。

10）在接地装置安装完毕之后，需要定期对其进行检查和维护，具体的检查周期根据供电类型的不同也会有所不同，比如，配电站的接地装置检查周期是 1 年，一般的电气设备检查周期是 2 年，但是它们的接地电阻都需要在每年进行一次测量。

复习题

1. 判断题

（1）熔断器是指当电流超过设定值一段时间后，其本身产生热量熔断熔体，从而断开电路的一种电器。一般熔断器的电路图形符号为—▭—。（　　）

（2）继电器是一种电磁控制类器件，常应用于自动控制电路中，起到小电流控制大电流的作用。（　　）

（3）接触器主要由电磁系统、触点系统、灭弧系统及其他部分组成。按线圈接入的形式分为电压接触器和电流接触器。（　　）

（4）常见低压电器按动作方式分类，可分为手动类和自动类。（　　）

（5）断路器是一种低压保护开关，可以实现短路、过载，或者欠电压等功能。（　　）

（6）电气照明线路及开关、配电箱等相关电气设备全部安装完成后，要进行绝缘遥测。（　　）

（7）一般普通照明设施的不正常运行不会造成人员伤亡事故或火灾的发生。（　　）

（8）电能表在使用时，任何情况下，都可直接把电能表接入电路中进行测量。（　　）

（9）在 TN 系统中，如果工作零线断线，则保护接零的通电设备外壳带电。（　　）

（10）对于中性点接地的三相四线制系统，只能采用保护接零。（　　）

2. 单选题

（1）下面不属于继电器图形及文字符号的是（　　）。

A. KA　　　　　　B. KT　　　　　　C. KM　　　　　　D. KA

（2）下面属于断路器外观图的是（　　）。

A. 　　　　　　B. 　　　　　　C. 　　　　　　D.

（3）封闭式刀开关额定电流可取电动机额定电流的（　　）倍。

A. 1.2　　　　　　B. 1.5　　　　　　C. 2　　　　　　D. 3

（4）熔断器按使用环境选型，不能用于（　　）保护。

A. 防雷　　　　　　B. 电网配电　　　　　　C. 电动机　　　　　　D. 可控硅元件

（5）热继电器的整定电流为（　　）倍的电动机额定电流。

A. 0.85～0.95　　B. 0.95～1.05　　C. 1.05～1.15　　D. 1.15～1.25

（6）按照保护接地的类型，低压电气接地系统可分为 TT 系统、IT 系统和（　　）3 种形式。

A. TN-C 系统　　　　B. TN 系统　　　　C. TN-S 系统　　　　D. TN-C-S 系统

（7）对低压电器安装进行绝缘阻值检测，当闭合主触点测量时，首先要检测相与相之间的绝缘阻值、触点和电器线圈之间的绝缘阻值的状态良好，然后还要检查（　　）的绝缘阻值。

A. 进线接头和出线接头之间　　　　　　B. 主电路和控制电路之间

C. 以上两种都有

（8）熔断器损坏需更换熔体时，新熔体要注意的是（　　）。

A. 规格尺寸与原熔体相同　　　　　　B. 比原规格大一些

C. 比原规格小一些

（9）保护接地是将电气装置/设施中不带电的金属部分与大地进行充分连接，降低接点的对地（　　），避免人体触电危险。

A. 电流　　　　　　B. 电压　　　　　　C. 电压和电流

（10）在工作和生活中，常见的气体放电光源有高压汞灯、（　　）、金属卤化物灯及荧光灯等几种。

A. 白炽灯　　　　　B. 钠灯　　　　　C. 卤钨灯　　　　　D. 节能灯

3. 简答题

（1）气体爆炸三要素是什么？

（2）谈谈金属卤化物灯的发光过程是怎样的？

第一章复习题答案

第二章 继电器控制电路装调维修

第一节 低压电器拆装、维修

一、热继电器的拆装

1. 热继电器的拆装步骤

（1）热继电器的拆装前准备

热继电器利用电流的热效应，在发生过电流时断开电路，常用于三相异步电动机的过载和断相保护。常用的热继电器主要由双金属片、热元件和其他元件组成。对热继电器进行拆装的目的是进一步了解和掌握热继电器的结构，加深对热继电器工作原理的认识和理解。在对热继电器拆装前，必须做好以下工作准备。

1）知识准备：在对热继电器拆装前，需要了解热继电器的工作原理，熟悉热继电器的组成结构。

2）工具准备：常用工具包括螺钉旋具、镊子和工具台等。

（2）热继电器的拆解

不同型号的热继电器，虽然工作原理相同，但在外形和内部结构上有较大的差异，因此，在拆装的具体细节方法上存在区别，本部分以 JR36-20 型热继电器为例介绍拆装步骤和方法。该产品外形如图 2-1 所示。

1）拆后绝缘盖板：使用合适的螺钉旋具松脱后绝缘盖板紧固螺钉①，取下后绝缘盖板②，热继电器内部结构就清晰可见。后绝缘盖板拆分前后如图 2-2 所示。

图 2-1　JR36-20 型热继电器外形图

此时，复位按钮③已无任何固定，为防止接下来拆分的过程中脱落，可取下放到合适的位置，注意复位按钮的安装位置和形态，以便组装。

2）拆除热元件：拆除热元件之前，先要用合适的螺钉旋具旋出并取下第一相热元件入线接线柱④和出线接线柱⑤，然后松脱其热元件紧固螺钉⑥，位置如图2-3所示。

a) 拆分前　　　　　b) 拆分后

图 2-2　后绝缘盖板拆分前后

图 2-3　热元件螺钉位置图

现在可以从安装架中抽出热元件⑦并摆放到合适的位置，如图2-4所示。

采用相同的方法拆分热继电器另外两相热元件，取出导板和推杆机构⑧，如图2-5所示。

图 2-4　热继电器第一相热元件

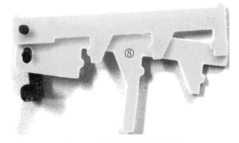

图 2-5　导板和推杆机构

在拆分热元件之前要仔细观察导板和推杆的安装位置，以免组装时出错。另外，在取出最后一相热元件时要小心导杆和推板掉落、损伤。

3）拆除热继电器触点拨杆和调节轮：热继电器触点拨杆和调节轮机构如图2-6a所示，拨杆机构包括拨杆⑨、弹簧⑩、安装固定螺母垫片⑪和螺钉⑫（螺钉位置如图2-3所示）。调节轮机构包括调节轮⑬和固定卡簧⑭。

在拆分触点拨杆时，先用镊子将弹簧⑩取出，为保证弹簧取出时弹簧压缩量最小，可用旋具将调节轮调到"△"指示位。取出弹簧后，用合适的螺钉旋具松开紧固螺钉螺母，即可取出拨杆，注意过程中防止螺母垫片意外掉落丢失。拆分后的拨杆机构组件如图 2-6b 所示。

b) 拨杆机构组件

拆调节轮需将固定卡簧沿卡簧槽方向挑出，然后从底部推出调节轮即可完成拆分，拆分后的调节轮机构组件如图 2-6c 所示。

4）拆除触点系统：拆解用的热继电器触点系统包括一组动断（常闭）和一组动合（常开）触点，其触点的接线柱如图 2-3 右边所示，编号"95""96"为动断触点接线柱，编号"97""98"为动合触点接线柱，内部触点如图 2-6a 所示，包括动断触点⑮和动合触点⑯。拆解用的热继电器触点机构为了保证稳定性，采用铆钉固定，不可拆分。

a) 触点拨杆和调节轮机构　　c) 调节轮机构组件

图 2-6　热继电器触点系统

（3）热继电器的组装

按触点系统、热元件的顺序组装热继电器，按拆分的反序操作完成装配。

2. 热继电器的检修和测试

（1）热继电器的检修

在热继电器的拆解过程中，需要同步对热继电器进行必要的维护和检修，具体内容可参考表 2-1。

表 2-1　热继电器检修

检修部位	检修内容	处理方法
框架	外观检查，内外部是否有破损、开裂、炭化等现象	更换热继电器
	内外部是否清洁无污染	用干燥的压缩空气吹走灰尘，用绒布清洁
	内部是否有异物	清除异物，分析异物种类和来源并做相应的预防处理
热元件	发热元件与双金属片以及引出接线座的连接是否牢固可靠	连接松动需修复或更换
	双金属片是否变形或生锈	轻微的锈迹要及时清除，变形要更换
	接线座和接线螺钉的螺纹是否良好，无滑丝	滑丝等不能保证可靠连接的，更换处理

（续）

检修部位	检修内容	处理方法
触点系统	触点是否松动、表面是否平整	轻微损伤可用整形锉锉平
	触点弹簧是否生锈、变形、断裂	压缩后不能很好恢复等需要更换
	触点接线座和接线螺钉的螺纹是否良好，无滑丝	滑丝等不能保证可靠连接的，更换处理
其他部分	调节轮的标识是否清晰可辨识	标识不清，重新标识或更换
	调节轮的调节机构（凸轮）是否磨损变形、松动	不能准确调节时更换处理
	导板和推杆、测试拨杆以及复位按钮等是否损坏	损坏、不能正常工作更换处理

（2）热继电器的测试

在完成热继电器的检修组装后，需要对热继电器进行必要的测试。

1）手动测试：手动拨动测试开关⑰（开关位置如图 2-2 所示），观察热继电器触点是否动作，动作是否灵活。触点⑯（触点位置如图 2-6 所示）静触点连接螺钉的旋出和旋进，应能够实现热继电器手自动复位功能的切换。手动复位的情况下，触点保持测试状态，按下手动复位按钮，触点能够恢复原状。自动复位的状态下，松开测试开关，触点自动复位。

调节轮的调节是否顺畅灵活，选择不同的动作电流时，手动测试时注意感觉拨动力度的差异，观察推杆的动作距离的变化。

2）电阻测量：用万用表电阻×1 档测试进线接线座和出线接线座之间的阻值，阻值应为零或非常接近于零，如果有几欧姆的阻值，表明该相发热元件的连接不良，需处理或更换。

用万用表电阻×1 档测试触点接线座之间的阻值，阻值应为零或非常接近于零，如果有几欧姆的阻值，表明该触点接触不良，需处理或更换。

3）绝缘检测：用 500V 的绝缘电阻表测量三相发热元件之间的绝缘电阻值，阻值不得小于 $10M\Omega$。

4）负载测试：热继电器接入主回路，调节回路电流到整定电流的 1.0 倍、1.2 倍、1.5 倍、6 倍，观察并记录热继电器触点触发的动作时间，应满足热继电器动作时效的要求，其对应关系可参照表 2-2。

表 2-2　热继电器动作时间特性

整定电流倍数		动作时间	说明
1.0		∞	冷态开始
1.2		$\leqslant20min$	热态开始（热继电器额定电流工作到稳定温升后开始）
1.5	$\leqslant2.5A$	$\leqslant1.5min$	
	$>2.5A$	$\leqslant2min$	
6		$\leqslant5s$	冷态开始

3. 热继电器安装维修注意事项

（1）拆装

1）拆装热继电器的工作台面不得小于 1.5m×1m。

2）拆装工作台附近最好有干燥的压缩气源并配有气枪。

3）拆装工作台附近要有适合测试的电源和设备。

4）拆装热继电器前工作台面要保持清洁。

5）拆装热继电器前要准备放置热继电器零部件的盒子。

6）拆分的元器件要按顺序摆放，不得随意摆放。

7）拆分接触器内部弹簧时要小心，防止弹簧弹出丢失。

8）拆装要注意有安装方向的零部件，在拆分时可做好标记。

（2）检修测试

1）更换发热元件要三相同时更换，不能单独更换一相。

2）负载测试时要严格执行电工安全操作，确保安全。

3）负载测试时要检查热继电器铭牌参数，确定负载符合要求。

4）负载测试时触点动作后须经过一段时间，等待双金属片冷却恢复原状后才能继续。

（3）现场使用

1）热继电器的使用环境温度变化应在规定的范围内，工作温度与环境温度的温差不超过 25℃。

2）热继电器的安装方向应与规定方向相同，倾斜角度不超过 5°。

3）热继电器与其他电器安装在一起时，尽可能装在其他电器下面，避免受其他电器发热影响。

4）热继电器连接的导线截面应符合要求，不能过粗或过细，安装螺钉紧固牢靠。

5）热继电器不适合用于操作过于频繁的场合。

6）热继电器不能作为短路保护。

7）负荷电流应与热元件的额定电流匹配。热元件的额定电流为负载额定电流的 1.1~1.25 倍。热继电器的整定电流一般调整为负载额定电流的 1.05 倍。

8）星形连接的电动机可采用两级或三级热继电器，对于三角形连接的电动机和带短路保护的电路，应采用三级热继电器或带断相保护的热继电器。

二、交流接触器的拆装

1. 交流接触器的拆装步骤

（1）交流接触器的拆装前准备

交流接触器是一种应用最普遍的低压控制电器，主要在电力拖动和自动控制系统中用于接通、分断大容量的线路，如控制电动机启停的主电路中。交流接触器主要由电磁机构和触点系统组成，大容量的接触器一般还有灭弧装置。在对交流接触器拆装前，必须做好以下工作准备。

1）知识准备：在进行交流接触器拆装前，需要了解交流接触器的工作原理，熟悉交流接触器的组成和结构。

2）工具准备：常用工具包括螺钉旋具、铜芯线、尖嘴钳、台虎钳和工具桌等。

不同品牌、型号、容量的交流接触器，虽然工作原理相同，但在外形和内部结构上均有一定的差异，在拆装的具体细节、方法上存在区别，本部分以西门子3TF40型交流接触器为例介绍拆装步骤和方法。该产品外形如图2-7所示。

（2）交流接触器的拆解

1）分离触点系统和电磁机构：交流接触器分为上下两部分，上半部分为触点系统，下半部分为电磁机构，使用螺钉旋具松脱触点系统和电磁机构外框架连接螺钉①（如图2-7所示，前后各1颗）。其内部可见的零部件如图2-8所示（图左为触点系统，图右为电磁机构）。螺钉①有防掉落功能设计，不需要完全旋出，松开后可保留在外框上，即使倒置也不会掉落。

图2-7 3TF40型交流接触器外形图

图2-8 触点系统和电磁机构

2）拆分电磁机构：电磁机构的拆分按照表2-3所列的顺序操作。

表2-3 电磁机构拆分操作

步骤	操作说明	备注
取出电磁线圈	取出线圈及引线连接端子②时可用记号笔在上面做好标记，以免组装时方向出错。如果有需要，可进一步拆分电磁线圈出线与接线端子的连接。本例中没有作进一步拆分	线圈取出后，可以看到一对支撑弹簧，如图2-9所示
取出静铁心支撑弹簧	静铁心支撑弹簧③呈宝塔形状，需要用尖嘴钳夹紧，旋转同时稍用力拔出	如图2-10所示
取出静铁心	静铁心④两端各嵌入了一个短路环，没有特别需求，不要取出短路环	如图2-10所示

图 2-9　电磁线圈拆分

图 2-10　电磁机构拆分零部件

至此，电磁机构部分全部分解完成，所有零部件均独立可见，如图 2-10 所示。同样，如果需要，可进一步抽出静铁心定位销⑤，取出超程调整垫片⑥。

注意电磁部分的动铁心由于固定在动触点安装支架上，不在拆分之列。

3）拆分触点系统：触点系统的拆分按照表 2-4 所列的顺序操作。

表 2-4　触点系统拆分操作

步骤	操作说明	备注
拆除防护罩	防护罩包括主触点防护罩和辅助触点防护罩。拆除时，触点系统正置，松开卡扣后脱开防护罩。防护罩材质一般具有一定弹性，拆除时小心避免损坏卡扣，不可使用暴力破坏性拆除	拆下的防护罩如图 2-11 所示
取出主静触点、辅助静触点	防护罩拆除后，暴露出主静触点和辅助静触点，固定好接线螺钉，防止在取出静触点过程中螺钉压接片转动与外框架干涉，使用专用工具，如钩子，取出静触点。拆除时应分组依次拆分并按照顺序定置摆放 为方便拆卸静触点，可用台虎钳固定触点系统，注意夹紧部位垫软布保护，同时保证夹紧力不要损坏触点系统框架外壳 拆除时，没用适用的工具，可通过接触器接线端子固定适用规格的铜芯导线，如图 2-13 所示，沿触点固定卡槽向外方向拔出静触点，注意不要用力过猛或方向偏离损坏卡槽。不可暴力拆分	分离出一组主静触点⑦，一组辅助动断（常闭）静触点⑧，一组辅助动合（常开）静触点⑨，如图 2-12 所示。本例中接线螺钉没有拆分
拆分复位弹簧及支架	复位弹簧通过支架固定，支架通过安装槽定位，并由卡扣固定防脱落。拆除复位弹簧及支架时将触点系统倒置，首先可用合适工具，如螺钉旋具将卡扣脱开，然后拔出支架，过程中注意复位弹簧弹出掉落	取出复位弹簧及支架⑩，如图 2-14 所示
取出动触点桥架	完成触点复位弹簧的拆分后，即可取出动触点桥架（含动铁心）。注意，静触点尤其是动合（常开）静触点及复位弹簧支架未拆分前，切不可用力拉拽动铁心拆分动触点桥架，否则会造成动触点及复位弹簧机构的变形或损坏	取出动触点桥架⑪，如图 2-14 所示

（续）

步骤	操作说明	备注
分离动铁心	拔出动铁心安装销，注意方向，安装销末端有卡扣，需要先脱开卡扣，再拔销	分离动铁心及固定销，如图2-15所示
拆分动触点	动触点有主动触点和辅助动触点。案例中交流接触器的一组动触点由触点压力弹簧、触点托架和触点构成。直接取触点时，可用镊子塞入弹簧中间段，压缩弹簧后，抽取出触点。也可先将压缩的弹簧取出后，再抽出触点和触点托架，触点托架需要倾斜超过45°角后才可取出，切忌用蛮力拉出，以免损坏 拆分动触点之前，要用心观察并分析触点的方向，保证组装时方向无误，避免组装错误导致触点损坏或接触器不能正常工作	图2-16所示拆分的三组触点，离支架由近到远，以弹簧为分隔，依次为常闭辅助动触点，常开辅助动触点和主动触点

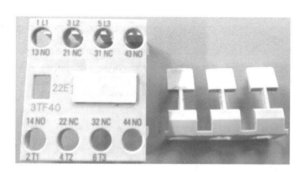

图2-11　防护罩

图2-12　拆分的静触点

图2-13　静触点拆除小技巧

图2-14　复位弹簧及动触点桥架

图 2-15　动铁心及固定销

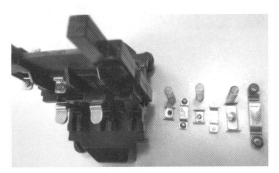

图 2-16　拆分的动触点

（3）交流接触器的组装

1）组装电磁机构：电磁机构的组装按照拆分步骤反向操作，放入调整垫片，组装静铁心，安装线圈，完成电磁机构的装配。注意安装电磁线圈时要注意线圈放置的方向，同时防止线圈到端子的连线被挤压。

2）组装触点系统：触点系统的组装按照拆分步骤反向操作，组装动触点桥架，连接动铁心，安装动触点桥架，安装复位弹簧和支架，安装静触点，安装防护罩，依次进行。需要注意的是，安装动触点时要特别注意动断和动合触点的方向，应与拆分时的方向保持一致。装入动触点桥架要注意方向，手动操作按钮应与框架上安装孔的位置一致。安装动断（常闭）静触点时，要按下手动操作机构，让动触点处于接触器动作时的位置，再沿安装槽装入动断静触点。而安装动合（常开）静触点时，要保证动触点处于接触器释放时的位置，再沿安装槽装入动合静触点。

3）组装触点系统和电磁机构：组装触点系统和电磁机构时，要注意位置，要保证电磁机构的安装凸起与触点系统安装槽一致，如图 2-17 所示。

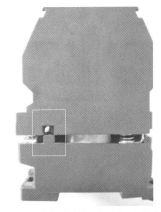

图 2-17　安装凸起与触点系统安装槽一致

2. 交流接触器的检修和测试

（1）交流接触器的检修

在交流接触器的拆解过程中，需要同步对交流接触器进行必要的维护和检修，具体内容可参考表 2-5。

（2）交流接触器的测试

在完成交流接触器的检修组装后，需要对交流接触器进行必要的测试才能投入使用，通常在现场可以完成的工作包括以下几种。

1）手动测试：外观检查无损伤，在通电测试之前，手动按下触点操作机构，确认接触器触点系统活动部件动作灵活，没有卡滞现象。

表 2-5　交流接触器检修

检修部位	检修内容	处理方法
框架	拆分前，检查框架外观是否有破损、开裂等现象	有破损、开裂等则更换
	拆分前和拆分中，检查框架部件是否清洁、有无污染	用干燥的压缩空气吹走灰尘，用绒布清洁
	拆分中和拆分后，检查是否存在异物	清除异物，分析异物种类和来源并作相应的预防处理
	拆分后，检查框架内部，尤其注意导槽、安装固定槽等部位是否有开裂、破损	有破损、开裂等则修复或更换部件
	有灭弧装置的交流接触器要检查灭弧装置是否破损、灭弧装置缝隙内有无杂物	破损的应及时更换，杂物要清理干净
触点机构	拆分前，检查接线端子螺钉是否齐全完好无损伤，尤其注意螺钉头与螺钉旋具接触面的状况	有缺失、损伤，应补齐或更换
	拆分时，检查静触点和线圈的接线端子螺钉螺纹是否良好，有无滑丝现象	有滑丝现象则更换新部件
	拆分后，检查触点是否有缺失、松动和脱落	有缺失、松动和脱落等则更换新触点
	拆分后，检查触点表面是否平整和触点表面磨损情况	表面有金属小珠（电弧造成），应及时清理 接触面有轻微烧损或发毛、变黑可以不处理，也可以视情况用整形锉打平，但不可用砂纸磨光 如果磨损较严重，处理后触点厚度小于原有厚度的三分之二，则应更换新的触点
	拆分后，检查动触点压力弹簧是否有生锈、变色、断裂、变形，检测弹簧压缩后能否完好恢复原状	如果存在问题应及时更换。主触点压力弹簧更换时最好成组更换
电磁线圈	线圈的引线连接是否松动、脱焊，引线是否存在破损	存在这些情况，应及时修复
	检查线圈外层绝缘布是否变色老化	若有这种现象，更换绝缘布
	触点接线座和接线螺钉的螺纹是否良好、无滑丝	滑丝等不能保证可靠连接的，更换处理
	测量线圈的阻值，使用万用表电阻档，根据所测交流接触器线圈阻值的标称值选择合适的档位，检测阻值并与标称值比较，偏差不得超过±10%	阻值偏小，可能是线圈匝间短路，应及时修复或更换 阻值偏大，重点检查引线是否虚焊或虚接，若有则应及时修复 阻值为无穷大，表明引线断线、脱焊或线圈内部断线，应更换连接线并使用锡焊处理，如果线圈内部断线，则需要修复或更换线圈

（续）

检修部位	检修内容	处理方法
铁心检修	检查铁心外观是否有锈迹、松散	轻微锈迹可用锯条小心刮掉，不可用砂纸打磨 锈迹严重或铁心松散则应更换铁心
	铁心短路环是否脱落和断裂	根据情况进行修复和更换

2）线圈通电测试：线圈两端连接线圈标称电源，并通过开关实现通电和断电，观察触点应随着线圈通断电吸合和释放。同时仔细聆听通电过程中，在铁心吸合后应无异常振动和电磁噪声。如果有条件，还需要检测接触器的吸合和释放电压，吸合电压是指接触器铁心可靠吸合时线圈通电电压的最小值，一般不低于线圈额定电压 U_n 的 85%。释放电压是指接触器铁心可靠释放时线圈通电电压的最大值，释放电压不高于线圈额定电压 U_n 的 70%。

3）触点测试：主触点不带电，线圈通电和断电不少于 5 次，触点动作和释放可靠、灵活，主触点动作一致。

① 触点接触电阻测量：万用表选择电阻×1 档位，主、辅助触点均不带电的情况下，线圈通电，测量主触点和动合（常开）辅助触点的阻值，线圈断电，测量辅助动断（常闭）触点的阻值。触点闭合时的接触电阻应接近于零，越小越好；如有几欧姆以上的电阻，则应视为故障，应进行更换处理。

② 触点压力测试：可用经验法进行测试。在交流接触器动、静触点分开的状态下，塞入厚度约为 0.1mm 的纸片，纸片宽度略大于测试触点的直径即可。在交流接触器动、静触点闭合状态下，向外拉出纸片。纸片可轻松拉出，纸片上无划痕表明触点压合力偏小；稍用力纸片即可拉出，且纸片上有轻微划痕，表明触点压力合适；若纸条撕裂拉断，则触点压力过大。如触点压力过大、过小，可通过增加、减少超程调整垫片来调节，直至触点压力调节至符合要求。在进行动断（常闭）触点压力测试时，不需要带电，先手动操作，使交流接触器的动断（常闭）触点分开后，塞入纸片，释放使交流接触器的动断（常闭）触点恢复，压住纸片。在动合（常开）触点压力测试时，先塞入纸片，然后线圈得电工作，交流接触器的动合（常开）触点闭合，压住纸片。由于接触器的结构不同，不是所有的触点压力都可以用经验方来判定，如本拆装案例中的 3TF40 交流接触器，动合（常开）触点在接触器组装完成后，其结构造成无法在动、静触点间塞入纸片，但其动断（常闭）触点可以通过经验法来判定触点压力是否合适。

4）绝缘测试：使用 500V 的兆欧表，主触点均不带电的情况下，线圈通电，主触点闭合的状态下测量主触点间绝缘电阻，阻值不得小于 10MΩ。

5）长时间通电测试：测试接触器线圈通电 8h 后的发热情况，温度不得超过 65℃。

6）负载测试：负载测试可与接触器拆装维修后，重新投入使用时同步进行。在接通负载时，要及时测量触点接通时的压降，越小越好。超过触点回路开路电压的 10%，接触器失效。在接触器较长时间负载工作过程中，注意及时检查线圈和触点的发热情况。

3. 交流接触器安装维修注意事项

1）拆装交流接触器的工作台面不得小于 1.5m×1m。

2）拆装工作台附近最好有干燥的压缩气源并配有气枪。

3）拆装工作台附近要有适合测试的电源。

4）拆装交流接触器前工作台面要保持清洁。

5）拆装交流接触器前要准备放置交流接触器零部件的盒子。

6）拆分的元器件要按顺序摆放，不得随意摆放。

7）拆分接触器内部弹簧时要小心，防止弹簧弹出丢失。

8）拆装要注意有安装方向的零部件，在拆分时可做好标记。

9）通电测试时要检查接触铭牌，确定供电电源符合要求。

10）通电测试时要严格执行电工安全操作，确保安全。

11）现场测试前要检查交流接触器的额定电压、额定电流、额定功率，并确定线圈电压符合使用要求。

12）现场测试安装交流接触器时应采用垂直安装方式，倾斜角度不超过 5°。

13）现场测试，交流接触器安装固定时一定要牢靠，采用螺钉固定时，还要在配电板上打孔攻螺纹，不可采用螺母固定。

14）现场测试，交流接触器安装接线时，要按接线标准严格执行，注意勿使零件或杂物掉入接触器内部。

三、低压电器电路检修

1. 低压照明电路检修

（1）低压照明电路组成

工厂内低压照明应用广泛，有办公照明、车间照明、工位照明等。使用的灯具根据不同的区域采用不同的光源，但电路组成基本一致，有电源、开关、导线、光源和必要的保护电器，目前较多采用单极空气断路器，实现短路和过载保护。其基本电路原理如图 2-18 所示。

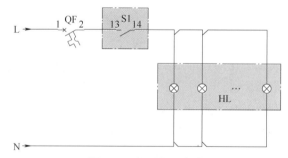

图 2-18　低压照明电路

QF—单极空气断路器　S1—开关　HL—灯组

1）开关：车间照明通常不配单独的开关，而直接采用断路器实现开关功能，而办公照明和工位照明通常配开关实现照明电路的通断。

2）灯组：通常多灯并联，工厂照明常用光源有金属卤素灯、LED 和日光灯等。

（2）低压照明电路故障

低压照明电路最常见的故障主要有断路、短路和漏电故障。

1）断路故障：断路故障是指照明电路无电流流过，照明灯不亮的故障现象。照明回路断路故障主要有开关断路、导线连接断路和灯组断路。

① 开关断路的判定。先观察开关操作装置位置，判定开关是否闭合。如果开关处于分断状态，在排除短路故障的可能性后，进行开关合闸操作。开关操作装置位于合闸位置，再用验电笔先后测量开关的入线端和出线端的带电状态。入线端测量验电笔氖泡不亮或显示电压值（正常为 AC 220V±10%）不正常，说明供电有问题，检查供电侧并确保供电。入线端供电正常，出线端测量验电笔氖泡不亮或显示电压值不正常，则可判定空气断路器自身内部开路，应及时更换开关。更换时要注意开关的匹配性，保证开关额定参数符合照明电路要求。

② 导线连接断路的判定。可直观检查照明线路的导线以及导线（尤其是铜铝线）连接点是否存在断裂，接线端子是否有松动、脱开等现象。在直观检查基础上，还需要通过万用表测量电阻或电压来判定线路是否存在断路。测电阻是在线路断电的情况下，用万用表电阻档测量导线阻值，阻值接近于零，表明导线良好；阻值无穷大，表明接线断路。测电压是在线路带电情况下，用万用表交流电压 250V 档测量灯具连接点（灯座）的电压，正常值为 AC 220V±10%。若检测值为零或接近于零，表明线路中间有开路；若电压值偏小，则表明连接线中间阻值较大，有虚接或断股的可能。如导线断裂、断股，需重新可靠连接或更换导线，对于导线连接松动、脱开点要进行紧固处理。

③ 灯组断路的判定。可直接观察灯头灯丝、电极是否有明显的断开和脱落现象，灯头与灯座接触机构是否有明显损坏和松动等现象，灯组内部的元器件是否有明显的接线松动、断线、烧蚀现象。如果直接观察断路不明显，可用万用表交流电压档测量灯座接头进线电压，如果电压值为 220V，而光源不工作，可判定为灯组内部开路。可采用万用表断电状态下测电阻或带电状态下测电压来具体判定灯组元器件的好坏。譬如，判定 LED 灯组的恒流源驱动器的好坏，可将交流 220V 电源接入恒流源驱动器输入端，然后测量驱动器输出直流电压是否在该元件输出电压标称值范围内，如果输出电压低或为零，即可判定整流器开路损坏需更换。现场维修时，在排除有短路的可能性后，还可采取直接更换元器件的方式来判定元器件好坏。对于灯组开路，需要更换和修复开路的元器件。

2）短路故障：短路故障是指照明电路中电流剧烈增大，造成短路保护动作的故障现象。

短路一般在短路点存在明显的烧蚀和炭化现象，严重会造成导线绝缘燃烧、导线熔断引起火灾事故。短路的故障排查时首先要进行故障调查，重点了解询问现场故障发生时，是否有火光、异常声音、电缆电线绝缘层燃烧散发的异味等，据此判断是否发生短路故障。其次，检查故障照明线路中开关是否有变形，导线连接点是否有发黑、变色，导线是否有烧过的痕迹，据此来确定线路是否发生了短路。如果有上述现象，切不可推闸送电造成二次短路。

照明电路短路故障的类型有相线和零线间短路和相线对地间的短路两类，故障源有连接导线短路和灯具短路。连接导线可采用500V的绝缘电阻表检测绝缘电阻。检测绝缘电阻时要断开电源，相线从开关处脱开，同时要拆下灯具，从灯座连接点检测相线和零线间的绝缘电阻，以及相线对地的绝缘电阻，阻值不得小于0.5MΩ，测量值越大越好。注意工厂照明灯具中，越来越多地采用了电子镇流器等电子电路，检测线路绝缘时一定要断开电子元器件部分回路，避免造成电子元器件损坏。灯具的绝缘检查要根据实际灯具使用的元器件不同，进行分析检查，例如用万用表检测直流静态电阻值，将测量结果与正常值比较分析判定。

照明电路发生短路故障，找到短路点是关键，通常对于短路点前的线路、开关等元器件的短路建议更换处理。

3）漏电故障：漏电故障是指照明电路中绝缘损伤，造成电流泄漏的故障现象。漏电电流较大会导致过载保护电器动作，切断照明电源。

照明线路产生漏电，主要有导线绝缘损坏、接地，照明灯具和内部绝缘损坏、外壳带电等。漏电故障通常采用漏电保护器来进行保护，当漏电电流超过整定电流值时，漏电保护器动作切断电路。因此可在照明电路上加装漏电保护器，通过漏电保护装置是否被触发动作来判定照明线路是否存在漏电。照明线路产生漏电的部位主要有连接导线及灯具自身。对于连接导线漏电，可取下灯具，在线路中串联电流表，接通开关，仔细观察，如果电流表指针有摆动，则说明漏电。指针偏转的角度，取决于电流表的灵敏度和漏电电流的大小，指针偏转角度越大，漏电电流越大，漏电越严重。还可以进一步判定是相线与零线间的漏电，还是相线与大地间的漏电，或者两者兼而有之。方法是从电源侧断开零线，观察电流变化，电流表指示不变，是相线与大地之间漏电；电流表指示为零，是相线与零线之间漏电；电流表指示变小但不为零，则表示相线与零线、相线与大地之间均有漏电。对于灯具绝缘损坏漏电，可用验电笔检测灯具外壳是否带电，如果验电笔检测时氖泡发光（或有一定的电压值），则有漏电可能。照明电路发生漏电故障，关键是找到漏电点，进行绝缘处理或更换对应的零部件。

（3）金属卤化物灯常见故障

1）金属卤化物灯电路组成：金属卤化物灯是车间照明常用的一种灯具，其电路组成如图2-19所示。

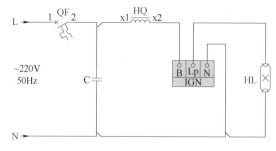

图2-19　车间金属卤化物照明电路

QF—小型单极空气断路器　HQ—金属卤化物灯镇流器　IGN—金属卤化物灯电子触发器
HL—金属卤化物灯泡　C—电容

其中，HQ、IGN、HL、C元器件组合构成完整的金属卤化物灯组。

2）金属卤化物灯常见故障处理：金属卤化物灯常见故障及处理方法见表2-6。

表2-6 金属卤化物灯常见故障及处理方法

故障现象	可能的原因	排除或处理办法
灯泡不亮	QF损坏开路，出线侧无电压	更换QF
	QF额定值偏小导致跳闸，出线侧无电压	选择更换适配的QF
	QF接线端子连接松动、接触不良	紧固端子
	导线中间断开或接头松动、接触不良	更换导线，可靠接线
	灯组内部接线错误	按照原理接线
	灯组内部接线松动脱落	重新接线紧固
	灯头连接松动或脱焊	修复或换灯泡
	触发器不能正常工作	更换触发器
	镇流器开路	更换镇流器
	灯泡自身故障	更换灯泡
	线路漏电造成QF跳闸	排查漏电点并恢复绝缘
	灯具漏电造成QF跳闸	排查并修复或更换灯组
	线路短路造成QF跳闸	排查短路点并换线和开关
	灯具高频短路	更换灯具
	线路中电容短路或者容量太小	更换电容
	镇流器对地短路	更换镇流器
	触发器内部短路	更换触发器
灯泡熄灭或时亮时熄	电源电压低于198V或电源电压波动过大	保证供电质量
	导线接头或端子松动导致接触不良	连接紧固
	连接导线有断股，导致灯组侧电压低	更换导线
	电容C的容量变小或漏电流大	更换电容器
	镇流器维持电压低	更换镇流器
	灯泡质量不好	更换灯泡
	环境温度过高	通风散热
亮度不足	电源电压低于198V	升高电压
	导线接头或端子松动接触不良导致电压低	连接紧固
	连接导线有断股，导致灯组侧电压低	更换导线
	灯泡老化	调换灯泡
	电容C的容量过小	选择更换合适的电容器
	灯泡工作环境温度过低	选用合适灯具组

金属卤化物灯灯泡不亮的处理流程如图2-20所示。

2. 小功率风机电路检修

（1）小功率风机电路组成

小功率风机电路主要用于工厂生产线工位和车间的送排风，比较典型的应用有工业壁

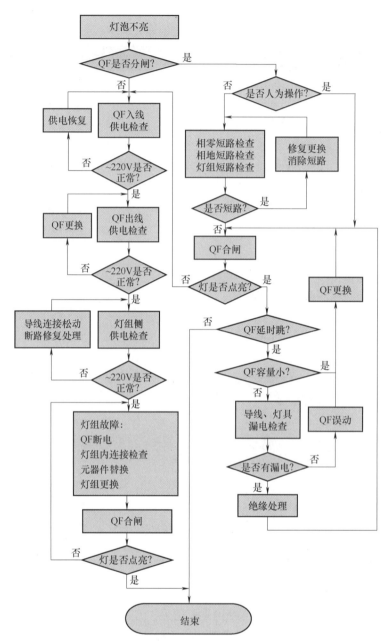

图 2-20 车间金属卤化物照明灯不亮的处理流程

扇，多采用单相交流电动机驱动，给工位送风有屋顶排风机，多采用三相交流异步电动机驱动，用于车间排风。小功率的风机电路一般采用直接起动的方式，其电路组成包括电源、开关、导线、风机和必要的保护电器。通常根据电动机的不同采用单级或三级空气断路器作为保护和开关。除了直接起动，对于三相异步电动机作为驱动的小功率风机，常采用交流接触器实现风机的起动、运行和停止，其电路参考本章第三节低压动力控制电路维修内容。这里以两速切换、带拉绳开关单相风机（壁扇）为例，其基本电路原理如图 2-21 所示。

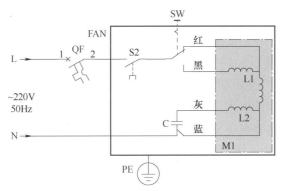

图 2-21 壁扇基本电路原理

QF—小型单极空气断路器 FAN—风扇 S2—风扇拉绳开关

SW—风扇调速旋钮 C—风扇起动电容 M1—风扇电动机

L1—风扇主绕组（运行绕组，中间抽头） L2—风扇副绕组（起动绕组）

其中，L1、L2 构成风扇电动机 M1，M1、C、S2、SW 集成在风扇后端盖内。

（2）壁扇电路常见故障

从电路的角度来说，壁扇电路的故障主要有断路和接触不良故障、短路故障以及漏电故障、过电流（过载）故障。结合电路图 2-21，进行故障现象、检查方法和处理措施的说明。

1）断路和接触不良故障：壁扇电路出现断路和接触不良故障时，壁扇的状态为扇叶不转或时转时停。壁扇断路故障点的检修方法见表 2-7。

表 2-7 壁扇断路检查判定和处理

故障点	检查判定处理
QF 断路或接触不良	检查接线端子，若有松动，应及时紧固处理 万用表交流电压档测量 QF 出线端电压，正常值为 AC 220V。如果检测值过高，调整供电电压；检测值低于正常值超过 10%，应更换 QF
S2、SW 断路或接触不良	断电，拆下壁扇后端盖，检查 S2、SW 接线和锡焊点，若有松动或脱焊应及时紧固或焊接牢靠 闭合 S2，旋转 SW，万用表电阻档测量 S2、SW 进出端之间的电阻，阻值应接近于零。如果测量值超过 10Ω，需要更换开关 S2 或 SW
连接线断路或接触不良	断电拆下壁扇后端盖，检查连接线（缆），若有松动或断点，应重新可靠连接或更换 脱开 QF 侧和风扇侧电源相线 L 和零线 N，短接任一侧的相零线，在另一侧用万用表电阻档测量相零导线间的电阻，阻值接近于零。如果阻值偏大或为无穷大，需要通过进一步分段测量电阻值判定故障线路点。也可以在带电的状态下通过验电笔或万用表测电压来判定断线点，带电操作，要注意安全。找到故障点，应可靠连接或更换
绕组断路	断电拆下壁扇后端盖，脱开电容。万用表电阻档测量红黑、红蓝、灰蓝之间的阻值，与其标称值进行比较，偏大或偏小均表明绕组有损伤。如果测量阻值为无穷大，表示该段绕组断路。绕组损伤或断路，应修理和更换
电容断路	断电拆下壁扇后端盖，脱开电容，观察其外壳是否有变形、开裂、漏液等现象，若有，应及时更换 万用表选择合适的电阻档，红黑表笔接电容两端，注意不要接触测量引脚，观察阻值变化，如果阻值无变化，始终为无穷大，则电容开路。也可用万用表直接测量电容值，应与铭牌上的标称值接近或相等。开路或容值偏差超过 10%，应更换 注意检测电容前，短接电容两引脚，进行放电操作

2）短路故障：壁扇电路出现短路故障时，壁扇的故障状态通常为空气断路器（QF）因短路电流而跳闸，风扇不转。一般会看到接线点、导线等有明显发黑、炭化、烧蚀的现象。短路故障主要有以下三种。

① 相零线短路故障：脱开 QF 侧和风扇侧电源相线 L 和零线 N，在任一侧用 500V 的绝缘电阻表测量相、零线间的电阻，阻值越大越好，如果阻值较小接近于零，说明相、零线之间短路，需要进行绝缘修复或更换导线。

② 相线对地短路故障：脱开 QF 侧和风扇侧电源相线 L，在任一侧用 500V 的绝缘电阻表测量相线对地间的电阻，如果阻值较小接近于零，说明相线对地短路，需要更换相线。

③ 电动机绕组短路故障：电动机绕组的短路分为匝间短路和绕组对地短路。匝间短路可用万用表电阻档测量红黑、红蓝、灰蓝之间的阻值，阻值与标准值比较偏小或为零，表示该段绕组存在匝间短路。匝间短路不严重会导致运行电流增大，电动机发热，破坏绝缘，进一步导致更严重的短路或断路故障，因此需要及时处理。绕组对地短路的故障需要用 500V 的绝缘电阻表测量绕组对地电阻，越大越好。如果阻值较小接近于零，说明绕组对地短路。出现电动机绕组短路需要及时进行绝缘修复或更换电动机。另外也存在电容短路故障现象。电容的检查方法在断路故障中已描述，如果检测的阻值始终为零，表明电容短路。电容短路会造成电动机不能起动、起动副绕组电流过大等问题。

3）漏电故障：壁扇电路出现漏电故障时，故障状态表现有时并不明显，漏电严重会造成 QF 因过电流而跳闸。漏电故障通常不影响风扇运行，但存在严重的安全隐患，需要及时处理。导线漏电和绕组漏电检查方法为用 500V 的绝缘电阻表测量相线与零线间、相线对地、零线对地、绕组对地的绝缘电阻，阻值越大越好；如果阻值小于 0.5MΩ，表明绝缘差，绝缘值达不到要求，需要进行绝缘修复或更换。

4）过电流故障：风扇出现过电流故障时，最直接的表现是风扇电动机的温升增大、发热，如果电路电流超过 QF 的动作电流，会引起跳闸，风扇停转。可在风扇电路中串入电流表，或使用钳形电流表，检测相线实际运行中的电流值。如果检测值超过风扇额定电流值或理论计算值，说明电路存在过电流现象。引起过电流的原因较多，如电动机匝间短路、漏电流、电容短路等，具体检测判定方法前面已有介绍。除了这些电气元件的原因，还有可能是机械阻力增大导致电动机运行过电流，机械的因素导致过电流通常伴随着运行噪声的出现。最常见的导致电动机过电流的机械因素有电动机定子与转子间有杂物、间隙不均匀，轴承与转轴配合过紧或过松，轴承前后窜动、损坏、润滑不良，风扇摇头机构阻塞，扇叶变形，扇叶碰罩壳等。

四、手持电动工具检修

1. 手持电动工具基础知识

（1）电动工具分类

1）Ⅰ类工具（GB/T 3883.1—2014《手持式、可移动电动工具和园林工具的安全 第一部分：通用要求》定义 3.7）：它的防电击保护不仅依靠基本绝缘、双重绝缘或加强绝缘，而且还包含一个附加安全措施，即把易触及的导电零件与设施中固定布线的保护接地导线连接起来，使易触及的导电零件在基本绝缘损坏时不能变成带电体。具有接地端子或接地触头的双重绝缘和/或加强绝缘的工具也认为是Ⅰ类工具。

2）Ⅱ类工具（GB/T 3883.1—2014 定义 3.8）：它的防电击保护不仅依靠基本绝缘，而且依靠提供的附加的安全措施，例如双重绝缘或加强绝缘，没有保护接地措施也不依赖安装条件。

3）Ⅲ类工具（GB/T 3883.1—2014 定义 3.9）：它的防电击保护依靠安全特低电压供电，工具内不产生高于安全特低电压的电压。

（2）电动工具使用安全

1）使用工具前，要认真阅读产品使用说明书和安全操作规程，详细了解工具的性能，掌握正确的使用方法。

2）电动工具的适用场合划分如下：一般作业场所，可使用Ⅱ类工具；在潮湿作业场所或金属构架上等导电性良好的作业场所，应使用Ⅱ类或Ⅲ类工具；在锅炉、金属容器、管道内等作业场所，应使用Ⅲ类工具或在电气线路中装设剩余动作电流不大于 30mA 的剩余电流动作保护器的Ⅱ类工具。

3）电动工具的使用场地要清洁明亮，不要在易燃易爆环境下使用电动工具，操作时注意远离其他人员。

4）必须使用与电动工具插头匹配的插座，不允许拆除或改装插头，插头插座应按照规定正确接线，插头插座中的保护接地极在任何情况下只能单独连接保护接地线（PE 线）。严禁在插头、插座内用导线直接将保护接地极与工作中性线连接起来。需要接地的电动工具不能使用转换接头。

5）工具的电源线不得任意接长或拆换，当电源离工具操作点距离较远而电源线长度不够时，应采用耦合器进行连接。Ⅰ类工具电源线中的黄绿双色线在任何情况下都只能用作保护接地线。

6）不得野蛮使用电动工具，不得利用电动工具的电源线来借力拖拽电动工具、拔插头。

7）工具的危险运动零部件的防护装置（防护罩、盖）不得拆除，不允许使用有故障的工具，手柄及握持表面保持干燥清洁、不得有油脂。

8）操作者应时刻保持清醒，正确着装，使用个人防护装置，佩戴护目镜。根据适用情况，使用防尘面罩、防滑安全鞋、听力保护器、安全帽等。

9）使用合适的电动工具，使用中避免长时间运行，进行工具调节、更换附件以及工作结束后，要及时断开电源。

10）电动工具维修人员必须经过专业的培训并合格才能进行维修作业，维修备件必须使用与原工具相同的元器件。

2. 手持电动工具检查

电工作为电动工具的使用者、维护者，需要对电动工具进行检查、维护。手持电动工的检查通常可分日常检查和定期检查。

（1）电动工具的日常检查

使用者在使用前和使用后都要对电动工具进行日常检查。手持电动工具日常检查至少应包括以下项目。

1）是否有产品认证标志及定期检查合格标志。

2）外壳、手柄是否有裂缝或破损，螺钉是否松动或缺失。

3）电源线是否完好无损、无龟裂。

4）保护接地线的连接是否完好牢靠。

5）电源插头是否完好、无晃动。

6）电源开关有无缺损、破裂，动作是否正常灵活。

7）有机械防护装置的防护是否完好，有无晃动或松脱。

8）工具转动部分是否转动灵活、轻快，有无阻滞现象。

9）电气保护装置是否良好。

（2）电动工具的定期检查

定期测量电动工具的绝缘电阻，由专职人员负责，每年至少检查一次，在湿热和温度变化大的地区或使用条件恶劣的地方应缩短检查周期。使用 500V 绝缘电阻表，带电部分与壳体之间，采用基本绝缘的工具，绝缘阻值不小于 $2M\Omega$，采用加强绝缘的工具，绝缘阻值不小于 $7M\Omega$。

长期搁置不用的工具，在使用前应测量绝缘电阻。凡是出现绝缘损坏、电源线护套破裂、保护接地线脱落、插头插座开裂、机械损伤、工具内的绝缘衬垫及套管缺失等情况的，应及时修复才能继续使用。

3. 手持电动工具维修

本部分重点介绍较为常用的单相手电钻的维修。

（1）手电钻的结构

手电钻的主要零部件有调速开关、方向开关、电动机等电气元件以及齿轮、轴承、机壳等机械部件。单相手电钻电动机采用串激电动机，串激电动机具有转速高、起动电流小、体积小等优点，但容易产生电火花，噪声大、无线干扰强。其结构和外形如图 2-22 所示。

（2）手电钻电路原理

手电钻的工作原理电路如图 2-23 所示。

（3）常见故障和维修方法

1）常见故障及处理：手电钻常见故障和处理方法见表 2-8。

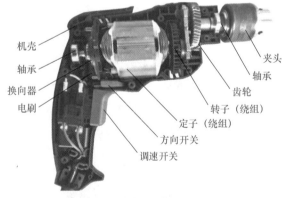

图 2-22　手电钻结构图

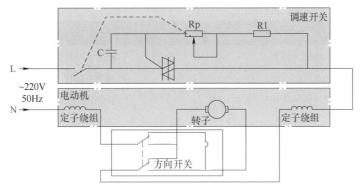

图 2-23　手电钻工作原理电路

表 2-8　手电钻常见故障及处理方法

故障现象	可能的引起原因	排除或处理办法
通电后不转	电源线断路	更换电源线并可靠连接
	调速开关损坏开路	更换调速开关
	方向开关触点接触不良或损坏	更换方向开关机构
	定子绕组开路	修理或更换定子绕组
	电枢绕组开路	修理或更换电枢绕组
	电刷与换向器接触不良或无接触	修理或更换电刷
	机械传动卡住堵转	检查轴承、转轴，清理铁锈，适当润滑，或更换部件，保证转动灵活
	齿轮脱开未啮合	重新转配或更换齿轮
转速变慢	定子绕组局部短路	更换定子绕组
	电枢绕组局部短路	更换电枢绕组
	电刷磨损，接触不良	更换电刷
	机械传动故障	检查轴承、转轴、齿轮组，清理铁锈，适当润滑，或更换部件，保证转动灵活
电动机温升过高	电枢绕组短路	更换电枢绕组
	轴承损坏	更换损坏轴承
	机械传动阻塞、润滑不良	更换机械部件，适当润滑，保证转动灵活
	定子与转子摩擦，间隙不均匀	更换轴承，调整间隙
	过载使用	按使用要求规范使用
	连续工作时间超长	规范使用，合理间歇
	散热风扇损坏	更换转子
电动机火花大	电刷与换向器接触不良	修磨电刷或研磨换向器表面
	电刷压力不适当	调整电刷弹簧压力
	换向器表面不光洁、圆整、有油污	清洁研磨换向器表面
	电枢绕组损坏	换电枢绕组
	过载	减载，规范使用

（续）

故障现象	可能的引起原因	排除或处理办法
电动机噪声异常	电刷压力过大	调整电刷弹簧压力
	轴承损坏、缺油	润滑更换轴承
	风扇损坏碰壁	检查维修风扇或更换

2）电枢绕组检修：单相手电钻电动机出现火花大、转速低等故障时，在排除了电刷、轴承等原因后，最有可能发生故障的部位在电枢绕组中。常见的绕组故障有断路和短路两种。

电枢绕组断路常见部位在电枢绕组与换向器的焊接处，极少发生在槽内。槽内断路通常是由于绕组出现短路或接地故障，电流过大导致线圈烧断。电枢绕组断路检查时，要取出电枢绕组，用万用表×1 电阻档测量换向器相邻两个换向片间的电阻。相邻换向片间的阻值应相同，如果测得某两片间的阻值明显偏大时，则可以判定该换向片所连接的绕组有断路。焊接处的绕组断路，可能是假焊，也可能是霉断。假焊的断路点在绕组与换向片焊接处，重新焊接好即可。对于霉断，需要找到断头处，用锡焊焊牢，浸绝缘漆并烘干后再使用。若断点在槽内，建议更换电枢绕组。应急时，可短接两个换向片后继续使用。

电枢绕组短路包括匝间短路和相邻线圈间的短路两种。电枢绕组短路检查，可用万用表测量换向片间的电阻，如果测量值低于正常标称阻值，则可能存在局部绕组短路的现象。可以进一步采用测量换向片间电压的方法来判定，具体操作步骤是先将任意一换向片的两焊接线全脱开，接入直流低压电源，然后用万用表直流电压档测量相邻换向片间的电压，如果存在测量值偏小或为零，则可判定换向片连接的绕组有短路。在绕组短路检查前要先将换向片间由于电刷磨损而造成的铜屑与石墨粉堆积物清理干净，避免换向片间形成局部短路。

第二节　交流电动机接线、维护

一、变压器原理和维护

1. 变压器认知

（1）变压器分类

变压器是利用电磁感应原理来改变交流电压的装置，是输配电的基础设备。变压器可根据用途，工作频率，铁心（磁心）形式进行相关分类。

1）变压器根据用途可分为电源变压器（含电力变压器）、恒压变压器、升压变压器、隔离变压器、耦合变压器、自耦变压器、输出变压器、输入变压器、音频变压器、抗干扰变压器、防雷变压器、脉冲变压器等。

2）变压器根据工作频率可分为低频变压器、中频变压器和高频变压器等。

3）变压器根据铁心（磁心）形状可分为 E 形、C 形和山形变压器等。

（2）变压器电路图形符号

变压器在电路图上一般使用单字母符号 T 表示，控制变压器可使用字母符号 TC 表示，电力变压器可使用字母符号 TM 表示。不同结构的变压器其电路符号是有差异的，从电路符号上可以看出变压器相关绕组结构。变压器常见电路图形符号见表 2-9。

表 2-9　变压器常见电路图形符号

变压器电路图形符号	说明
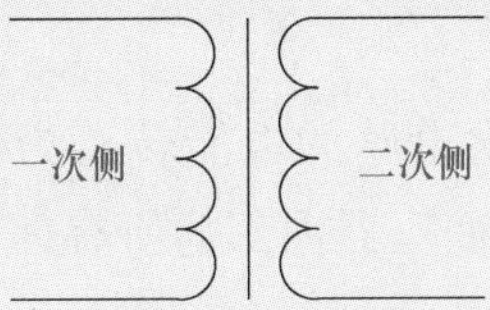 一次侧　二次侧	普通型变压器电路图形符号，中间的垂直实线表示该变压器带有铁心（磁心）
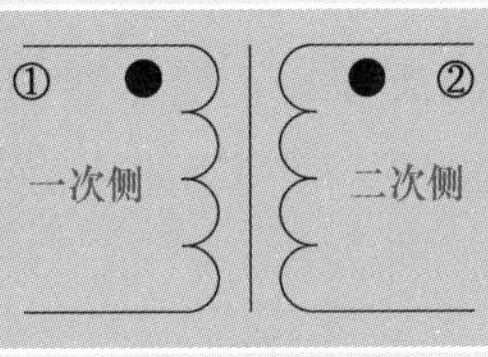 ①　二次侧 ②　一次侧	标出同名端的普通变压器电路图形符号，黑点为同名端标记，表示一次绕组和二次绕组上端电压相位同相，①端和②端电压同时升高或下降
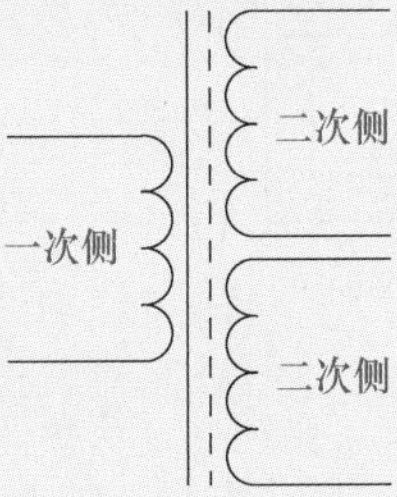 一次侧　二次侧　二次侧	多绕组变压器电路图形符号，二次侧有多个绕组，中间的垂直实线表示该变压器带有铁心（磁心），垂直虚线表示该变压器一次绕组和二次绕组之间设有屏蔽，能起到抗干扰作用
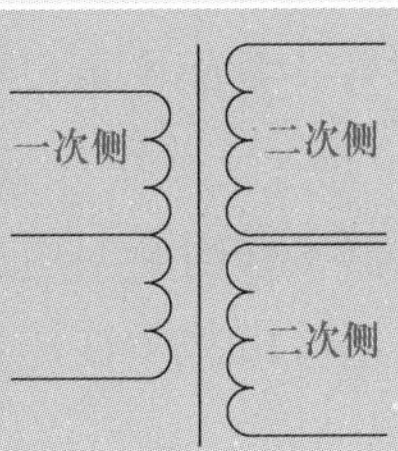 一次侧　二次侧　二次侧	多绕组变压器电路图形符号，一次绕组有抽头，二次侧有多个绕组。当抽头上下绕组匝数相等时，称为中心抽头，中间的垂直实线表示变压器带有铁心（磁心）
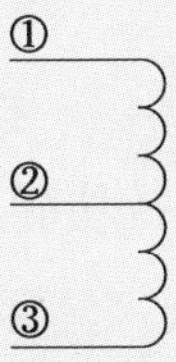 ①　②　③	自耦变压器电路图符号，表示该变压器只有一个绕组，②端为抽头

2. 变压器结构

大部分变压器的内部结构都比较复杂，但就其基本结构来说，变压器都由绕组（一次绕组、二次绕组）、铁心（磁心），以及骨架、外壳等部分组成。不同类型和功能的变压器，还会有一些功能附件：绝缘套管、储油柜、气体继电器和安全气道等。

（1）绕组

变压器绕组是绕在变压器骨架上的，按照一定规律连接起来的线圈组合，为变压器的电路组成部分，一般由漆包线绕制而成。不同用途的变压器，其线规格要求也不同。

接在上级电源，从电源吸收电能的绕组称为一次绕组；与负载连接，给负载提供电能的绕组称为二次绕组。也有按绕组接在高压、低压上的区别分为高压绕组和低压绕组。

根据绕组相互位置的不同，变压器绕组结构可分为同心式和交叠式两种型式。同心式绕组是将一次绕组和二次绕组同心地套装在铁芯上。交叠式绕组是将一次绕组和二次绕组分成若干个，沿着铁心交替排列而构成。

（2）铁心（磁心）

变压器铁心（磁心）提供变压器磁路功能，用于把一次电路的电能转变为磁能，又由磁能转变为二次电路的电能，同时作为变压器的机械骨架。变压器内部的所有部件基本都安装在铁心上。

为提高变压器磁路性能、减少交流磁通在铁心中引起的涡流损耗，变压器的铁心一般采用电阻率较大的硅钢片叠压而成，其每一片硅钢片都涂有绝缘漆，使其互相绝缘。变压器铁心常用形状有 E 形、山形和 C 形等，如图 2-24 所示。

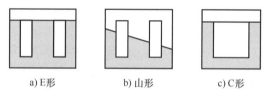

a) E形　　　　b) 山形　　　　c) C形

图 2-24　变压器铁心常用形状

（3）骨架及外壳

变压器骨架一般由塑料制成。它一方面可以支撑着绕组，另一方面也可以起到绕组与铁心之间的绝缘作用。

一些小型板载变压器由于尺寸限制可能没有外壳。但变压器工作时会对电路中其他元器件产生干扰，而变压器外壳一般是铁质的，除了固定作用外，还可以减少变压器的漏磁影响对电路中其他元器件的干扰。

3. 变压器工作原理

（1）变压器原理

变压器应用电磁感应原理工作，从而实现变换电压、电流和阻抗功能，其原理如图 2-25 所示。

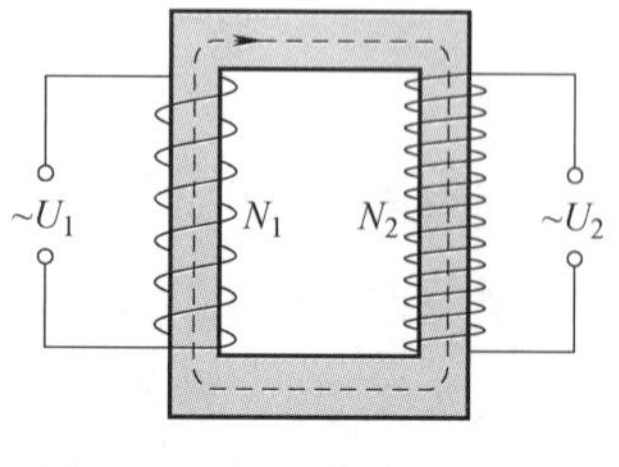

如图 2-25 所示，当一次绕组通过交流电时，在一次绕组产生交变的磁场，使铁心磁化，交变磁场的变化随输入一次绕组的交流电变化。当交变磁场作用于二次绕组时，根据电磁感应原理，二次绕组两端会有感应电动势产生。输入电压与输出电压之比等于一次绕组与二次绕组的匝数比，即

图 2-25　变压器工作原理图

$U_1/U_2 = N_1/N_2$，从而将一次绕组交流电压传递到二次绕组，实现输入电压的升压或者降压。

（2）变压器作用

变压器的作用根据其特性主要有以下两种。

1）降压或升压作用：变压器可以将电压升高，同时也可以将电压变低，广泛应用于各种电路中。在供电输送中，特高压电能输送能够有效地减少电能输送损耗。

2）信号耦合，阻抗变换作用：变压器一次与二次绕组的匝数不同，导致二次反射到一次的阻抗也不同。变压器二次侧与一次侧阻抗比等于变压器二次绕组与一次绕组匝数比的平方，利用变压器的阻抗变换作用可以使电路两端的阻抗得到良好匹配。

（3）变压器相关参数

不同用途及类型的变压器有着不同的参数要求，变压器需在规定的使用环境和运行条件下运行，变压器的铭牌上一般会标注该变压器的主要技术参数。变压器主要技术参数如下：额定容量、额定功率、额定电压、效率、电压比、频率特性、绝缘电阻、温升、阻抗电压、空载电流、空载损耗、负载损耗等。

1）额定容量（单位：$V \cdot A$、$kV \cdot A$）。额定容量是指变压器在额定电压、额定电流条件下连续运行所能传送的容量，常用符号 S_e 表示。对于多绕组变压器，应给出每个绕组的额定容量。

2）额定功率（单位：W、kW）。额定功率是指在额定的频率和电压条件下，变压器能连续运行，而不超过规定温升的二次侧输出功率，常用符号 P_e 表示。

3）额定电压（单位：V、kV）。额定电压是指变压器长时间运行时所能承受的工作电压，常用符号 U_e 表示。变压器的额定电压包括一次额定电压和二次额定电压。

4）额定电流（单位：A）。额定电流是指变压器在额定电压下允许长期通过的电流，常用符号 I_e 表示。变压器的额定电流包括一次额定电流和二次额定电流。

5）效率（%）。效率是指变压器在额定功率时，输出功率与输入功率之间的百分比值，常用符号 η 表示。变压器的耗损与变压器的材料及制作质量有关，变压器的损耗主要是铜耗和铁耗。其中铜耗是电流通过变压器绕组电阻时所产生的损耗，铁耗是变压器铁芯和涡流所产生的损耗。所用的材料及工艺合适，可以大大减少变压器的损耗，提高变压器的效率。变压器的效率也与变压器的功率有着密切关系，功率越大，损耗就越小，效率也就越高，大容量变压器效率可超过 99%。

6）电压比。电压比是指变压器一次侧电压与二次侧电压的比值，等于变压器一次绕组与二次绕组的匝数比，常用符号 n 表示，其关系式为 $n = U_1/U_2 = N_1/N_2$（n 为电压比；U_1 为一次绕组输入电压；U_2 为二次绕组输出电压；N_1 为一次绕组匝数；N_2 为二次绕组匝数）。

7）频率特性（单位：Hz）。频率特性是指变压器在传输信号时对不同频率分量的传输能力，不同工作频率范围的变压器一般不能相互代替。变压器的频率特性受变压器一次侧电感、漏感影响。对于低频，一次绕组的电感越小，信号中的低频分量耗损就越大，其幅度就越小；对于高频，变压器的漏感越大，信号中的高频分量耗损就越大，其幅度就越小。

8）绝缘电阻（单位：$k\Omega$、$M\Omega$）。绝缘电阻是指变压器各绕组之间、绕组与铁心之间的绝缘性能，常用符号 R_m 表示。变压器绝缘电阻值与变压器使用的绝缘材料的性能、环境湿度和温度相关。

9）温升（单位：K）。温升是指变压器绕组工作温度或上层油温与变压器环境温度之差所能达到的限值，常用符号 T 表示。根据变压器特性及温升要求，变压器有多种冷却方式（油浸自冷、强迫风冷、水冷、管式冷却等）。

10）阻抗电压（$U_z\%$）。阻抗电压是指把变压器的二次绕组短路，然后在一次绕组升高电压，当二次绕组的短路电流最终等于额定值时，此时在一次侧所施加的电压值，一般以额定电压的百分数表示，常用符号 $U_z\%$ 表示。

11）空载电流（$I_0\%$）。空载电流是指当变压器在额定电压下二次侧空载运行时，一次绕组中通过的电流，一般以占变压器额定电流的百分数表示，常用符号 $I_0\%$ 表示。

12）空载损耗（单位：W、kW）。空载耗损是指变压器绕组施加额定频率的额定电压时，其余绕组开路时功率耗损，常用符号 P_0 表示，这与变压器制造材料性能及制造工艺相关。

13）负载损耗（单位：W、kW）。负载耗损是指变压器的二次绕组短路，一次绕组电流为额定电流时，此时变压器所消耗的功率，常用符号 P_d 表示。

（4）变压器常见应用电路

1）变压器降压、升压应用电路：图 2-26 所示电路为典型变压器变压直流输出电路。将输入电压经过变压器 T 进行升降压（虚线部分为扩展应用，表明通过变压器变压后，再经过整流、滤波回路，从而输出直流电压）。

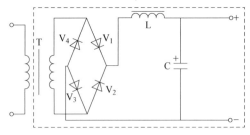

图 2-26 变压器降压、升压应用电路

2）变压器信号耦合，阻抗变换应用电路：图 2-27 所示电路，为典型变压器信号耦合变换电路。T_1、T_2 分别为信号输入、输出耦合变压器，具有信号电压传递和阻抗匹配的作用。输入变压器 T_1 将信号电压传递，分配给放大电路，晶体管 VT_1 和 VT_2 交替放大输入信号，再由输入变压器 T_1 将信号耦合输出给相关输出元件，输出变压器 T_2 使输入、输出阻抗匹配，使信号功率被放大而减小失真。

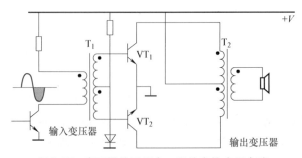

图 2-27 变压器信号耦合，阻抗变换应用电路

4. 变压器相关检测及维护

变压器是利用电磁感应原理来改变交流电压的装置，需要长时间不间断工作，是最重要的基础设备之一。稳定可靠是变压器的第一要素，对于变压器的定期检查维护可以保证变压器的稳定运行，提升变压器的效率。检查变压器可以首先通过目测、耳听来检查变压器的外观、运行声音，判断变压器是否有明显异常。如微型变压器可观察变压器绕组引线是否老化、脱焊，绝缘材料是否有烧焦痕迹，铁心硅钢片是否锈蚀等。

（1）变压器绕组检测

1）一次、二次绕组的判别方式如下。

以普通电源变压器为例，变压器一次绕组引脚和二次绕组引脚通常从变压器的两侧引出，并且一次、二次绕组一般会标有相应的一次侧、二次侧的额定电压，可以据此判断。

对于降压变压器，根据电压比，一次绕组的匝数要多于二次绕组的匝数，并且一次绕组漆包线也会比二次绕组漆包线细，故一次绕组的电阻值通常会大于二次绕组的电阻值。可以测量绕组的电阻值，电阻值大的为一次绕组，升压变压器则相反。

2）绕组断路、短路测量方式如下。

以普通电源变压器为例，识别出相关绕组的引脚后，将万用表的量程调至欧姆档，表笔分别测量待测变压器的一次绕组两引脚或二次绕组两引脚，查看引脚间电阻，在正常情况下应有一固定值。若某个绕组实测电阻值为无穷大，则说明所测绕组存在断路现象。如果某个绕组实测电阻值很小，则说明该所测绕组存在短路现象。

针对绕组测量，还应测量绕组与变压器铁芯之间的电阻。将万用表的量程调至欧姆档，表笔分别置于待测变压器的一次、二次绕组引脚和铁心上，查看电阻值，在正常情况下应为无穷大。若某个绕组与铁心之间有一定的阻值或阻值很小，则说明所测变压器绕组与铁心之间存在短路现象。

（2）变压器绝缘检测

变压器绝缘性能是变压器非常重要的参数，如果变压器绝缘性能不良，变压器会有烧毁风险。

变压器的绝缘性能是指变压器各绕组之间、绕组与铁心之间的绝缘性能。变压器绝缘性能测量需用绝缘电阻表进行测量，以常见的指针式绝缘电阻表为例，需分别测量待测变压器一次绕组与各二次绕组、铁心与一次绕组、铁心与二次绕组、一次绕组与静电屏蔽层、二次绕组与静电屏蔽层及二次侧各绕组间的电阻值，电阻值在正常情况下都应大于 $100M\Omega$，或者绝缘电阻表表针应停靠在无穷大区域，如果阻值偏小，则表明该变压器绝缘性能不良。

（3）变压器空载电流检测

以普通电源变压器为例，变压器空载电流可使用万用表进行测量。

将待测变压器二次绕组负载断开，处于开路状态，然后将万用表的量程调至交流电流档，选择相应档位（可先调至最大档预测量），将万用表串联入变压器一次绕组回路中，然后依据待测变压器额定电压接入相应电压。此时显示电流即为变压器空载电流，该值应为变压器额定电流的 10%~20%，如果该变压器有短路故障，则该电流值会远大于上述区间。

（4）变压器同名端判别

变压器同名端表示一次绕组和二次绕组上端电压相位同相端子。磁耦合的两个绕组，当接入交变电压时，会产生电磁感应，该端电压会同时升高或下降。同名端判别有很多种判定方法，以下是常见的几种判定方法。

1）观察法：如果待测变压器可以观察到绕组结构，可以通过观察绕组的绕向结构判定同名端，两个绕组的绕向结构完全相同，处于空间对称位置的两个端线即同名端。

2）直接通电法：对于多绕组变压器，将待测变压器一次绕组接入相关电路（不能高于额定电压），然后依次测量各二次绕组输出电压并记录相关值。测量完成后将任意两个二次绕组的任意两端短接，此时再测量该两二次绕组另外两端的电压，若测量值等于两绕组电压之和，则短接在一起的端子为异名端；若测量值低于两绕组电压之和（若两绕组电压相等，则可能为 0V），则短接在一起的为同名端。其他各绕组可依次类推（不能将同一绕组两端接在一起，会导致短路，从而烧坏变压器绕组）。

3）LCR 电桥测量：依次测量待测变压器各绕组电感并记录相关值，然后在待测变压器一次绕组取任意一端，同时二次绕组取任意一端，将两端进行短接，使用 LCR 电桥测量该变压器绕组另外两端电感值。如果测得电感值大于单独测量两绕组电感之和，那么这两端为该变压器异名端，反之这两端为同名端。

二、交流异步电动机原理和维护

1. 交流异步电动机认知

交流电动机分为交流同步电动机和交流异步电动机两种。交流电动机是一种将交流电的电能转变为旋转机械能输出的电力拖动装置。交流电动机主要由一个产生磁场的电磁铁绕组或分布的定子绕组和一个旋转电枢或转子组成，通过产生旋转磁场并切割转子，从而获得转矩输出。

交流同步电动机不管负载大小，其转子转速恒与旋转磁场的转速相同，因此，把这种转速称为同步转速，它只决定于电源的频率。交流异步电动机的转速则不是恒定的，它取决于负载的大小和电源电压。其中交流异步电动机由于制造成本低、结构简单、运行可靠、使用维护方便等特性在各个领域得到了极为广泛的应用。

（1）交流异步电动机分类

交流异步电动机种类较多，其分类可按电动机转子结构、外壳防护等级、电动机冷却方式、安装型式等进行基本分类。

1）按转子结构分类，可分为笼型转子电动机和绕线转子电动机。

2）按外壳防护等级分类，可依据国家标准 GB/T 4942—2021《旋转电机整体结构的防护等级（IP 代码）分级》的相关规定，见表 2-10。

表 2-10　旋转电机整体结构防护等级表

第一位表征数字[①]	简述	含义	第二位表征数字[②]	简述	含义
0	无防护电机	无专门防护	0	无防护电机	无专门防护
1	防护大于 50mm 固体的电机	能防止大面积的人体（如手）偶然或意外地触及、接近壳内带电或转动部件（但不能防止故意接触），能防止直径大于 50mm 的固体异物进入壳内	1	防滴电机	垂直滴水应无有害影响
2	防护大于 12mm 固体的电机	能防止手指或长度不超过 80mm 的类似物体触及或接近壳内带电或转动部件，能防止直径大于 12mm 的固体异物进入壳内	2	15°防滴电机	当电机从正常位置向任何方向倾斜至 15°以内任一角度时，垂直滴水应无有害影响
3	防护大于 2.5mm 固体的电机	能防止直径大于 2.5mm 的工具或导线触及或接近壳内带电或转动部件，能防止直径大于 2.5mm 的固体异物进入壳内	3	防淋水电机	与铅垂线成 60°角范围内的淋水应无有害影响
4	防护大于 1mm 固体的电机	能防止直径或厚度大于 1mm 的导线或片条触及或接近壳内带电或转动部件，能防止直径大于 1mm 的固体异物进入壳内	4	防溅水电机	承受任何方向的溅水应无有害影响
5	防尘电机	能防止触及或接近壳内带电或转动部件，虽不能完全防止灰尘进入，但进尘量不足以影响电机的正常运行	5	防喷水电机	承受任何方向的喷水应无有害影响
6	尘密电机	完全防止尘埃进入	6	防海浪电机	承受猛烈的海浪冲击或强烈喷水时，电机的进水量应不达到有害的程度
—	—	—	7	防浸水电机	当电机浸入规定压力的水中经规定时间后，电机的进水量应不达到有害的程度
—	—	—	8	持续潜水电机	电机在制造厂规定的条件下能长期潜水
—	—	—	9	耐高温高压喷水电机	当高温高压水流从任意方向喷射在电机外壳时，应无有害影响

① 第一位表征数字表示外壳对人和壳内部件提供的防护等级。

② 第二位表征数字表示由于外壳进水而引起有害影响的防护等级。

3）按电动机冷却方式分类，可分为 IC411 风扇冷却式和 IC01 自冷式两种，使用变频驱动的电动机，其冷却方式必须采用风扇冷却。

4）按安装型式分类，可根据国家标准 GB/T 997—2022《旋转电机结构型式、安装型式及接线盒位置的分类（IM 代码）》的相关规定区分。交流异步电动机安装方式主要有卧式安装和立式安装两种，分别用代码 IM B…及 IM V…表示。其中，IM 是国际通用的安装型式代号；B 表示卧式，指电动机轴线处于水平方向；V 表示立式，指电动机轴线处于竖直方向；…为 1 或 2 位数字，表示具体安装型式。

交流异步电动机卧式安装型式常见的有 IM B3、IM B5、IM B35 等，立式安装型式常见的有 IM V1、IM V3 等。

（2）交流异步电动机电路符号

交流异步电动机电路符号标识分为两部分：一部分是图形标识，标识电动机的类型；一部分是文字标识，用字母 M+数字标识，标识电动机在电路中的名称，见表 2-11。

表 2-11　常见交流异步电动机电路符号

种类	文字标识	图形标识
单相交流异步电动机	M+数字	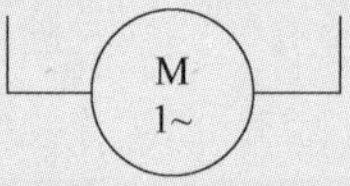 M 1~
三相笼型异步电动机	M+数字	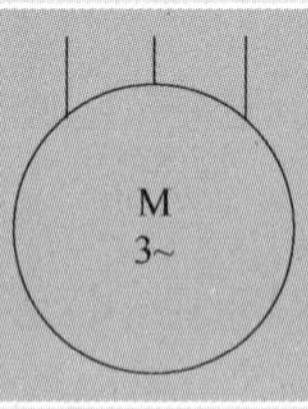 M 3~
三相绕线转子异步电动机	M+数字	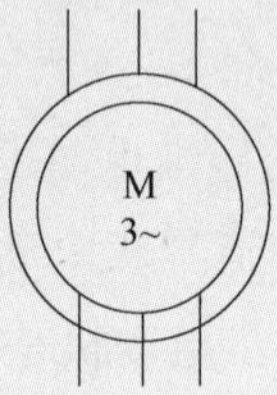 M 3~

2. 交流异步电动机结构

交流异步电动机依据使用场合、功能不同，构造也各有不同。但其结构基本一致，主要由定子、转子和它们之间的气隙及相关附件构成，以常用的三相笼型异步电动机为例，其结构如图 2-28 所示。

（1）交流异步电动机定子

交流异步电动机定子部分主要由电动机机座、定子铁心、定子绕组及端盖、轴承等部分组成。其基本功能是通过接入的交流电产生旋转磁场，其各部分功能如下。

1）机座：用来支撑定子铁心和固定前后端盖。

2）定子铁心：由冲有槽孔的硅钢片叠压而成，为定子绕组的骨架，是电动机磁路的一部分。

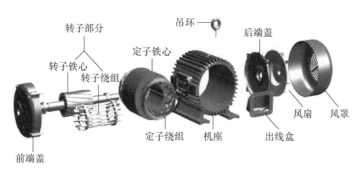

图 2-28　三相笼型异步电动机结构原理图

3）轴承：连接转动部分与不动部分。

4）端盖：支撑、保护转子轴承。

5）定子绕组：定子绕组是电动机的电路部分，作用是利用通入的三相交流电产生旋转磁场。

（2）交流异步电动机转子

交流异步电动机转子部分主要由转子铁心、转子绕组和转轴等部分组成。基本功能是切割定子磁场，产生感应电动势，从而产生转动力矩，其各部分功能如下：

1）转子铁心：由冲孔的相互绝缘的硅钢片叠压而成，放置转子绕组，作为电动机磁路的一部分。

2）转子绕组：根据构造的不同可分为笼型转子和绕线转子两种类型，其主要功能是切割定子磁场，产生感应电动势和电流，并在旋转磁场的作用下产生电磁转矩，使转子受力转动，将电能转换成机械能输出。

3）转轴：传递转矩及支撑转子的质量。

4）风扇：装在转轴尾部，随转轴转动，冷却电动机。

3. 交流异步电动机工作原理

（1）交流异步电动机工作原理

交流异步电动机是基于电磁力原理工作的设备，在磁场中的载流导体将受到电磁力的作用，如图 2-29 所示。

根据左手定则，N 极下的导条受力方向是朝向右的，而 S 极下的导条受力方向是朝向左的，这一对力就形成一顺时针方向的转矩，交流异步电动机转动则基于此原理。以交流异步笼型电动机为例，当笼型转子放置在旋转磁场中代替通电线框时，当磁场旋转时，切割磁场的每对导条将产生感应电动势，由于电动势的存在，转子绕组中将产生转子电流，转子电流与旋转磁场相互作用将产生电磁力，该力在转子的轴上形成电磁转矩，且转矩的作用方向与旋转磁场的旋转方向相同，转子受此转矩作用，便按旋转磁场的旋转方向旋转起来。

1）旋转磁场的产生原理：以三相交流异步电动机为例，当定子的对称三相绕组连接到三相电源上时，绕组内将通入对称三相电流（i_A，i_B，i_C），电流存在相位差，导致空间产生旋转磁场，磁场将会沿定子圆周方向旋转，如图 2-30 所示。

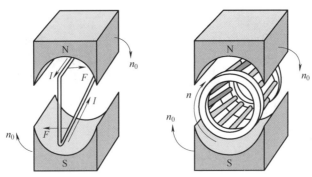

图 2-29　交流异步电动机工作原理图

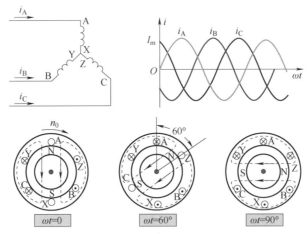

图 2-30　交流异步电动机旋转磁场产生示意图

可知存在相位差的三相电流产生的合成磁场是一旋转的磁场。在一个电流周期，旋转磁场在空间中转过360°，调换任意两根电源进线，则旋转磁场会反转，电动机转动方向也将随之改变。

2）转速差：由上分析可知，交流异步电动机转子转动方向是与旋转磁场旋转的方向保持一致的，但电动机转子的旋转速度 n 要比旋转磁场的旋转速度 n_0 小，即 $n<n_0$。这是因为如果转速相等，转子和旋转磁场将没有相对运动，转子导体将不切割磁场，便不能产生感应电动势和电流，也就没有电磁转矩，转子将不会继续旋转。因此，转子和旋转磁场之间的转速差是保证转子旋转的主要因素。

（2）交流异步电动机技术性能

交流异步电动机的技术性能主要包括额定功率、额定电压、额定电流、额定转速、额定频率、效率、功率因数、起动转矩、最大转矩、起动电流、同步转速、转差率、温升等参数。

1）额定功率（单位：kW）。交流异步电动机额定功率是指电动机额定运行状态下的轴上输出机械功率，常用符号 P_N 表示。

2）额定电压（单位：V、kV）。交流异步电动机额定电压是指电动机额定运行状态下加在定子绕组上的线电压，常用符号 U_N 表示。

3）额定电流（单位：A）。交流异步电动机额定电压是指电动机输出额定功率时定子绕组的线电流，常用符号 I_N 表示。

4）额定转速（单位：r/min）。交流异步电动机额定转速是指电动机在额定输出功率、额定电压和额定频率下的转速，常用符号 n_N 表示。

5）额定频率（单位：Hz）。交流异步电动机额定频率是指电动机电源电压标准频率，常用符号 f_N 表示。我国工业电网标准频率为50Hz。

6）效率（%）。交流异步电动机效率等于电动机输出功率与输入功率之比，常用符号 η 表示。

7）功率因数（比值）。交流异步电动机功率因数是指电动机有功功率对视在功率的比值，常用符号 $\cos\Phi$ 表示。正确选用异步电动机，使其额定容量与所带负载相配合，对于改善功率因数十分重要。

8）起动转矩（单位：N·m）。交流异步电动机起动转矩是指当给处于停止状态下的电动机加上电压的瞬间，电动机产生的转矩，常用符号 T_{st} 表示。起动转矩的大小与电压的平方成正比，与电动机的漏电抗有关，还随转子电阻的增大而增大。

9）最大转矩（单位：N·m）。交流异步电动机最大转矩，也叫停转转矩，常用符号 T_{max} 表示，是电动机的重要特性之一。最大转矩是在额定电压和额定频率下，增加负载而不致使转速突然下降时电动机所能产生的最大转矩。对其要求视不同的运行情况而定，一般在额定转矩的2倍以上，最小值为额定转矩的 1.6~2.5 倍，有特殊要求时，可设计成 2.8~3.0 倍。

10）起动电流（单位：A）。交流异步电动机的起动电流是指电动机接通额定电压从零速开始起动时输入的线电流，常用符号 I_{st} 表示。电动机起动电流一般为其额定电流的 5~7 倍。电动机起动电流过大，对电气设备及电网影响较大。

11）同步转速（单位：r/min）。交流异步电动机同步转速，又称旋转磁场的速度，常用符号 n_0 表示，它的大小由交流电源的频率及磁场的磁极对数决定。

12）转差率（比值）。交流异步电动机转差率常用符号 S 表示，指电动机转速 n 与同步转速 n_0 之差对同步转速 n_0 之比，即 $S=(n_0-n)/n_0$。

13）温升（单位：K）。交流异步电动机温升指的是电动机工作时绕组的工作温度与环境温度之差，常用符号 T 表示。

（3）交流异步电动机起动方式及相关接线

一般交流异步电动机起动电流为电动机额定电流的 5~7 倍，起动转矩为电动机额定转矩的 1~2 倍。电动机的频繁起动会造成电动机过热，并影响电网电压，从而影响邻近用电设备。

交流异步电动机常见起动方式有以下几种。

1）直接起动。一般 30kW 以下的交流异步电动机，无精确控制要求的，采用直接起动方式，其接线方式为直接连接相应交流电源控制开关，如图 2-31 所示。

2）软起动或变频起动。交流异步电动机软起动是通过采用降压、补偿或变频等技术手段，实现电动机及机械负载的平滑起动，减少起动电流对电网的影响程度的一种起动方式。

交流异步电动机变频起动是使用变频器起动电动机，主要用于需要精确控制、变频调速的电动机。变频器具备软起动器的所有功能，除了起动，在电动机工作中也一直起着控制作用。而软起动器仅仅用于电动机起动，起动过程结束，软起动装置即退出。

不管是软起动还是变频起动，其接线方式都是电动机电缆直接连接在软起动器或变频器输出端子上，其接线图分别如图 2-32、图 2-33 所示。

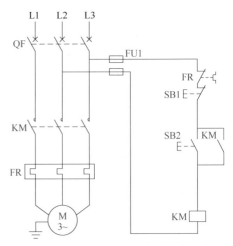

图 2-31　交流异步电动机直接起动接线图

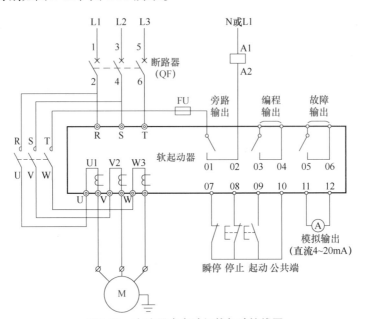

图 2-32　交流异步电动机软起动接线图

3）降压起动。降压起动大致分为丫-△（星-三角）起动和自耦降压起动（适用于笼型电动机）两种。

①丫-△（星-三角）起动适用于空载或轻载起动的场合，其接线图如图 2-34 所示。

②自耦降压起动用于容量较大或正常运行时连成丫形不能采用丫-△起动的笼型异步电动机起动，其接线图如图 2-35 所示。

4）转子串电阻起动适用于绕线式电动机，常用于要求起动转矩较大的电动机上，其接线图如图 2-36 所示。

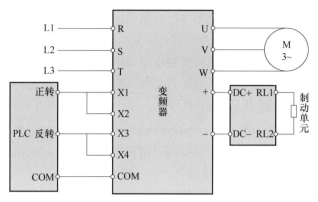

图 2-33　交流异步电动机变频起动接线图

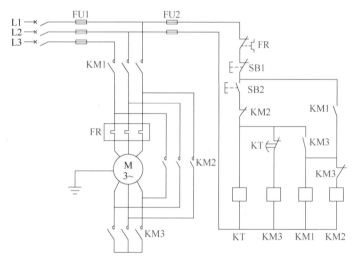

图 2-34　交流异步电动机星-三角起动接线图

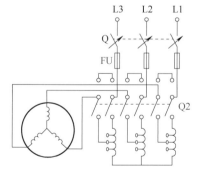

图 2-35　交流异步电动机自耦降压起动接线图

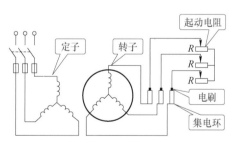

图 2-36　交流异步电动机转子串电阻起动接线图

4. 交流异步电动机检测及维护

交流异步电动机须进行定期的维护才能保证电动机正常运行，延长其运行寿命。

（1）交流异步电动机起动检查

1）检查电动机外壳的接地或接零保护是否可靠和完整，接线是否正确。

2）检查电动机铭牌所示电压、频率与所接电源电压、频率是否相符，电源电压是否稳定（通常允许电源电压波动范围为±5%）。

3）检查电动机紧固螺栓是否松动，检查机组周围有无妨碍运行的杂物。

4）检查电动机和所传动机械的基础是否牢固，检查相关传动装置是否符合要求，如传动带松紧是否适度，联轴器连接是否完好。

5）检查电动机轴承是否缺油，定子与转子的间隙是否合理，间隙处是否清洁，有无杂物。

6）检查绕线型电动机集电环上的电刷及提刷装置是否正常，电刷与换向器或集电环接触是否良好，电刷压力是否符合出厂规定。

7）检查电动机的通风系统、冷却系统和润滑系统是否正常。观察是否有泄漏印痕，转动电动机转轴，看转动是否灵活，有无摩擦声或其他异常噪声。拆下轴承盖，检查润滑油质、油量。一般润滑脂的填充量应不超过轴承盒容积的70%，也不得少于容积的50%。

8）检查电动机保护电器（断路器、熔断器、交流接触器、热继电器等）整定值是否合适，动、静触点接触是否良好。检查控制装置的容量是否合适，熔体是否完好，规格、容量是否符合要求，装接是否牢固。

以上检查都符合要求，可起动电动机空载运行30min左右，检查电动机是否异常，如检查出异常噪声、振动、过热等不正常情况，需再次停机检查。

（2）交流异步电动机绝缘检测

新安装的或停用3个月以上的交流异步电动机，需用绝缘电阻表测量电动机各相绕组之间及每相绕组与地（机壳）之间的绝缘电阻。对于绕线转子电动机，还需测量转子绕组、集电环对机壳和集电环之间的绝缘电阻。

通常对500V以下的电动机，用500V的绝缘电阻表测量其绝缘电阻；对500~3000V的电动机，用1000V的绝缘电阻表测量其绝缘电阻；对3000V以上的电动机，用2500V绝缘电阻表测量其绝缘电阻。

测量前应首先检查绝缘电阻表状态，具体方法是先把绝缘电阻表端点开路，摇动手柄，观察指针是否指向∞；再把绝缘电阻表端点短接，摇动手柄，观察指针是否指向0处。如果不正常，说明绝缘电阻表有故障。

验表后，测试前应拆除电动机出线端子上的所有外部接线。按要求，电动机每1kV工作电压，绝缘电阻不得低于1MΩ。电压在1kV以下、容量为1000kW及以下的电动机，其绝缘电阻应不低于0.5MΩ。如绝缘电阻较低，则应将电动机进行烘干处理，然后再测绝缘电阻直至合格。

（3）交流异步电动机运行维护

1）交流异步电动机应定期清洁，不能有杂物进入电动机内部，电动机进风口和出风口需保持畅通，不能妨碍散热。

2）需定期检测电源电压、频率是否符合要求，需定期检测电动机工作负载电流，电动机正常负载电流不应大于电动机额定工作电流。

3）需定期检测电动机温升情况，温升不应超过电动机允许温升。

4）对于绕线转子电动机，需定期检查电刷与集电环的接触压力、磨损情况。

5）需定期检测电动机制动器制动间隙，制动间隙应符合出厂设定。

6）电动机运行后需有计划性检修，检修分为小修及大修两种，可根据实际情况执行。

第三节　低压动力控制电路维修

一、低压动力控制电气原理图

1. 电动机起动保持停止控制电路图

图 2-37 为电动机的起动保持停止控制线路，此线路中使用了组合开关 Q、熔断器 FU、交流接触器 KM、按钮 SB 及电动机 M 等电气元件。

（1）起动过程

先合上组合开关，电源通至接触器上端，为电动机起动做好准备。当按下起动按钮时，交流接触器电磁铁得电，三个主触点吸合，电动机起动。

（2）运行过程

起动按钮松开时，因为弹簧的作用力，起动按钮恢复到原始的位置，但是由于交流接触器的辅助，触点在按下起动按钮时就一直处于闭合状态，所以交流接触器电磁铁一直吸合，电动机一直处于通电状态。

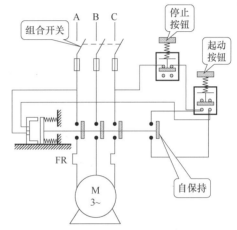

图 2-37　电动机起动保持停止控制线路图

当不连接自保持触点，按下起动按钮时，交流接触器得电，电动机运行；松开起动按钮后，交流接触器失电，电动机停止。

（3）停止过程

当按下停止按钮时，控制电路电源被断开，电磁铁磁力消失，主触点及辅助触点断开，电动机失电。

（4）起动保持停止电路的保护措施

为了保证电动机的安全及可靠运行，电路中采用了多种保护措施，分别是短路保护、过载保护、零压保护等。

起到短路保护的是熔断器 FU，当发生短路时，电流增加，熔丝被熔断。电路断开，电动机停止。

起到过载保护的是热继电器 FR，当电动机等设备过载运行时，双金属片受热，脱扣导致电源断开，电动机停止。

为了保证设备的可靠运行，热继电器一般每一相都采用一个发热元器件。当任意一相过载时，热继电器都会立即动作，也有热继电器采用两相的结构，但是可靠性会降低。

零压保护也称失压保护，就是当电源电压较低时，接触器线圈磁力下降，接触器主触点断开，电动机失电停止。当电源恢复正常时必须重新起动电动机才可以正常运行。假如没有使用接触器，使用刀开关等手动控制开关时，关机时不会产生风险。但当电源突然恢复后，电动机会突然起动，会发生意想不到的事故。

（5）电动机起动保持停止原理图

图 2-37 中把每一个元器件的结构都标示了出来，也称为控制线路的结构图。结构图看起来比较形象，但是绘制起来比较复杂，通常，在一般的电气控制电路中，为了将复杂的线路及较多的电器进行简化，方便读图及分析，会将控制线路根据其原理画出，把主电路与控制电路分开表示出来，这种使用电路符号来表示控制线路的图称为原理图，如图 2-38 所示。

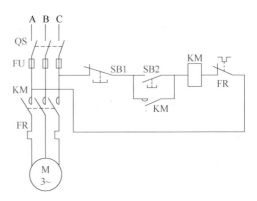

图 2-38　电动机起动保持停止控制原理图

在图 2-38 中，左侧由 QS 组合开关、熔断器 FU、接触器 KM、热继电器 FR 和电动机组成了原理图的主回路，主回路主要的作用是给电动机供电，主回路通过的电流较大。

原理图右侧停止按钮 SB1、起动按钮 SB2、交流接触器 KM、热继电器 FR 组成了控制回路，来控制电动机的通断，控制回路通过的电流比较小。

对于电气原理图的画法我们做了以下统一的规定，方便识图与理解。

1）各种电气元件有统一的符号来表示。

2）同一个电气元件的部件是分散画出来的，比如接触器的线圈及触点分别画在主电路中和控制电路中，为了便于识别，它们用了相同的文字符号来表示。

3）在工作过程中，电气元器件所处的状态各不相同，有触点闭合的，也有触点断开的，在原理图中画出的均是设备起始状态，就是没有通电也没有机械动作的状态，对于按钮来说就是按钮没有被按下的状态，对于接触器来说就是电磁铁没有通电的时候触点的状态。

2. 电动机正反转控制电路图

在生产过程中很多设备需要向正反两个方向运行，比如起重机的上下运行、输送滚床的前后运行等。一般通过将三相异步电动机的三相电源中的任意两相对调就可以实现反转功能。

图 2-39 中可以看出，正反转原理图类似于两个起动保持停止电路的组合。

（1）正反转起动过程

1）正转起动过程：合上开关 QS，当按下 SBF 时，KMF 交流接触器得电，KMF 接触器主触点吸合，电动机得电。KMF 辅助触点同时吸合实现自锁功能，保证电动机

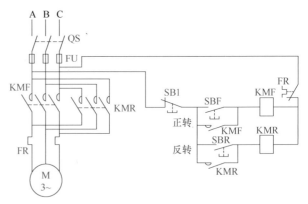

图 2-39　正反转原理图

可以持续得电。当按下 SB1 时，KMF 接触器失电，KMF 主触点断开，电动机失电停止。

2）反转起动过程：合上开关 QS，当按下 SBR 时，KMR 交流接触器得电，KMR 接触器主触点吸合，电动机得电反转，KMR 辅助触点同时吸合，实现自锁功能，保证电动机可以持续得电。当按下 SB1 时，KMR 接触器失电，KMR 主触点断开，电动机失电反转停止。

该电路与起动保持停止电路相同，具备短路保护、过载保护、失压保护，工作原理与上述起动保持停止控制电路相同，就不详细说明。但是该电路存在一定安全问题，当 SBF 与 SBR 同时被按下时，会造成 KMF 与 KMR 同时吸合导通造成三相短路。

（2）带互锁功能的正反转起动过程

图 2-40 所示的带互锁功能的正反转起动原理图只画出了控制回路，主回路与图 2-39 相同，在图 2-40 中增加了 KMR-2 常闭触点串联到正转接触器 KMF 中，当按下 SBR 时，KMR 接触器通电，KMR-2 常闭触点得电断开，这时候即使按下按钮 SBF，正转控制回路的接触器 KMF 也不能通电，这样就不会出现 KMF 与 KMR 同时通电造成三相短路的情况。这种 KMR-2 的触点就是互锁触点

同理，KMF-2 常闭触点串联到反转接触器的控制回路中，KMF-2 也是互锁触点。

该控制电路虽然能够防止短路故障，但是电动机正向转动时，想要进行反向旋转必须按下 SB1 之后才可以按下 SBR 进行反向旋转，不可以直接进行正反转的切换。同理，电动机反转时，想要正转必须按下停止按钮之后才能切换正转，所以这个控制回路想要正反转切换时必须先按下停止按钮再进行切换。

（3）带双重互锁功能的正反转直接起动控制电路

图 2-41 所示的带双重互锁功能的正反转直接起动原理图只画出了控制回路，主回路与图 2-39 相同，双重互锁是指具备电气互锁 KMR-2 和 KMF-2 还有机械互锁 SBR-2 和 SBF-2。

双重互锁控制回路比互锁控制回路多了 SBF-2，将 SBF-2 与 KMR 反转接触器串联。当按下 SBF-1 时，接触器 KMF 得电，电动机正转，当需要反转时可直接下 SBR-1，常闭触点 SBR-2 先断开，SBR-1 再闭合，KMF 正转接触器失电，电动机停止转动。KMF-2 恢复常闭状态，KMR 电动机反转导通，电动机反转。SBR-2 原理相同，电动机也可直接从反转切换成正转。SBR-2 与 SBF-2 也可以起到 KMR-2 与 KMF-2 的互锁功能。因为是通过按钮机械动作直接实现的互锁功能，所以称为机械互锁。

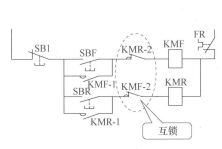

图 2-40　带互锁功能的正反转起动原理图

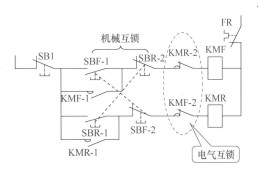

图 2-41　带双重互锁功能的正反转直接起动原理图

3. 电动机多处控制电路图

在生产过程中需要两地或者多地控制同一台电动机的控制电路，称为多处控制电路，如图 2-42 所示。

（1）起动过程

合上开关 QF，当 A 地需要起动电动机时，点击按钮 SB12，交流接触器 KM 得电吸合，交流接触器三相主触点吸合，电动机正转，KM 辅助触点吸合自锁，电动机持续转动。同理，当需要在 B 地起动电动机时，可以在 B 地点击按钮 SB22 进行起动。

（2）停机过程

当需要电动机停止时，可以选择在 A 地点击按钮 SB11 或者 B 地点击按钮 SB21 对交流接触器 KM 线圈进行断电，电动机三相主触点分离，电动机停止。

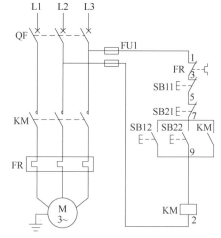

图 2-42　电动机多处控制原理图

二、电动机起动保持停止控制电路维修

1. 电动机起动保持停止控制电路常见故障

起动保持停止控制电路主要由组合开关、热保护器、交流接触器、熔断器、按钮、导线等元器件组成。常见故障有以下几种。

（1）当按下起动按钮时电动机不起动

首先判断是主回路故障还是控制回路故障，当按下起动按钮接触器可以正常吸合基本可以排除控制回路故障，反之可能就是控制回路故障。

1）控制回路故障。当判断是控制回路故障时，首先检查按钮是否正常，触点是否正常接通，可以断电然后用万用表对其通断进行测量。其次检查导线是否连接良好，有时导线松动也会导致控制回路故障，导致起动异常。

2）主回路故障。

① 第一，判断电源是否供给正常，正常两相之间的电压在 380V 上下。

② 第二，查看组合开关通断是否正常，测试方法与按钮类似，断电后开关打开或闭合用万用表判断通断是否正常。

③ 第三，判断熔丝是否有熔断的情况。

④ 第四，考虑热保护器是否动作。

⑤ 第五，当测量电源已经接通到电动机接线端子处电动机无法动作，考虑电动机本身存在问题，可以通过万用表对电动机的匝间阻值进行测量，查看电阻是否平衡，电动机是否有机械卡滞。

⑥ 第六，考虑导线连接是否牢固可靠。

（2）当未按下起动按钮时电动机自行起动

这种情况下，第一要考虑按钮是否熔焊，在未按下按钮时，按钮导通。第二要考虑是否是按钮本应接在常开触点，但实际接到了常闭触点导致。第三要考虑接触器触点是否熔焊，导致未通过按钮控制接触器就可以接通。第四要考虑是否是接触器电磁铁卡滞，导致失电后不复位，触点未脱开。

（3）当按下起动按钮只能点动不能自锁

这种现象一般情况是自锁保持触点损坏，或者触点接触不良导致的自锁线路没有导通。

（4）当按下停车按钮时电动机不停止

接触器三相触点熔焊，或停止按钮触点熔焊，导致按下停止按钮后没有反应。

2. 电动机起动保持停止控制故障处理方法

（1）电动机起动时组合开关跳闸

第一要考虑电动机是否存在短路现象，当发生短路时可通过味道、打火火花等判断短路位置。第二要考虑组合开关选型是否存在问题，额定值过小会导致电动机起动时组合开关跳闸。部分组合开关有可调节额定电流及瞬时最大电流功能，跳闸时也可通过调整额定电流及瞬时最大电流来防止跳闸，如果组合开关不可调那只能更换组合开关。

（2）电动机起动时熔断器故障

当熔断器 FU 故障是控制回路那一相（A 或者 C）时，交流接触器 KMF 和 KMR 会因为失压导致电磁铁失电，使电动机运行失败。当熔断器损坏那一路不是控制回路的那两相而是 B 相时，会导致电动机缺相，电动机会起动失败，电动机发热，热继电器 FR 跳闸。熔断器故障原理如图 2-43 所示。

（3）电动机运行时接触器故障

交流接触器原理如图 2-44 所示。当电动机运行时查看交流接触器电磁铁线圈是否吸合，当电磁铁线圈未吸合时，用万用表对电磁铁线圈两端电压进行测量，查看电压是否正常。当电压正常电磁铁未吸合时，考虑电磁铁短路或者断路故障，需要更换交流接触器。当接触器正常吸合时，就用万用表测量交流接触器主触点上端三相电压是否正常。当交流接触器主触点上端电压正常，且接触器正常吸合时，测试接触器下端电压输出是否正常，如果正常就说明交流接触器控制回路是正常的。

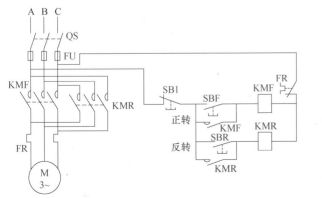

图 2-43　熔断器故障原理

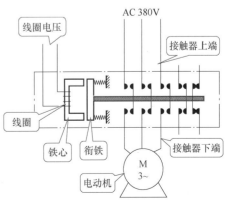

图 2-44　交流接触器原理图

（4）电动机本身原因故障

电动机故障分为机械故障与电气故障两种，一般机械故障包括电动机轴承、铁心、机座、风叶等故障；电气故障主要是绕组、电刷等电气元件的故障。

1）机械故障。电动机机械方面的故障最常见的是轴承与定子、转子发生干涉。轴承在经过一定时间运转以后，产生磨损，最终无法使用，这是一种正常现象。但有时会因为电动机的基础不稳定、传动机构不稳、振动剧烈、杂质侵入、润滑油过多或过少以及安装拆卸轴承的方法不合理等导致轴承损坏过快。轴承损坏的明显标志是轴承及轴承盖部位过热，电动机的振动加剧，并且发出不正常的响声，加大了电动机的负载转矩，造成电动机过热，而且往往导致电动机定子和转子相摩擦。

电动机定子和转子相摩擦的原因除了轴承损坏之外，转轴弯曲、铁心变形、机座和端盖有裂纹、端盖止口未合严、电动机内部过脏等都会造成定子和转子相摩擦。定子和转子相摩擦会使电动机发生强烈的响声和振动，使相摩擦的表面产生高温，严重时还会冒烟产生火花，槽表面的绝缘材料在高温下变得焦脆，甚至烧毁线圈。

2）电气故障。定子绕组是电动机最容易发生故障的部件，最常见的故障有接地、开路、短路和接错。

① 接地。电动机定子绕组正常时与机壳、铁心之间是绝缘的，当绕组的绝缘老化、受潮时，绕组中的导体就会与铁心、机壳相碰。由于电动机外壳是接地的，就造成了绕组接地故障。绕组接地后，会使机壳带电，容易造成人身触电事故。绕组在潮湿的环境下，绝缘材料绝缘作用降低；电动机长期过载运行，绝缘材料因长时间受高温而变脆，以至开裂脱落；绕组的线圈在嵌入槽里时，由于操作上的疏忽，将绝缘材料碰伤或碰破，或使槽绝缘移位，致使导线与铁心相接触；转子和定子相擦，使铁心过热，烧坏槽楔子和绝缘材料；绕组端部过长，与端盖相碰；引出线绝缘损坏，与机壳相碰等，以上问题都可以造成绕组接地。

② 开路。电动机定子绕组的导线、连接线、引出线等断开或接头松脱，就会造成开路故障。电动机定子绕组的开路故障有单相开路、绕组线圈导线开路、并绕导线中有一根或几根开路、并联支路开路等。

当定子绕组中有一相开路，电动机接至三相电源时，就会发出嗡嗡声，起动困难，有时会看到转子左右摇摆，甚至不能起动。当电动机带一定负载运行时，若突然单相绕组发生开路故障，电动机还会继续运转，但其他两相绕组中的电流要增大，并发出嗡嗡的低沉声。如果负载较大，在几分钟内就可发现定子绕组温度迅速升高，甚至冒烟发出特殊的气味，这种电动机停止运转后，不能再起动。

③ 短路。绕组短路通常有相间短路和匝间短路两种。匝间短路时，电流一般两相大，单相小。相间短路时，由于剧烈的短路电流将短路点附近的导线熔断，短路处形成空洞，附近形成熔化的铜渣，同时，往往熔体立即熔断，由于磁场分布不均匀，造成电动机产生振动和噪声，严重时会冒烟，有焦臭味，甚至烧毁电动机。

引起定子绕组短路的原因有绕组绝缘受潮；电动机长期在过载情况下运行；绕组中经

常流过大电流，使绝缘老化焦脆，失去绝缘作用，或受振动而脱落；定子绕组的线圈之间的连接线或引出线的绝缘不良，或被击穿而损坏；修理时，嵌线操作不小心，把电磁线外层的绝缘擦破；焊接引线时，温度高、时间长，或熔化的焊锡掉下，烫坏电磁线外层的绝缘等。

④接错。绕组接线错误大致有以下几种情况：某相绕组中有一个或几个线圈头尾接错，星形接法与三角形接法连接方式错误，某相绕组接反。三角形接法的电动机误接成星形使用时，相电压降低$\sqrt{3}$倍；反之，若星形接法的电动机误接成三角形使用时，相电压升高$\sqrt{3}$倍，两种情况都会带来严重后果。当电动机有一相绕组接反时，在空载时三相电流很大，并有严重的不平衡现象，转速下降很厉害，温度迅速上升，很快便会嗅到焦臭味并看到冒烟。如果电动机绕组中有部分绕组接反，情况与上述类似，只是程度稍轻。绕组接错的故障一般都是操作人员或修理人员疏忽或缺乏接线知识造成的。

（5）维护情况的影响

平时对电动机维护不善，工作时出现异常情况也不注意，使其继续带"病"运行，这样故障将会扩大和加剧，实践证明这是电动机机械性损坏的主要原因。

复习题

1. 判断题

（1）热继电器动作后，必须手动复位才能恢复触点原状。（　　）

（2）所有的交流接触器都有电磁机构、触点系统组和灭弧装置。（　　）

（3）交流接触器铁心轻微锈迹可用锯条小心刮掉，不可用砂纸打磨。（　　）

（4）低压照明电路最常见的故障主要有断路、短路和漏电故障。（　　）

（5）一般作业场所，可使用Ⅰ类电动工具。（　　）

（6）变压器是利用电磁感应原理来改变交流电压输出的装置。（　　）

（7）变压器接在上级电源，从电源吸收电能的绕组称为二次绕组。（　　）

（8）变压器某个绕组实测电阻值为无穷大，则说明所测绕组存在短路现象。（　　）

（9）交流异步电动机的转子结构可分为笼型转子和绕线转子。（　　）

（10）交流异步电动机转子的旋转速度要比旋转磁场的旋转速度大，才能保证转子继续旋转。（　　）

（11）零压保护也称失压保护，就是当电源电压较低时，接触器线圈磁力下降，接触器主触点断开，电动机失电停止。（　　）

（12）在生产过程中需要两地或者多地控制同一台电动机的控制电路，称为多处控制电路。（　　）

（13）电气回路判断是主回路故障还是控制回路故障，当按下起动按钮时，接触器可以正常吸合基本可以排除主回路故障。（　　）

（14）组合开关电流额定值过大，会导致电动机起动时组合开关跳闸。（　　）

（15）电动机故障分为机械故障与电气故障两种。（　　）

2. 单选题

（1）热继电器的整定电流一般调整为负载额定电流的（　　）倍。

A. 1　　　　　　　　B. 1.05　　　　　　　C. 1.1　　　　　　　D. 1.25

（2）热继电器负载测试时，调节回路电流到整定电流的 1.2 倍，热继电器动作时间为（　　）。

A. 无穷大　　　　　　B. ≤5s　　　　　　　C. ≤2min　　　　　　D. ≤20min

（3）交流接触器触点磨损较严重，处理后的厚度小于原有厚度的（　　），则应更换新的触点。

A. 三分之一　　　　　B. 二分之一　　　　　C. 三分之二　　　　　D. 四分之三

（4）交流接触器吸合电压不低于线圈额定电压 U_n 的（　　）。

A. 70%　　　　　　　B. 75%　　　　　　　C. 80%　　　　　　　D. 85%

（5）手电钻调速开关损坏开路的故障现象是（　　）。

A. 通电后不转　　　　　　　　　　B. 转速变慢

C. 不能调速　　　　　　　　　　　D. 电动机温升过高

（6）变压器输入电压与输出电压之比等于（　　）的比值。

A. 输入电压频率与输出电压频率　　B. 二次绕组与一次绕组匝数

C. 一次绕组与二次绕组的匝数　　　D. 输入功率与输出功率

（7）变压器效率是指变压器在额定功率时，（　　）的百分比值。

A. 输出功率与输入功率　　　　　　B. 输入电压与输出电压

C. 输入电流与输出电流　　　　　　D. 一次绕组与二次绕组的匝数

（8）交流同步电动机不管负载大小，其转子转速与旋转磁场的转速相同，因此把这种转速称为同步转速，它只取决于（　　）。

A. 电源的频率　　　　　　　　　　B. 电源的电压

C. 额定电流　　　　　　　　　　　D. 电动机的效率

（9）交流异步电动机功率因数是指电动机（　　）的比值。

A. 输入功率与输出功率　　　　　　B. 有功功率与视在功率

C. 输入电流与输出电流　　　　　　D. 额定转矩与停转转矩

（10）交流异步电动机星-三角起动是（　　）一种方式。

A. 软起动　　　　　　B. 升压起动　　　　　C. 降频起动　　　　　D. 降压起动

（11）电气回路中起到过载保护的是（　　）。

A. 热继电器　　　　　B. 熔断器　　　　　　C. 接触器　　　　　　D. 按钮

（12）电气回路中起到短路保护的是（　　）。

A. 热继电器　　　　　B. 熔断器　　　　　　C. 接触器　　　　　　D. 按钮

（13）电气原理图中均画出的是（　　）状态。

A. 设备故障　　　　　B. 设备运行　　　　　C. 设备停止　　　　　D. 设备起始

（14）不属于电动机本身机械故障的选项是（　　　）。

A. 电动机轴承故障　　　　　　　　B. 电动机风叶故障

C. 电动机绕组故障　　　　　　　　D. 电动机机座故障

（15）不属于电动机本身电气故障的选项是（　　　）。

A. 电动机接地故障　　　　　　　　B. 电动机断路故障

C. 电动机线接错故障　　　　　　　D. 电动机机座故障

3. 简答题

（1）简述电动工具日常检查内容。

（2）简述交流异步电动机绝缘检测的步骤？

（3）简述一下电动机起动控制的过程？

第二章复习题答案

第三章 电子电路焊接作业

第一节 焊接作业知识

一、焊接知识

1. 钎焊原理

（1）焊接定义

焊接是使金属连接的一种方法，它利用加热或加压，在两种金属的接触面，通过焊接材料的原子或分子的相互扩散作用，使两种金属间形成一种永久的牢固结合。利用焊接的方法而形成的接点叫焊点。焊接通常分为熔焊、接触焊及钎焊三大类，在电子装配中主要使用的是钎焊。

（2）钎焊及其特点

钎焊就是利用熔点比母材低的金属经过加热熔化后，渗入焊件接缝间隙内，与母材结合到一起实现连接的焊接方法，在这个过程中母材是不熔化的。其中熔点比母材低的金属称为钎料。电子工业中是利用熔点较低的锡合金将其他熔点比较高的个体金属连接在一起的，因此，电子产品中的焊接称为锡钎焊。

钎料从温度上可以分为硬钎料和软钎料，软钎料的熔点在450℃以下，硬钎料的熔点在450℃以上。根据硬钎料和软钎料将焊接分为硬钎焊和软钎焊两类。但是不管是硬钎焊还是软钎焊，它们在焊接金属的时候母材都是不熔化的。不对焊件施加压力，这也是钎焊和熔焊、压焊的区别所在。

锡钎焊是最早得到广泛应用的电子产品的焊接方法之一。锡钎焊的钎料熔点低，适合半导体等电子材料的连接，适用范围广，焊接方法简单，容易形成焊点，并且焊点有足够的强度和电气性能，成本低并且操作简单方便。锡钎焊过程可逆，易于拆焊。锡钎焊技术操作简单，但是如果电子产品中有一个焊点有问题，那么就会导致整个装置出问题，所以锡钎焊的可靠性不容忽视，锡钎焊技术也是一门需要大家学习的技术。

（3）钎焊机理

钎焊的过程就是用熔化的钎料将母材金属与固体表面结合到一起的过程。使用一般常用的锡-铅系列钎料焊接铜和黄铜等金属时，钎料就在金属表面产生润湿，作为钎料成分之一的锡金属就会向母材金属里扩散，在界面上形成合金层，即金属化合物，使两者结合在一起。在结合处形成的合金层，因钎料成分、母材性质、加热温度及表面处理等而不同，单纯根据一个条件下结论是片面的。下面分别对上述几个概念进行阐述。

1）钎料的润湿作用。钎料的润湿与润湿力。举个非常简单的例子，在光滑清洁的玻璃板上滴一滴水，水滴在玻璃板上完全铺开，水对玻璃板完全润湿。如果滴的是一滴油，那么油滴会形成一球块，虽然油滴在玻璃板上也会铺开，但仅是有限铺开，而不是完全铺开，这时我们说油滴在玻璃板上能润湿。如果滴一滴水银，那么水银将形成一个球体在玻璃板上滚动，这时我们说水银对玻璃不润湿。钎料对母材的润湿与铺展也是一样的道理，焊接中的"润湿"就是熔化的钎料在准备接合的固体金属表面充分地扩散，形成均匀、平滑、连续并且附着固定的合金的过程。润湿必须具备一定的条件：首先，熔化的钎料，即液态钎料，与母材之间应能相互溶解，两种原子之间有良好的亲和力，这样钎料才能很好地填充焊缝间隙和润湿焊件金属；其次，钎料和金属表面必须清洁，只有这样，钎料与母材原子才能接近到能够相互吸引结合的距离。清洁指的是钎料与母材两者表面没有氧化层，没有污染。固体金属表面的钎料润湿情况如图 3-1 所示。

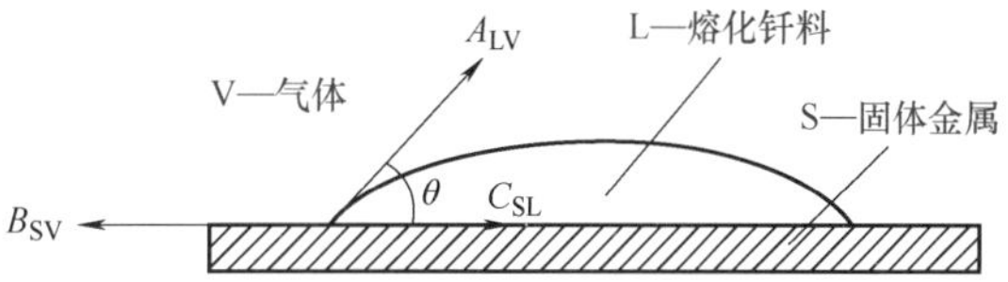

图 3-1 固体金属表面的钎料润湿情况

当固液气三相达到平衡时，可由众所周知的杨氏公式（Young Equation）来表示：

$$B_{SV} = C_{SL} + A_{LV}\cos\theta$$

式中 B_{SV}——固体和气体之间的界面张力，即固体金属和气体之间的界面张力，称为润湿力；

C_{SL}——固体和液体之间的界面张力，即熔化钎料和固体金属之间的界面张力；

A_{LV}——液体和气体之间的界面张力，即熔化钎料的表面张力；

θ——钎料附在铜板上的接触角，也叫润湿角，即钎料和母材之间的界面与钎料表面切线之间的夹角。润湿角越小，润湿力越大。

钎料的结合状态和润湿效果中，θ 的大小反应润湿情况。$\theta = 0°$ 表示钎料完全润湿母材；$0° < \theta < 90°$ 表示润湿效果良好，钎料润湿母材 $\theta = 90°$ 是润湿效果好坏的界限，表示润湿效果不太好；$90° < \theta < 180°$ 表示润湿效果不好，钎料不润湿母材；$\theta = 180°$ 表示钎料完全不润湿母材。通常电子产品焊接中，焊点的最佳润湿角：Cu-Pb/Sn 为 15°～45°。

2）表面张力。多相体系中相之间存在着界面，在不同相共同存在的体系中，由于相界面分子与体相分子之间的作用力不同，导致液体表面积具有自动收缩的趋势，结果在表面切线方向上有一种缩小表面的力作用着，这个力即为表面张力。表面张力是物质的特性，其大小与温度和界面两相物质的性质有关。表面张力的方向和液面相切，并和两部分的分界线垂直。如果液面是平面，表面张力就在这个平面上；如果液面是曲面，表面张力就在这个曲面的切面上。熔融钎料在母材金属表面也有表面张力现象，表面张力与润湿力的方向相反，是一个不利于焊接的重要因素。在自动化焊接生产线上，表面张力如果不平衡，焊接后会出现元器件位置偏移、吊桥、桥接等焊接缺陷，但是表面张力是物质的本性，是物理特性，不能消除，只能对其进行改善。尽量减小表面张力，从而提高钎料的润湿力，能达到改善焊接性能的效果。锡铅合金配比与表面张力和黏度的关系（280℃测试）见表 3-1。

表 3-1　锡铅合金配比与表面张力和黏度的关系

配比（%）		表面张力/（N/m）	黏度/mPa·s
Sn	Pb		
20	80	467	2.72
30	70	470	2.45
50	50	476	2.19
63	37	490	1.97
80	20	514	1.92

3）毛细管现象。毛细管现象又称虹吸现象，将毛细管插入水中时，水会进入毛细管，使得毛细管中的液位高于水平面，固体金属在液体中也有毛细管现象，如图 3-2 所示，它是液体在狭窄间隙中流动时所表现出来的固有特性。液体在毛细管作用下上升或下降的高度表达式如下。

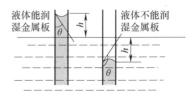

图 3-2　固体金属在液体中的毛细管现象

$$h = \frac{2\delta\cos\theta}{gpr}$$

式中　h——毛细管中液面的高度；

　　　δ——液体与气相之间（钎料）的表面张力；

　　　θ——润湿角；

　　　g——当地的重力加速度；

　　　p——液体（钎料）的密度；

　　　r——毛细管半径。

由此可以看出，液体在毛细管中上升或者下降的高度与表面张力成正比，与液体的密度、当地的重力加速度成反比，与毛细管的直径成反比。在焊接过程中，为了获得良好的焊接效果，通常需要钎料完全填满两个焊件的缝隙，由于焊件的缝隙都很小，钎料在缝隙中流动就是一种毛细管现象，钎料是否能充分地填满缝隙，取决于它的毛细管特性。其中，$\theta<90°$，即 $\cos\theta>0$ 时，液体在毛细管中上升；$\theta>90°$，即 $\cos\theta<0$ 时，液体在毛细管中下降；只有当 $\cos\theta>0$，$h>0$ 时，液态钎料才能流入缝隙。θ 越小，h 值越大，液态钎料填充的缝隙越长，反之，液态钎料不能流入缝隙中。由此可知，液态钎料能否流入缝隙取决于它对母材的润湿性。

4）扩散。首先举两个最简单的例子，在房间中某处打开装有香水的瓶子，过一会儿整个房间都会有香水的味道；将一滴红墨水滴入一个装满清水的杯子，很快一杯水就变红了。这两种现象都是扩散现象。

　　扩散是物质内质点运动的基本方式，当温度高于绝对零度时，任何物质内的质点都在做热运动。当物质内有梯度（化学位、浓度、应力梯度等）存在时，由于热运动而触发（导致）的质点定向迁移即所谓的扩散。扩散是一种传质过程，宏观上表现出物质的定向迁移。在固体中，扩散是物质传递的唯一方式，扩散的本质是质点的无规则运动。

　　在金属中同样存在扩散运动，例如我们在物理学中的一个实验，将一个铅块和一个金块表面平整加工后紧紧压在一起，经过一段时间后，两者"粘"在了一起，将它们分开之后，我们发现在银灰色铅的表面上金光闪烁，而在金块的表面上也有银灰色的铅的足迹，这种现象说明两种金属接近到一定距离是能相互"入侵"的，界面晶体紊乱导致部分原子从一个晶格点阵移动到另一个晶格点阵，交换了位置，这就是金属学上的扩散。

　　金属之间扩散要满足以下两个基本条件。

　　① 距离要足够小，即两种金属必须接近到足够小的距离，这样两种金属原子之间的引力才能产生作用，才能达到金属扩散的要求，如果金属表面不够平整光滑，不够清洁，有氧化物，那么就不能实现扩散，这也就是为什么电子产品焊接时必须加入钎剂、防氧化剂，其目的就是为了清除母材表面的氧化物。

　　② 有一定的温度，在一定温度下金属分子才会有动能，才能使得扩散进行下去，理论上"绝对零度"时是不可能进行扩散运动的，温度必须达到一定值时扩散运动才会比较活跃。

　　总体来说，扩散可分为两大类：自扩散和化学扩散。自扩散指的是同种金属间的原子移动，化学扩散指的是异种原子间的扩散。而从现象上，扩散可分为三大类：晶内扩散、晶界扩散和表面扩散。焊接中的扩散程度因钎料的成分和母材金属的种类及不同的加热温度而异。扩散可分为表面扩散、晶界扩散、体扩散和选择扩散几种类型。

　　5）焊接界面结合层焊接时，熔化的钎料向母材金属组织扩散，同时，母材金属也向钎料中扩散溶解，这种钎料和母材金属相互扩散的结果使得在温度冷却到室温时，钎料和母材金属界面上形成由钎料、合金层和母材层组成的接头结构，此结构决定焊接的结合强度。其中的合金层是钎料在母材界面上生成的，称为"界面层"，钎料层和母材层称为"扩散层"。合金层的金属成分有很多种，由于锡向铜中扩散，铅不扩散，因此形成铜-锡-铅组合，锡焊接中把 250～300℃ 称为低温焊接，此时在结合层处生成 Cu_3Sn、Cu_6Sn_5，温度高于 300℃ 时称为高温焊接，此时除了生成前两种合金之外，还生成 $Cu_{31}Sn_8$，以及很多尚未弄清楚成分的金属间化合物。这些合金在结合焊件中起着关键作用，合金的结合强度直接关系到焊点的可靠性。

　　用含锡 63%，含铅 37% 的焊锡焊接铜棒，它们接合面的结合强度和加热温度的曲线如图 3-3 所示，从图中可以看到，在温度 250℃ 左右结合强度有个最大值，此前此后结合强度都会降低，

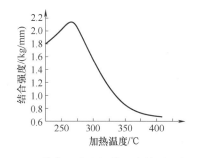

图 3-3　结合强度和加热温度的关系曲线

由此可以找到最适合的焊接温度，这个最适合的焊接温度为焊锡的熔点向上浮动 40～50℃，

在最适合的焊接温度上才能得到最好的结合强度，才能使得焊点最为牢固可靠。

合金层最佳厚度为 $1.2 \sim 3.5\mu m$，当厚度小于 $0.5\mu m$ 时合金层太薄，几乎没有抗拉强度，当厚度大于 $4\mu m$ 时，合金层太厚，结合处几乎没有弹性，抗拉强度也很小。合金层的质量与厚度有关。影响合金层质量的因素有钎料的合金成分和氧化程度、钎剂的质量、母材的氧化程度、焊接温度和时间，只有这些条件都满足了，才能获得良好的焊接效果。因此，在焊接过程中，我们要选择合适的钎料。钎剂能有效地净化母材表面，消除母材表面的氧化物、清除杂质，提高润湿性。同时，焊接时应掌握好最佳的焊接温度和时间。

2. 锡铅钎料

钎料是易熔金属，在焊接过程中，钎料在母材表面形成合金，将连接点连在一起，钎料的性能在很大程度上决定了焊接接头的质量，为了使钎料能够满足焊接要求，钎料金属必须满足以下要求。

1）钎料必须由与母材金属不同的金属组成，钎料的熔点要比母材金属的熔点低，熔化温度合适，一般钎料的熔点应该至少低于母材金属熔点几十摄氏度。

2）钎料在熔化温度时必须能很好地润湿母材金属，要具有良好的流动性，同时与母材金属之间要有良好的扩散能力和溶解能力，能很好地填充焊缝间隙，获得牢固的接头。

3）钎料组成成分要稳定、均匀，不应有对母材有害的元素存在。

4）钎料的热膨胀系数应与焊件金属接近，从而避免焊缝产生裂纹，钎料还应不易被氧化，满足焊接接头性质的要求。

钎料从温度上可以分为软钎料和硬钎料。

（1）软钎料

软钎料的熔点在 450℃ 以下，主要是以锡、铅、铋、镉、锌为基本原料的合金。软钎料特点是熔点低、塑性好、抗疲劳性能好、强度低。软钎料对应软焊接，主要用于焊接强度要求不高、工作温度不高的焊件，如焊接钢、铜、铝等及其合金。软钎料的熔化温度范围如图 3-4 所示。

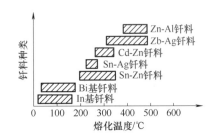

图 3-4 软钎料的熔化温度范围

常用软钎料有锡铅钎料、低熔点软钎料、耐热软钎料等，在电子产品焊接中主要采用锡铅钎料，下面对各种常用软钎料做具体介绍。

1）锡铅钎料。了解锡铅钎料首先要了解锡和铅的温度特性，纯锡是一种质软的金属，高于 13.2℃ 时是银白色金属，低于 13.2℃ 时是灰色金属，低于 -40℃ 时变成粉末状，熔点是 232℃；常温下抗氧化性强，并且容易同多数金属形成金属化合物。纯锡质脆，低温时机械性能差。纯铅是一种浅青白色软金属，熔点是 327℃，塑性好，有较高的抗氧化性和抗腐蚀性。铅属于对人体有害的重金属，在人体中积蓄能引起铅中毒。铅的机械性能也很差。

锡铅两种金属各有各的优缺点，但是锡铅合金却具备了两者都不具有的优点，而且两种合金的熔点温度与两种金属在合金中所占的比例有关，比例不同，熔点不同，性能也随之变化。焊接过程中锡与母材金属形成合金，但是铅在任何情况下几乎都不起反应，那么为什么还要加入铅呢？这是因为加入铅之后可以获得锡和铅都不具有的优良特性，有利于焊接操作，其特点如下。

① 可以降低熔点。纯锡的熔点是 232℃，铅的熔点是 327℃，而锡铅钎料的熔点是 183℃（锡占 63%，铅占 37% 时）。

② 可以改善机械特性。锡铅钎料的抗拉强度及剪切强度都比两者单独存在时要大很多，使得机械特性得到改善。

③ 可以降低界面张力。界面张力降低，钎料的润湿性能就相应得到改善，增加了流动性，表面张力和黏度的关系见表 3-1。

④ 增加了钎料的抗氧化能力，减少了氧化量。

⑤ 节约成本。锡是很贵的金属，但是铅却很便宜，加入铅之后可以降低钎料的价格，节约成本。

锡铅含量不同，锡铅钎料的物理特性则不同，不同锡铅含量的钎料物理特性见表 3-2。

表 3-2 锡铅钎料的物理特性

锡铅含量（%）		特性					
锡	铅	熔点/℃	密度/ （g/cm^3）	电导率（%） （以铜为 100%）	抗拉强度/ （kg/mm^2）	延伸率（%）	剪切强度/ （kg/mm^2）
100	0	232	7.29	13.9	1.49	55	2.02
95	5	222	7.40	13.6	3.15	47	3.15
60	40	188	8.45	11.6	5.36	30	3.47
50	50	214	8.8	10.7	4.73	40	3.15
42	58	243	9.15	10.2	4.41	38	3.15
35	65	247	9.45	9.7	4.57	25	3.36
30	70	252	9.73	9.3	4.73	22	3.47
0	100	327	11.34	7.91	1.43	39	1.39

2）各种杂质对锡铅钎料的影响。锡铅钎料的主要成分是锡和铅，但是其中还含有微量的金属杂质，这些金属杂质虽然含量很少，但是不同的杂质对钎料会产生不同的影响，下面简单介绍一下各种杂质对钎料性能的影响。

锌（Zn）：钎料中锌的含量达到 0.01%，焊点就会表现出多孔、表面晶粒粗大，钎料的流动性及润湿性会降低。所以锌是焊接中最忌讳的金属之一。

铝（Al）：钎料中的铝含量达到 0.001% 时，钎料主要表现出结合力减弱，钎料的流动性、润湿性降低，而且容易发生氧化和腐蚀。

镉（Cd）：虽然钎料中的镉可以降低钎料的熔点，使钎料的熔化区变宽，但是如果含量超过 0.001%，钎料晶粒就会变得粗大，而且钎料表面发白，失去光泽，钎料的流动性也会降低，钎料变脆。

锑（Sb）：钎料中锑的含量在 0.3%~3% 时，焊接时焊点成形非常好，含量在 6% 之内对钎料都不会造成不良影响，相反能使焊点的机械强度增加，改善钎料的性能。而且由于其可以增大钎料的蠕变阻力，因此可以用在高温钎料中。但是当钎料中锑的含量超过6%时，就会降低钎料的流动性和润湿性能，使钎料变脆，抗腐蚀性能也变弱。

铋（Bi）：钎料中的铋会使钎料熔点降低，变脆，冷却时焊点会产生裂纹。

砷（As）：钎料中即使含有很少的砷也会对钎料的性能产生影响，虽然能略微提高钎料的流动性，但是会使钎料硬度和脆性都增大，而且焊点会形成水泡状、针状结晶，钎料表面变黑。

铁（Fe）：钎料中的铁会使钎料的熔点提高，使焊接操作变得困难，而且因为铁的自身特点还会使焊点带上磁性，影响电子产品性能。

铜（Cu）：钎料中的铜使钎料的熔点提高，增大结合强度，使钎料变脆，焊点形成粒状不易熔化合物。但是钎料中含有少量的铜（1%~2%）时可以抑制焊锡对铜烙铁头的熔蚀。

磷（P）：钎料中的磷含量小时可以增加钎料的流动性，但是含量大时会熔蚀铜烙铁头。

镍（Ni）：钎料中的镍会使钎料的焊接性能降低，使钎料变脆，形成水泡状结晶的焊点。

银（Ag）：钎料中的银含量在5%以下时会使钎料的耐热性增加，但是焊接时需要活性钎剂，适用于陶瓷的焊接；含量超过5%时容易产生气体。

金（Au）：钎料中的金会使钎料呈白色，失去光泽，而且还会使钎料变脆。

3）低熔点软钎料。在焊接电子元器件的过程中，有些元器件遇热性能劣化严重，这就需要在焊接时降低焊接的温度，从而保证元器件的质量，这时就要用低熔点的钎料。低熔点钎料大多是由铋、锡、铅、镉、铟等金属组成的，这类钎料的共同特点就是熔点低，但是与母材的结合力弱，接头强度很低。同锡铅钎料相比，高铋合金钎料很脆，铟基合金的润湿性较好，在碱中有较高的耐蚀性，含铋的钎料缺点是光泽差，而且非常脆。因此应该在充分考虑各种合金钎料的特点之后再选定所需要的钎料。

4）耐热软钎料。耐热软钎料主要包括锡锌、锡银、铅银、镉银、镉锌银等合金，在这里镉银的耐热性能最好，铅银钎料次之。

（2）硬钎料

硬钎料的熔点在450℃以上。硬钎料熔点高，强度相对也比软钎料高。硬钎料常用火焰焊接，常用的硬钎料有铝基钎料、铜基钎料、银基钎料和镍基钎料。

（3）钎料的编号

1）钎料的型号。钎料型号由两部分组成，两部分之间用短划线"-"分开。钎料型号中，第一部分用一个大写英文字母表示钎料的类型，"S"表示软钎料，"B"表示硬钎料。钎料型号中的第二部分由主要合金组分的化学元素符号组成。在这部分中，第一个化学元素符号表示钎料的基体组分，其他化学元素符号按其质量分数（%）顺序排列，当几种元素具有相同的质量分数时，按其原子序数顺序排列。

软钎料每个化学元素符号后都要标出其公称质量分数，硬钎料仅第一个化学元素符号后标出公称质量分数。

每个钎料型号中最多只能标出6个化学元素符号。符号"E"标注在型号第二部分之后，用以表示是电子行业用软钎料。对于真空级钎料，用字母"V"表示，以短划线"-"与前面的合金组分分开。既可用做钎料又可用做气焊焊丝的铜锌合金，用字母"R"表示，前面同样加"-"。

软钎料型号举例如下。

S-Sn63Pb37E，表示一种含 Sn63%、含 Pb37% 的电子工业用软钎料。

S-Sn60Pb39Sb，表示一种含 Sn60%、含 Pb39%、含少量 Sb 的软钎料。

硬钎料型号举例如下。

B-Ag72Cu-V，B 表示钎料代号；Ag72Cu 表示银基钎料，含银 72%，并含有铜元素；V 表示真空级钎料。

2）钎料的牌号。钎料牌号通常采取如下编制方法。

① 字母"HL"表示钎料。

②"HL"后面的第一位数字，表示钎料的化学组成类型。

③ 牌号的第二、第三位数字，表示同一类钎料的不同牌号。

举例如下。

HL303，HL 表示钎料代号；3 表示钎料的化学组成类型为银合金；03 表示牌号编号为 03。

原冶金部的钎料编号方法如下。

① 以字母"HL"表示钎料。

②"HL"后用两个化学元素符号，表明钎料的主要组元。

③ 最后用一个或几个数字，标出除第一个主要元素外的其他主要元素的含量。

举例如下。

HLSnPb10，HL 表示钎料；Sn 表示锡基；Pb10 表示含铅，其质量分数为 10%。

HLAgCu26-4，HL 表示钎料；Ag 表示银基；Cu26 表示含铜，其质量分数为 26%；-4 表示其他合金元素质量分数为 4%。

3. 钎剂

钎剂又称作焊接熔剂或熔剂，在很多书上又写作焊剂。

焊接过程中熔化的钎料要在母材表面充分润湿和扩散，才能达到良好的焊接效果，但是润湿和扩散必须是在金属原子距离达到相互作用的原子间距时才会发生。通常使用的接线端子或导线以及元器件的引线等都是金属制品，它们都保存在空气中，很多元器件引线都存在着不同程度的氧化，而且还有可能附带污染，这样就严重影响了焊接效果。为了在焊接之前将这些氧化物和污物杂质清除干净，达到良好的焊接效果，我们必须采取一些方法来去除这些氧化物和污物，通常有机械方法和化学方法，机械方法是用锉刀或者是砂纸去除，化学方法是采用钎剂来清洗去除。

（1）钎剂的功能

1）去除母材和钎料表面的氧化膜。焊接过程中要得到一个好的焊点，被焊物必须有一个完全无氧化层的表面，只有去除氧化膜，才能使得母材和钎料的原子达到相互作用的距离，使得母材和钎料充分润湿。但金属氧化膜一旦暴露于空气中就会生成氧化层，这种氧化层无法用传统溶剂清洗，此时必须依赖钎剂。因为在焊接过程中，随着焊接温度的升高，金属表面的氧化速度会加快，所以钎剂在去除氧化物的同时，必须在焊锡及金属表面上形成一层薄的保护膜，包裹住金属，使其与空气隔绝，避免在加热过程中金属与空气接触被氧化，因此，钎剂还必须能承受高温。

2）降低钎料表面张力。钎剂的加入改善了钎料的润湿性。如果表面张力很大，钎料在母材表面就不能很好地润湿，钎剂可以去除钎料表面的氧化物，减小表面张力，有助于润湿，使钎料流动顺畅。

3）使焊点美观。钎剂的使用可以控制钎料的用量，修整焊点形状，使得焊锡表面保持色彩和光泽。

（2）钎剂的要求

了解了钎剂的主要功能，那么什么样的钎剂才能达到上述要求呢？对钎剂应该有什么要求呢？下面我们列举出钎剂需要满足的要求。

1）钎剂的熔点要低于钎料。

2）钎剂表面张力、黏度、密度要小于钎料。

3）钎剂残渣要容易清除。

4）钎剂在作用的过程中不能腐蚀母材。

5）钎剂应是无毒的。

只有满足这些要求才能是合格的钎剂。

（3）钎剂的分类

钎剂按照焊接时的温度可以分为软钎剂和硬钎剂；按化学组成可以分为无机类、有机类和树脂类钎剂。

1）无机类钎剂。该类钎剂分为酸和盐两大类，它具有较强的腐蚀性，助焊性能好。但是钎剂残渣清除困难，而且强腐蚀性也影响到焊接安全，所以在焊接中几乎不被使用，而只用在可清洗的金属制品焊接上，作为熔剂使用。

2）有机类钎剂。有机类钎剂主要有有机酸、有机卤素等，它的特点是化学作用缓和、助焊性能较好、可焊性高，但是有机类钎剂热稳定性差，存在一定的腐蚀性，而且会污染空气，在焊接之后可能会留下无活性的残留物，但是该残渣相比无机钎剂而言要容易清除得多。对热稳定性要求高的地方不适于用有机类钎剂，它一般作为活化剂与松香一起使用。

3）树脂类钎剂。在电子仪器、通信设备等设备的焊接中对钎剂的要求除了上述几点之外，还要求钎剂具有无腐蚀性、高绝缘性、长期稳定性、耐湿性和无毒性这些特点。日常使用的树脂类钎剂具备这些优良特性，使得其适用于电子设备的锡焊接中。

松香是将松树和杉树等针叶树的树脂进行水蒸气蒸馏，去掉松节油后剩下的不挥发固态物质。它是天然产物，无污染，而且松香在加热恢复到常温后又能凝固成固体，可以重复使用，由于其自身的特点使其能满足电子产品焊接中的非腐蚀性、高绝缘性、长期稳定性、耐蚀性及无毒性要求。

松香去除氧化物的过程：钎剂加热后与氧化铜反应，形成绿色透明状铜松香（Copperabiet），其溶入未反应的松香内与松香一起被清除，即使有残留也不会腐蚀金属表面。氧化物暴露在氢气中的反应，在高温下氢与氧发生反应生成水，减少氧化物，这种方式常用在半导体零件的焊接上。

将无水乙醇溶解纯松香配置成20%～30%的乙醇溶液就是松香酒精钎剂，这种钎剂的优点是没有腐蚀性，具有高绝缘性能和长期的稳定性及耐蚀性，焊接后容易清洗，并且形成的薄膜覆盖焊点，使焊点不被氧化腐蚀。在电路的焊接过程中常采用松香、松香酒精钎剂。

松香本身的清洗能力不强，因此要在松香中通过化学方法加入活化剂，制成活性钎剂。在焊接过程中，活性钎剂能去除金属氧化物及氢氧化物，使得焊接时润湿效果增强。但是活性钎剂的特性是由活性剂的种类和添加量决定的，所以有很大的差异，因此在实际应用中，我们要慎重选择，避免引起事故。

4）免清洗钎剂。传统钎剂焊接后会在印制电路板上留下残留物，残留物不仅会影响到电路的性能，它的清洗还会造成环境污染，因此，印制电路板对电气性能要求较高的时候就不能用传统的钎剂，这就产生了免清洗钎剂。免清洗钎剂焊接后避免了传统的钎剂残留物清洗污染环境的问题，它对电路性能也不会造成影响。

免清洗钎剂的特点是在制造工艺中不需要清洗，从而达到保证电路电气性能的要求。目前已经有多种免清洗钎剂面世，一般免清洗钎剂固体含量低，助焊性能和电气性能好，焊接作业后残留量极少，而且无腐蚀性。

（4）钎剂的选用

选择钎剂的时候首先考虑被焊金属材料的焊接性能及氧化、污染等，其次要考虑元器件引线所镀的不同金属的不同焊接性能，还要考虑焊接的方式和钎剂的具体用途。

对于焊接性能较强的铂、金、铜、银、锡等金属，为了减少钎剂对金属的腐蚀，选用松香钎剂。尤其是手工焊接时，用得比较多的是松香芯焊锡丝。对于焊接性能稍差的铅、黄铜、青铜等金属，不能选用松香钎剂，可选用有机钎剂中的中性钎剂。对于焊接比较困难的锌、铁、锡、镍合金等，可选用酸性钎剂，但是酸性钎剂有腐蚀作用，所以焊接完毕后，必须对残留的钎剂进行清洗。

对于手工焊接，可使用活性焊锡丝、固体钎剂、糊状钎剂和液体钎剂。但是印制电路板的自动焊接中的浸焊、波峰焊就一定要用液体钎剂。

二、手工焊接、拆焊、装配工具选用

1. 焊接工具

电烙铁是最常用的手工焊接工具之一，是用来焊接电子元器件、电气线路、五金线材及其他一些金属物体的电热器具。根据焊接操作的要求，电烙铁需要具备温度稳定、加热快、热量充足、耗电少、热效率高、温度下降少、可连续焊接、质量轻、便于操作、便于维修、结构坚固、寿命长等特点，除此之外，电烙铁还应该具备漏电流小、静电弱、对元器件没有磁性影响的性能。由于在焊接过程中要防止静电对电子元器件产生不良影响，要求烙铁头对地电阻低于2Ω，漏电电压要小于2mV，手柄需要用防静电材料制成。只有具有上述性能的电烙铁才是合格的电烙铁。由于电烙铁小巧轻便，因此应用广泛，通常焊接中采用的电烙铁都是使用220V、50Hz交流电，但是在小功率晶体管内引线焊接中应采用比较安全的24V、12V、6V的低压供电的电烙铁，避免在焊接过程中损坏元器件。

1）电烙铁的构成。电子工业设计中使用的电烙铁的典型构造主要包括烙铁头、发热元器件、手柄、接线柱、电源线、电源插头、紧固螺钉等。外热式和内热式电烙铁的结构如图3-5所示。

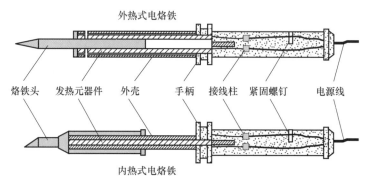

图3-5 外热式和内热式电烙铁的结构图

电烙铁各部分功能如下。

烙铁头：又称烙铁嘴、焊嘴，主要材料为铜，属于易耗品。它在电烙铁中起到热量存储和传递的作用，除了可以加热外还可以用来控制焊锡的用量和吸出焊锡。

发热元器件：又称发热芯，是电烙铁中能量转换部分，它是将电热丝平行地绕制在一根空心的瓷管上构成的，中间用云母片绝缘，引出两根导线与220V交流电源连接，将电能转换为热能传递给烙铁头，使烙铁头的温度达到合适焊接的温度，进而达到熔化焊锡，进行焊接的目的。

手柄：用木料或者胶木等绝缘、不易导热的材料制成，是电烙铁各部件中唯一直接同操作人员接触的部分，因此，手柄应该舒适、便于操作，温升越低越好。手柄有木质材料、电木材料、塑料材料，几种材料的手柄各有特点。木质材料手柄在潮湿的天气中容易受潮漏电，高温时容易开裂损坏，机械性能差；电木材料手柄导热率较高，容易造成手柄温升过高，手感差，操作时难以接受，而且电木手柄颜色单调，大多数只有黑色；耐高温塑料手柄，温升低，手感轻巧，操作性好，安全可靠，颜色鲜艳多样。

接线柱：是发热元器件和电源线的连接点。在电烙铁内部一般都有三个接线柱。接线时应用三芯线，将外壳接保护零线，一旦电热丝和外壳短路，就会使220V电源短路，烧断电源熔丝，从而起到保护人身安全的作用。

2）电烙铁的种类。常见的电烙铁有内热式、外热式、恒温式、吸锡式等形式。

① 内热式电烙铁。内热式电烙铁主要由发热元器件、烙铁头、连接杆以及手柄等组成，它具有发热快、体积小、质量轻、效率高等特点，因而得到普遍应用。

常用的内热式电烙铁的规格有 20W、35W、50W 等，20W 烙铁头的温度可达 350℃ 左右。电烙铁的功率越大，烙铁头的温度就越高。焊接集成电路、一般小型元器件选用 20W 内热式电烙铁即可。使用的电烙铁功率过大，容易烫坏元件（二极管和三极管等半导体元器件当温度超过 200℃ 时就会烧毁）和使印制电路板上的铜箔线脱落；电烙铁的功率太小，不能使被焊接物充分加热而导致焊点不光滑、不牢固，易产生虚焊。

② 外热式电烙铁。外热式电烙铁由发热芯、烙铁头、手柄等组成。发热芯由电热丝绕在薄云母片和绝缘筒上制成。

外热式电烙铁常用的规格有 25W、45W、75W、100W 等，当被焊接物较大时，常使用外热式电烙铁。它的烙铁头可以被加工成各种形状以适应不同焊接面的需要。

③ 恒温电烙铁。恒温电烙铁是用电烙铁内部的磁控开关来控制烙铁的加热电路，使烙铁头保持恒温。磁控开关的软磁铁被加热到一定的温度时，便失去磁性，使触点断开，切断电源。恒温烙铁也有用热敏元件来测温以控制加热电路使烙铁头保持恒温的。

④ 吸锡电烙铁。吸锡电烙铁是拆除焊件的专用工具，可将焊接点上的焊锡吸除，使元件的引脚与焊盘分离。操作时，先将电烙铁加热，再将烙铁头放到焊点上，待熔化焊接点上的焊锡后，按动吸锡开关，即可将焊点上的焊锡吸掉，有时这个步骤要进行几次才行。

3）电烙铁的选用。由前文可知，电烙铁的种类及规格有很多种，而且被焊工件的大小又有所不同，因而合理地选用电烙铁的功率及种类，对提高焊接质量和效率有积极的作用。如果被焊件较大，使用的电烙铁功率较小，则焊接温度过低，钎料熔化较慢，焊剂不能挥发，焊点不光滑、不牢固，这样势必造成焊接强度以及质量的不合格，甚至钎料不能熔化，使焊接无法进行。如果电烙铁的功率太大，则使过多的热量传递到被焊工件上面，使元器件的焊点过热，造成元器件的损坏，致使印刷电路板的铜箔脱落，钎料在焊接面上流动过快，并无法控制。

选用电烙铁时，可以从以下几个方面进行考虑。

① 焊接集成电路、晶体管及受热易损元器件时，应选用 20W 内热式或 25W 外热式电烙铁。

② 焊接导线及同轴电缆时，应选用 45~75W 外热式电烙铁，或 50W 内热式电烙铁。

③ 焊接较大的元器件时，如行输出变压器的引线脚、大电解电容器的引线脚、金属底盘接地焊片等，应选用 100W 以上的电烙铁。

4）电烙铁的使用方法。电烙铁使用前应先用万用表检查烙铁的电源线有无短路和开路，烙铁是否漏电，电源线的装接是否牢固，螺钉是否松动，在手柄上的电源线是否被螺钉顶紧，电源线的套管有无破损等。新买的电烙铁一般不能直接使用，要先将烙铁头进行"上锡"后方能使用。

① 新烙铁在使用前的处理。新买的烙铁一般不能直接使用，必须先对烙铁头进行处理才能正常使用。就是说在使用前先给烙铁头镀上一层焊锡，即将烙铁头进行"上锡"后方能使用。具体的方法是，首先用锉刀把烙铁头按需要锉成一定的形状，然后接上电源，当烙铁头温度升至能熔锡时，将松香涂在烙铁头上，等松香冒烟后再涂上一层焊锡，如此进行二

至三次，直至烙铁头表面薄薄地镀上一层锡为止。当烙铁使用一段时间后，烙铁头的刃面及其周围就会产生一层氧化层，这样便产生"吃锡"困难的现象，此时可锉去氧化层，重新镀上焊锡。

② 烙铁头长度的调整。经过选择电烙铁的功率大小后，电烙铁已基本满足焊接温度的需要，但是仍不能完全适应印制电路板中所装元器件的需求。如焊接集成电路与晶体管时，烙铁头的温度就不能太高，且时间不能过长，此时便可将烙铁头插在发热芯上的长度进行适当的调整，从而控制烙铁头的温度。

③ 电烙铁不宜长时间通电而不使用，因为这样容易使发热芯加速氧化而烧断，同时也将使烙铁头因长时间加热而氧化，甚至被烧"死"不再"吃锡"。

④ 电烙铁在使用时，不可将电线随着柄盖扭转，以免电源线接头部位短路。烙铁在使用过程中不要敲击，烙铁头上过多的焊锡不得随意乱甩，要在松香或软布上擦除。

⑤ 更换发热芯时要注意引线不要接错，因为电烙铁有三个接线柱，而其中一个是接地的，另外两个是接发热芯两根引线的（这两个接线柱通过电源线，直接与220V交流电源相接）。如果将220V交流电源线错接到接地线的接线柱上，则电烙铁外壳就要带电，被焊件也要带电，这样就会发生触电事故。

⑥ 电烙铁在焊接时，最好选用松香焊剂，以保护烙铁头不被腐蚀。氯化锌和酸性焊油对烙铁头的腐蚀性较大，使烙铁头的寿命缩短，因而不易采用。烙铁应放在烙铁架上，应轻拿轻放，绝不要将烙铁上的锡乱抛。

5）电烙铁的常见故障及其维护。电烙铁在使用过程中常见故障有电烙铁通电后不热、烙铁头不"吃锡"、烙铁带电等。下面以内热式20W电烙铁为例加以说明。

① 电烙铁通电后不热。遇到此故障时可以用万用表的欧姆档测量插头的两端，如果表针不动，说明有断路故障。当插头本身没有断路故障时，可卸下胶木柄，再用万用表测量发热芯的两根引线，如果表针仍不动，说明发热芯损坏，应更换新的发热芯。如果测量发热芯两根引线电阻值为2.5kΩ左右，说明发热芯是好的，故障出现在电源引线及插头上，多数故障为引线断路，插头中的接点断开。可进一步用万用表的电阻×1档测量引线的电阻值，便可发现问题。

更换发热芯的方法是，将固定发热芯引线的螺钉松开，将引线卸下，把发热芯从连接杆中取出，然后将新的同规格发热芯插入连接杆，将引线固定在螺钉上，并注意将发热芯多余的引线头剪掉，以防止两根引线短路。

当测量插头的两端时，如果万用表的表针指示接近0Ω，说明有短路故障，故障点多为插头内短路，或者是防止电源引线转动的压线螺钉脱落，致使接在发热芯接线柱上的电源线断开而发生短路。当发现短路故障时，应及时处理，不能再次通电，以免烧坏保险丝。

② 烙铁头带电。烙铁头带电除前文所述的电源线错接在接地线的接线柱上的原因外，还有就是，当电源线从发热芯接线螺钉上脱落后，又碰到了接地线的螺钉上，从而造成烙铁头带电。这种故障最容易造成触电事故，并损坏元器件，因此，要随时检查压线螺钉是否松动或丢失。如有丢失、损坏应及时配好（压线螺钉的作用是防止电源引线在使用过程中的

拉伸、扭转造成引线头脱落）。

③烙铁头不"吃锡"。烙铁头经长时间使用后，就会因氧化而不沾锡，这就是"烧死"现象，也称作不"吃锡"。当出现不"吃锡"的情况时，可用细砂纸或锉刀将烙铁头重新打磨或刮出新茬，然后重新镀上焊锡就可继续使用。

④烙铁头出现凹坑。当电烙铁使用一段时间后，烙铁头就会出现凹坑，或氧化腐蚀层，使烙铁头的刃面形状发生变化。遇到此种情况时，可用锉刀将氧化层及凹坑锉掉，并锉成原来的形状，然后镀上锡，就可以重新使用了。

6）延长烙铁头寿命的要点

为延长烙铁头的使用寿命，必须注意以下几点。

①经常用湿布、浸水海绵擦拭烙铁头，以保持烙铁头能良好地挂锡，并可防止残留焊剂对烙铁头的腐蚀。

②进行焊接时，应采用松香或弱酸性焊剂。

③焊接完毕时，烙铁头上的残留焊锡应该继续保留，以防止再次加热时出现氧化层。

7）烙铁架。为了避免加热的电烙铁烫坏工作台面以及烫坏电器的塑料外壳、电烙铁的电源导线绝缘覆皮以及塑封元器件外封装，在电烙铁闲置不用时一定要将其放置在烙铁架上。电烙铁的烙铁架结构非常简单，如图3-6所示。图中的海绵是长寿电烙铁专用的擦拭烙铁头的纤维海绵，在使用时应将海绵中加上水使海绵润湿，加水可以增加海绵的柔韧性，这样才能有效地清除烙铁头表面的附着物及氧化物，同时可以减少对海绵的损坏，增加清洁效果。如果用非润湿的海绵，不仅不能清除烙铁头表面的氧化物，还可能会导致烙铁头受损，不上锡。

图3-6　烙铁架

2. 拆焊工具

在调试、维修以及元器件焊错的情况下，都要对元器件进行拆焊更换。在对元器件进行拆焊时，需要非常仔细，否则操作方法不当会造成元器件的损坏，电路板上印制导线的断裂、起层，甚至会引起元器件相对应的焊盘脱落，尤其在拆卸集成电路模块、引线密集的IC（集成电路）芯片时更要注意。拆焊时要用到拆焊工具，拆焊工具又称作钎料吸除器，是一种维修用的工具，它的主要作用就是吸除需要拆焊的电子元器件所在焊盘上的焊锡，从而让元器件引线拆卸成功。拆焊工具通常包括吸锡器、吸锡球、吸锡带（即铜线编织带）、吸锡电烙铁、拆除集成电路用的热风枪等。这里对几种工具进行简单介绍。

（1）手动吸锡器

手动吸锡器实物如图3-7所示。

由图3-7我们可以看到，手动吸锡器主要由吸嘴、腔体、凸点按钮、胶柄活塞组成。吸锡器拆焊步骤如下。

1）先把吸锡器胶柄活塞向下压，直至听到"咔"的一声，即里面的弹簧卡住为止。

2）用电烙铁加热需要拆焊的焊点直至该焊点钎料全部熔化为止。

3）将吸锡器吸嘴蘸少许松香。

4）移开电烙铁的同时，迅速把吸锡器吸嘴贴到焊点上，并按动凸点按钮，将钎料吸进腔体内。也可采用不撤离电烙铁直接把吸锡器吸嘴贴到焊点上的方法，这样可以避免因动作缓慢所导致的熔化的焊锡又凝固的现象，但是这种操作如果不小心会导致吸锡器吸嘴损坏，所以使用时一定要注意不要让吸嘴碰到烙铁头。

（2）吸锡球

吸锡球的实物如图3-8所示。吸锡球其实就是最简单的拆焊吸锡装置，使用时只需要将球体内的空气压出一部分，然后将吸嘴贴到钎料熔化的焊点上，迅速将手松开，将钎料吸进腔体内。一次吸不干净，需要重复操作多次，直至能将元器件引线拆除为止。还有医用的空心针也可以作为拆焊工具，原理和吸锡球、吸锡器相同。

图 3-7 手动吸锡器

图 3-8 吸锡球实物图

（3）吸锡带

吸锡带又可以称为吸锡网或铜编织带，实物如图3-9所示。

吸锡带吸除焊点焊锡时，首先将吸锡带前端蘸上松香，然后将蘸有松香的吸锡带放到需要拆焊的焊点上，再把电烙铁放在吸锡带上对焊点进行加热，这样等焊锡熔化后就会被吸锡带吸走，达到拆焊的目的。如果一次焊锡没有被完全吸走，那么可以重复吸取多次，直到元器件能拆除为止。拆焊后将吸有焊锡的吸锡带剪掉，以备下次继续使用。使用吸锡带过程中要注意避免加热的吸锡带烫伤自己。

图 3-9 吸锡带

（4）热风枪

1）热风枪原理及种类：热风枪主要利用从枪芯吹出来的热风加热钎料，使钎料熔化，从而对元器件进行拆焊操作，主要用来拆焊贴片元器件和贴片集成电路，目前手机维修中热风枪的用处是非常多的。

热风枪有普通型和数显型，如图 3-10 所示，普通型热风枪主要组成部分有出风口、保护罩、主体机架、冷风入口、开关、手柄、竖立辅助点、电源线。这种热风枪的缺点是温度不稳定，风量大小也不稳定，温度会忽高忽低，风量会忽大忽小，开机时温升慢，而后温度会直线上升，在拆焊时如果稍不留神就会烧坏元器件，尤其是中央处理器（CPU）、电路板等。对于经常使用热风枪进行维修的工作人员，建议不使用此种热风枪，应选用高端数显型产品。拆焊不同元器件可以用不同的热风枪风嘴。

a) 普通型热风枪　　　　　　　　　　　　b) 数显型热风枪

图 3-10　热风枪

2）热风枪的使用步骤如下。

① 使用热风枪时首先要用小刷子之类的工具清除工作区的污物、氧化物、残留物、钎剂等。

② 选好所要用的风嘴类型，将其装到热风枪上，打开热风枪电源。

③ 确定热风枪的温度，对需要进行拆焊的元器件焊盘加入钎剂。

④ 将热风枪垂直对准元器件，距离适中。

⑤ 将元器件加热到钎料充分熔化之后用镊子将元器件夹走，放置在绝热的表面上或者是湿海绵上。

⑥ 整理拆焊的焊盘，以备下次安装元器件时使用。

⑦ 关闭热风枪电源，冷却保存。

3. 装配工具及相关设备

（1）尖嘴钳

尖嘴钳头部较细，外形如图 3-11 所示。它适用于夹小型金属零件或弯曲元器件引线。尖嘴钳一般都带有塑料套柄，使用方便，且能绝缘。

尖嘴钳不宜用于敲打物体或装拆螺母。不宜在 80℃ 以上的温度环境中使用，以防止塑料套柄熔化或老化。

（2）平嘴钳

平嘴钳钳口平直，外形如图 3-12 所示，可用于夹弯曲元器件管脚与导线。因为钳口无纹路，所以，对导线拉直、整形比尖嘴钳适用。但因钳口较薄，不宜夹持螺母或需施力较大部位。

图 3-11　尖嘴钳

图 3-12　平嘴钳

（3）斜嘴钳

斜嘴钳外形如图 3-13 所示。用于剪焊后的线头，也可与尖嘴钳合用剥导线的绝缘皮。剪线时，要使钳头朝下，在不变动方向时可用另一只手遮挡，防止剪下的线头飞出伤眼。

（4）剥线钳

剥线钳外形如图 3-14 所示。剥线钳专门用于剥有绝缘皮的导线。使用时注意将需剥皮的导线放入合适的槽口，剥皮时不能剪断导线。剪口的槽并拢后应为圆形。

图 3-13　斜嘴钳

图 3-14　剥线钳

（5）平头钳

平头钳又称为钢丝钳或老虎钳，其头部较平宽，如图 3-15 所示，常用的规格有 175mm 和 200mm 两种。平头钳一般都带有塑料套柄，使用方便，且能绝缘。它适用于螺母、紧固件的装配操作，一般适用于紧固 M5 螺母，电工常用平头钳剪切或夹持导线、金属线等，但不能代替锤子敲打零件。

图 3-15　平头钳

（6）镊子

镊子有尖嘴镊子和圆嘴镊子两种。尖嘴镊子用于夹持较细的导线，以便于装配焊接。圆嘴镊子用于弯曲元器件引线和夹持元器件焊接等，用镊子夹持元器件焊接还起散热作用。

（7）螺钉旋具

螺钉旋具又称螺丝刀，有一字式和十字式两种，专用于拧螺钉。根据螺钉大小可选用不同规格的螺丝刀。在拧螺钉时，不要用力太猛，以免螺钉滑口。

另外，钢直尺、盒尺、卡尺、扳手、小刀、锥子等也是经常用到的工具。

（8）低压验电器

低压验电器通常又称为试电笔，由氖管、电阻、弹簧和笔身等部分组成，是主要用于验证低压导体和电气设备外壳是否带电的辅助安全工具。试电笔有钢笔式和旋具式两种。常用的试电笔的测试范围是 60~500V，指带电体和大地的电位差。使用电笔时应注意以下事项。

1）使用前，一定要在有电的电源上验电检查氖管能否正常发光。

2）使用时，手必须接触金属笔挂或试电笔顶部的金属螺钉，但不得接触金属笔杆与电源相接触的部分。

3）应当避光检测，以便看清氖管的光辉。

4）试电笔不可受潮，不可随意拆装或使其受到剧烈振动，以保证其测试可靠。

三、焊接技术和焊接工艺

1. 手工焊接基本操作方法

手工焊接看似简单，其中却包含很多技巧，在电烙铁的握法、焊锡丝的拿法和电烙铁加热焊件的方法等方面都有一定的技巧，下面分别进行阐述。

（1）电烙铁的握法

电烙铁的握法有正握法、反握法和握笔法三种，三种握法如图3-16所示。

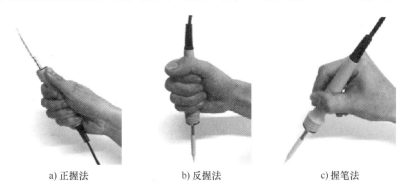

a) 正握法　　　　　　　b) 反握法　　　　　　　c) 握笔法

图 3-16　电烙铁的三种握法

1）正握法：用五指把电烙铁的手柄握在掌内，与反握法不同的是，烙铁头在大拇指侧。适用于中功率的电烙铁，弯形烙铁头一般也用此法。

2）反握法：用五指把电烙铁的手柄握在掌内，烙铁头在小指侧。此法焊接时动作稳定，操作不易疲劳，适用于大功率电烙铁，焊接散热量大的被焊件。

3）握笔法：用握笔的方法握住电烙铁，适用于小功率电烙铁，焊接散热量小的被焊件，如焊接及维修收音机、电视机等设备的印制电路板等宜采用此法。

以上是电烙铁的一般握法、广大电子爱好者、维修者可以根据自己的习惯具体选择使用何种方法进行焊接。

（2）焊锡丝的拿法

焊锡丝的拿法分为两种，一种是连续作业时的拿法，另一种是间断作业时的拿法，如图 3-17a 和图 3-17b 所示。使用焊锡丝之前首先要清除粘在焊锡丝表面的污物，一般右手拿电烙铁，左手拿焊锡丝。手指在距离焊锡丝顶端 3～5cm 处。连续作业时用拇指、食指和小指夹住焊锡丝，另外两个手指配合使用，自然收掌。这种方法在连续作业时可以连续向前送焊锡丝，不易疲劳。维修、检查焊接的某一点或几个不连续的点时采用间断作业时的拿法，如图 3-17b 所示。此种拿法比较方便，但是这种方法不能连续焊接。

a) 连续作业时焊锡丝的拿法   b) 间断作业时焊锡丝的拿法

图 3-17　焊锡丝的拿法

（3）电烙铁加热焊件的方法

用电烙铁焊接元器件时怎样才能在最短的时间内使几种金属的温度以同一速度上升，达到良好的焊接效果呢？这就需要注意加热时电烙铁和元器件的接触方法。为了与元器件有良好的热传导效果，电烙铁的方向是个重要的因素，只有有效地利用烙铁头的侧面积才能达到良好的热传导效果。但是有人为了加热迅速直接对元器件进行加压，这样做不但加速了烙铁头的损耗，而且还可能对元器件造成不易察觉的隐患，直接影响电子产品的质量。因此，烙铁头加热方法在电子产品手工焊接中是十分重要的。烙铁头和元器件接触的正确和错误的几种方法如图 3-18 所示。

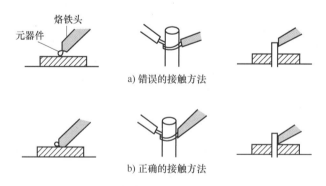

图 3-18　烙铁头和元器件的接触方法

注意事项如下：焊接时烙铁头与焊件应形成面接触而不是点接触或者是线接触，从而提高焊接效率。当烙铁头上有前一次焊接的残留焊锡时，首先需要把烙铁头的残留焊锡清除干净，然后再加热。

（4）熔化焊锡的方法

焊接过程中熔化焊锡也有一定的技巧和方法，熔化焊锡的方法如图 3-19 所示。先加热元器件引线，其方法如图 3-19a 所示，然后送焊锡丝，熔化焊锡丝；图 3-19b 所示为先将焊锡丝放在元器件引线上，然后将烙铁头放在焊锡丝上，熔化焊锡丝的方法，该方法最适合于焊接小型元器件；图 3-19c 所示为错误熔锡方法，因为焊接时所用的是带松香芯的焊锡，在该操作方法中焊锡中的松香芯已经全部分解挥发，焊锡也被氧化，这样不仅影响到焊锡的润湿效果，其产生的烟气也会影响到工作环境。

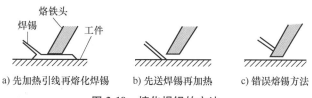

a) 先加热引线再熔化焊锡　　b) 先送焊锡再加热　　c) 错误熔锡方法

图 3-19　熔化焊锡的方法

（5）移开电烙铁的方法

焊锡撤离之后焊点完全润湿，此时需要移开电烙铁，如果继续加热会导致原来合格的焊点外观遭到破坏，外观有可能呈现无规则的粗糙颗粒状，颜色变得不明亮，可能会导致焊点不合格。如果加热时间过短会导致不完全焊接的"松香焊""电渣焊"等。因此必须等焊锡完全润湿之后才能移开电烙铁，而且移开电烙铁的方法也直接影响到焊点焊锡的多少及焊点的可靠性。移开电烙铁的方法如图 3-20 所示。

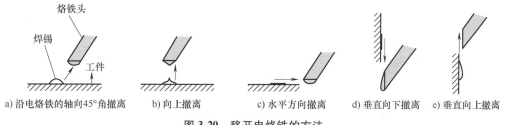

a) 沿电烙铁的轴向45°角撤离　　b) 向上撤离　　c) 水平方向撤离　　d) 垂直向下撤离　　e) 垂直向上撤离

图 3-20　移开电烙铁的方法

电烙铁撤离元器件的角度不同效果也各不相同，而且移开电烙铁的方法还直接决定了焊点焊锡量的多少，因此必须掌握好电烙铁撤离的方向问题。

（6）焊接姿势

焊接时，工具要摆放整齐，电烙铁要拿稳，保持烙铁头的清洁。将桌椅调整至适当高度，操作者挺胸、端坐，鼻尖与烙铁头的距离在 20cm 以上。

（7）焊接步骤

电子产品的手工锡焊接操作可分为两种，一种是五步焊接操作法，一种是三步焊接操作法。

1）五步焊接操作法。电子爱好初学者一般从五步焊接操作法开始训练，五步焊接操作法如图 3-21 所示。

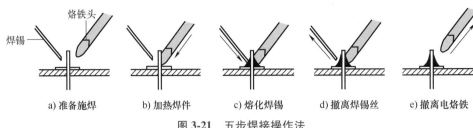

图 3-21　五步焊接操作法

a) 准备施焊　　b) 加热焊件　　c) 熔化焊锡　　d) 撤离焊锡丝　　e) 撤离电烙铁

具体操作步骤如下。

第一步为准备施焊：焊接之前首先要检查电烙铁，烙铁头要保持清洁，处于带锡状态，即可焊状态。一般左手拿焊锡丝，右手拿电烙铁，将烙铁头和焊锡丝靠近，处于随时可以焊接的状态，同时认准位置。

第二步为加热焊件：将烙铁头接触待焊元器件的焊点，将上锡的烙铁头沿 45° 角的方向贴紧被焊元器件引线进行加热，使焊点升温。

第三步为熔化焊锡：元器件引线加热到能熔化焊锡的温度后，沿 45° 方向及时将焊锡丝从烙铁头的对侧触及焊接处的表面，接触焊件熔化适量焊锡。

第四步为撤离焊锡丝：熔化适量的焊锡丝之后迅速将焊锡丝移开。

第五步为撤离电烙铁：焊接点上的焊锡接近饱满，焊锡丝充分浸润焊盘和焊件，焊锡最光亮、流动性最强时及时移开电烙铁。此时应注意电烙铁撤离的速度和方向，大体上应该沿 45° 角的方向离开，这样可以形成一个光亮圆滑的焊点。完成焊接一个焊点全过程所用的时间为 3~5s 最佳，时间不能过长。

2）三步焊接操作法。三步焊接操作法又可称为带锡焊接法，如图 3-22 所示。

a) 准备施焊　　b) 同时加热焊件和焊锡丝　　c) 同时撤离电烙铁和焊锡丝

图 3-22　三步焊接操作法

具体操作步骤如下。

第一步为准备施焊：将烙铁头接触待焊元器件的焊点，将上锡的烙铁头沿 45° 角的方向贴紧被焊元器件引线进行加热，使其升温。

第二步为同时加热焊件和焊锡丝：在待焊元器件两侧分别触及电烙铁和焊锡丝，等待元器件加热，同时熔化适量焊锡丝。

第三步为同时撤离电烙铁和焊锡丝：当钎料完全润湿焊点之后迅速拿开电烙铁和焊锡丝，焊锡丝移开的时间应该略早于电烙铁或者是和电烙铁同时移开，而不得迟于电烙铁移开的时间，否则焊点温度下降，焊锡凝固焊锡丝粘连在焊点上，导致焊接不成功。

五步焊接操作法是焊接的基本操作步骤，相比于五步焊接操作法，三步焊接操作法在焊接过程中速度更快，节省操作时间。但是初学者不应急于求成，直接用三步焊接操作法进行焊接。焊接时对于热容量大的元器件必须严格遵守五步焊接操作法。

3）左手两用法。通过以上介绍可以看到，在基本焊接操作方法中都是一手拿焊锡丝，一手拿电烙铁进行焊接操作。在给导线或者引线上锡时，通常需要将引线或者导线固定，然后再进行焊接操作，这种操作费时费力。如果此时左手既能拿焊锡丝又能拿导线，一只手当两只手用，那将会使焊接操作方便很多，并能节省操作时间。下面介绍一种将左手当两只手用的焊接操作方法。

焊接时的具体操作方法如图 3-23 所示，用大拇指和食指夹住导线，用食指和中指夹住焊锡丝，用中指向前送焊锡丝。这种操作方法看起来很难学，但是大部分人经过一段时间的练习都能学会，并且操作自如。

练习左手两用法时，首先练习在食指上前后活动中指，然后再夹上焊锡丝进行练习。直到学会用中指向前送焊锡丝，然后加上导线，再拿电烙铁练习焊接操作。初学者短时间会不习惯只用左手，可以借助右手帮助练

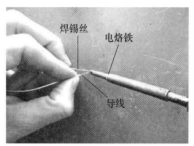

图 3-23　左手两用法焊接

习，很快就能掌握该种操作方法。该方法的优点是能够进行精密焊接操作、节省时间、提高工作效率。

2. 焊接前的准备工作

（1）焊接工具及辅助工具的准备

进行焊接操作之前，首先要对焊接环境进行清理，工作台面要干净、整洁，准备好各种焊接工具及拆焊工具，以及镊子、剪刀、斜嘴钳、尖嘴钳、钎料、焊剂等辅助工具，并能正确使用这些工具。

按照要求准备好元器件，检查元器件型号、规格及数量是否符合图样要求。

对于钎料的选择及电烙铁的选择，要根据施焊元器件选择焊锡丝的直径，并选择合适功率的电烙铁，应对电烙铁进行检查，保证电烙铁完好，能正常工作。

除此之外，还要对元器件进行可焊性处理、引线成形以及元器件的插装工作。

（2）焊接之前的清洁工作

1）待焊件的清洁。镀锡之前首先要对镀面进行清洁，这样有助于提高镀锡的可靠性，清洁主要是对附着在焊件表面的锈迹、油迹、附着物等进行清洁，可以用酒精进行清洁，如果锈迹或者是污物严重，可以用砂纸打磨或者用机械方法去除，也可将断锯条自制成小刀，刮去金属引线表面的氧化层，使引线露出金属光泽。

2）印制电路板的清洁。焊接前，还应对电路板进行焊前处理，用砂纸打磨使电路板焊点部位露出金属光泽，然后将处理部位涂上一层松香酒精溶液。

（3）元器件镀锡

元器件可焊性的处理其实就是对经过清洁处理后的元器件引线进行镀锡的工作，镀锡在手工焊接操作中是一道非常重要的工序，只有对元器件焊接表面进行可焊性处理，才能提高

焊接的可靠性和速度，减少焊接缺陷的发生。对于不同元器件的表面清理方法也不相同，在镀锡之前要注意。镀锡时元器件引线的表面要与焊锡的熔化温度接近，不能太低也不能太高，太低焊锡镀层效果不好，太高容易损坏电子元器件。而且在镀锡过程中要使用有效的焊剂，一般用焊锡丝进行镀锡的时候选择有松香芯的焊锡。对于小批量的生产，镀锡不能再用焊锡丝一个一个进行镀锡，可以选择用锡锅进行镀锡处理，需要注意的是，要保持焊锡在合适的温度，不能太高也不能太低，否则熔化的焊锡表面很快就会被氧化。对多股导线进行镀锡要注意在镀锡过程中剥取导线外层绝缘皮时不能伤到内层导线，而后要将多股导线很好地绞合在一起，镀锡的时候要留有余地，不能让焊锡浸入绝缘层内部，最好是在距绝缘覆皮端部留有 1~3mm 的间隔，这样不仅有利于检查导线是否有断股现象，而且方便导线穿管。镀锡时先将元器件引线蘸一下松香酒精溶液，然后将带锡的热烙铁头压在引线上，并转动引线，即可使引线均匀地镀上一层很薄的锡层，若是多股金属丝导线，应该先拧在一起，然后再镀锡。

（4）元器件引线成形

元器件引线成形在手工焊接中也是一个关键步骤，元器件购买时引线的形状是固定的，但是这个形状一般不能满足焊接需求，需要在焊接之前对元器件引线进行加工，也就是元器件引线成形这一步骤。

元器件引线成形需要注意以下几点。

1）所有元器件的引线都不能从根部进行弯曲，因为这样操作很容易折断元器件引线，一般应该在元器件根部留有 1.5~2mm 的空间，引线弯曲要求如图 3-24 所示。

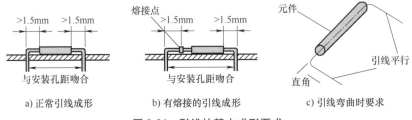

图 3-24　引线的基本成形要求

2）引线弯曲的角度最好不成直角，应该是具有一定弧度的，弧度大小为引线直径的 1~2 倍。

3）为了方便元器件调试、维修，最好将元器件有字符的一面置于便于观察的位置。

（5）元器件的插装

元器件引线成形之后需要进行插装，插装方法如图 3-25 所示。紧贴插装如图 3-25a 所示，其优点是稳定性好，插装方便、简单，但是这种插装方法不利于元器件的散热，对于有散热要求的元器件不适合，而适合有高度限制的产品。非紧贴插装如图 3-25b 所示，一般产品如果对高度没有明显的限制，可以采用此插装方法，这种插装有利于元器件的散热，但是插装时需要控制元器件的高度，保证产品的美观，因此给插装带来一定困难。立式插装如图 3-25c 所示，对于空间有限的产品也可以采取此插装方法。对于这三种插装方式，如果没有特殊要求，一般采取贴板安装。安装的时候要注意元器件字符标记方向应该一致，这样方便辨识和操作；安装时尽量不用手去碰触元器件引线和覆铜，避免接触氧化，如果为了焊接方便还可将引线进行折弯处理，但是这样对于以后的拆焊工作来说是不合适的，因此可以使用木板协助进行焊接操作。

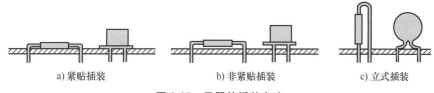

a) 紧贴插装　　　　　　　b) 非紧贴插装　　　　　　　c) 立式插装

图 3-25　元器件插装方法

（6）安全准备

在焊接之前还要准备适量烫伤药品，因为在焊接过程中有可能会发生烫伤事件，用过电烙铁的人很多都有被烫伤的"经验"，稍不注意就可能被烫伤。电烙铁的温度一般会达到300℃，只要手或其他部位皮肤碰触到烙铁头就会被烫伤，而且在焊接过程中，如果甩电烙铁，也可能会被甩落的焊锡烫伤。所以操作人员要准备烫伤类药品，或者在烫伤时用冷水洗、用湿毛巾敷。

3. 焊接工艺要求

（1）焊接操作的基本要领

对于电烙铁的基本操作要领，笔者在多年使用电烙铁手工锡焊过程中总结出"刮、镀、测、插、焊、剪、查、擦、装"九字法。

1）刮：电子产品焊接之前需要进行预处理，刮就是其中的第一步。对元器件进行清洁除氧化物的处理，用小刀或锉刀、砂纸轻轻地除去电子元器件表面的绝缘层、氧化物及污物，直到露出元器件内层金属为止。对于镀金、银等的引线不能采用刮的方法去除氧化物，应该用橡皮或清洁的布块清除掉表面污物，对于集成芯片，由于其是密封包装，在使用之前可以不对其进行处理，但是要确保使用之前不将其弄脏。对于印制电路板上的焊点，用砂纸将其打磨，除去污物及氧化物之后涂抹上松香酒精溶液，等待使用。

2）镀：电子产品进行焊前预处理之后需要对其进行第二步操作——镀。镀就是对这些处理好的引线、焊盘等进行上锡操作。首先将处理好的元器件涂上焊剂，之后用电烙铁进行上锡处理，主要目的就是避免已经处理好的引线暴露在空气中被再次氧化，提高元器件的可焊性，避免形成虚焊、假焊等不良焊点，影响产品质量；对于少量元器件引线镀锡可采取直接用电烙铁进行镀锡的方法，对于大量元器件引线镀锡可采用焊锡锅进行镀锡的方法。

3）测：就是对镀过锡的电子元器件进行测量、检查，这样可以避免不合格元器件的出现，检查出元器件经过电烙铁高温镀锡之后是否损坏或者性能变差，尤其是对电容器、晶体管及一些耐热性差的元器件更要仔细检查。只有检查之后质量可靠的元器件才能使用，否则应更换新的元器件。

4）插：就是将合格元器件按照一定的顺序插装到电路板上的过程。这个过程中一定要仔细，避免弄错元器件。

5）焊：就是对所有插装好的元器件进行焊接的过程。

6）剪：即将焊接好的电子元器件插件的引线用斜嘴钳或其他工具剪短，这样可以避免焊接后元器件引线过长引起桥接等现象的发生，而且可以使其满足装机高度的要求。注意剪短之前用镊子转动引线，要确认引线不松动，焊接合格。

7）查：就是检查焊接好的印制电路板的过程。这个过程必不可少，首先进行目测，可以检查出明显不合格的焊点，其次通电检查，可以检查产品是否合格，是否满足电气要求，如果不满足要求可能是元器件插装焊接错误，或者是电子元器件在经过电烙铁的高温焊接之后损坏。查是保证产品质量的必要步骤，尤其在电子产品的研发阶段更是不可缺少。

8）擦：全部检查之后，需要将印制电路板焊盘上可能遗留的少量焊剂清除，因为遗留的焊剂会保持少量活性并且会吸潮，并吸附灰尘，这样会导致产品性能受影响，引起故障，对于烧黑烧焦的助焊剂遗留物更应清除，因为这些炭化材料可能会导电，导致不合格焊点的产生。

9）装：一切检查合格之后，需要将电子产品安装到准备好的设备外壳中，形成一个合格的电子产品。

（2）焊接之后的处理

电子产品焊接之后需要对电路板进行清洁处理，用布蘸取工业酒精进行擦拭，直到印制电路板上没有残余的焊剂及其他污物，光亮为止，以防炭化后的焊剂影响电路正常工作。而后对印制电路板进行检查，检查焊点、电路，看是否满足所要求的电气性能，进而进行装机处理。

第二节　元器件焊接方法与质量

一、常用元器件的焊接和拆焊方法

1. 导线的焊接方法

导线的焊接与元器件的引线焊接有所不同，导线焊接不良如图 3-26 所示。虚焊（图 3-26a）是由于芯线润湿困难而产生的不良现象，其原因是芯线未进行预上锡处理，或者虽然经过预上锡处理，但放置过久表面已经被氧化或者被污染。发生这种现象时，需要再次进行预上锡处理。导线芯线过长如图 3-26b 所示，裸露在焊点外面的没有覆皮的导线过长，容易导致导线折断，并且在设备中容易导致和其他焊点搭接短路。焊锡漫过绝缘覆皮的现象如图 3-26c 所示，这种现象是导线末端加工的长短不合适造成的，在钩接连线和绕接连线时也容易发生这类不良现象。覆皮烧焦如图 3-26d 所示，原因是烙铁头碰触到了导线的绝缘覆皮，导致绝缘覆皮烧焦，所以在焊接时不仅要注意被焊导线，也要注意工作环境周围的导线。覆皮熔化如图 3-26e 所示，主要原因也是在焊接过程中烙铁头碰触到了覆皮。芯线有断丝如图 3-26f 所示，这种现象是加工切割覆皮时工具划伤造成的，这样的不良现象往往带有普遍性，所以一旦发现一根导线有断丝，就要注意其他导线是否也有这种情况。绝缘覆皮破裂如图 3-26g 所示，可能是绝缘覆皮剥取过程中划伤覆皮导致的。甩丝如图 3-26h 所示，这是捻头过松导致的，如果将甩丝的芯线剪掉会影响到导线的机械强度，如果重新焊，即将甩丝的芯线重新进行捻线处理也有一定的难度，因此，在焊接时要注意这种不良现象。焊锡沿芯线浸入绝缘覆皮内如图 3-26i 所示，这种现象是焊接时过热引起的，外皮绽开是因为芯线和外皮配合不好，对于焊锡沿芯线浸入覆皮内有两种看法：一种意见认为容易造成根部折断，是缺点，相反，另外一种意见认为能增强根部机械强度，是优点。芯线散开如图 3-26j 所示，这是在焊接时烙铁头压迫芯线造成的，将导致导线的强度降低，焊接过程中焊锡不是靠压力熔化的，所以焊接时烙铁头应该轻轻地放在焊锡丝上。在导线的焊接过程中要注意避免各种不良焊接现象的发生，保证导线焊接成功。

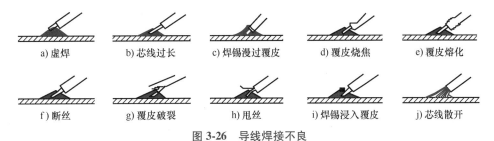

a) 虚焊　　b) 芯线过长　　c) 焊锡漫过覆皮　　d) 覆皮烧焦　　e) 覆皮熔化

f) 断丝　　g) 覆皮破裂　　h) 甩丝　　i) 焊锡浸入覆皮　　j) 芯线散开

图 3-26　导线焊接不良

（1）导线与导线的焊接方法

导线与导线之间的焊接有三种基本形式：搭焊、钩焊和绕焊。

搭焊：将镀过锡的导线搭接到另外一根镀过锡的导线上。这种方法最简单，但是强度最低、可靠性最差，仅用于维修调试中的临时接线或者是不方便绕焊、钩焊的地方以及一些插件长的焊接。搭焊时需要注意从开始焊接到焊锡凝固不能松动导线，如图 3-27a 所示。

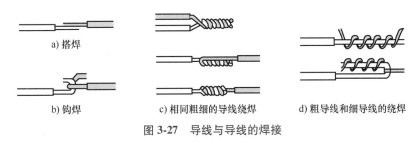

a) 搭焊

b) 钩焊　　c) 相同粗细的导线绕焊　　d) 粗导线和细导线的绕焊

图 3-27　导线与导线的焊接

钩焊：将镀过锡的导线弯成钩形，连接在一起并用钳子夹紧之后焊接，如图 3-27b 所示。钩焊的强度低于绕焊，但是操作简单方便。

绕焊：将镀过锡的导线缠绕拉紧后进行焊接。导线的粗细不同，绕焊方法不同，如果导线有粗有细，可将细导线缠绕到粗导线上，如果导线同样粗细，可采用扭转并拧紧的方法。具体缠绕方法如图 3-27c、图 3-27d 所示。绕焊的可靠性最高，因此在导线与导线的焊接中一般采用绕焊方法。

导线之间的连接以绕焊为主，绕焊的操作步骤如下。

1）根据要求将导线去掉一定长度的绝缘覆皮。

2）对导线进行预焊处理。

3）将导线套上合适直径的热缩管。

4）将两根或者是多根导线绞合，并进行焊接。

5）趁热将热缩管套上，待焊接处冷却后热缩管固定在导线的接头处。

（2）导线与接线柱、端子的焊接方法

接线柱是为了方便焊件与导线的焊接而用的零件，它实质是一段封在绝缘材料里的金属片，两端都有插孔可以插入导线进行焊接，有的接线柱上有螺钉用于紧固或者松开，适合于大量的导线互联。接线柱的种类很多，有片状、柱状、管状等，其中带孔的片状称为开孔状，带切口又称为开口状。柱状接线柱为了钩绕导线、方便焊接开有沟槽，管状接线柱也有双侧开槽的和单侧开槽的。

导线与接线柱、端子的焊接方法也分为搭焊、钩焊和绕焊，如图 3-28 所示。

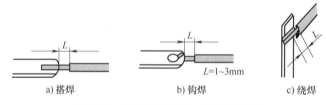

a) 搭焊　　　　　　　　b) 钩焊　　　　　　　　c) 绕焊

图 3-28　导线与接线柱、端子的焊接

绕焊：经过上锡的导线端头在接线端子上缠绕一圈，再用钳子将缠绕的导线拉紧，之后进行焊接操作。绕接时，导线在接线柱的周围相对于接线柱应垂直缠绕，绕线必须整洁牢固，否则焊接时如果缠绕处松弛，焊接处将会由于导线松弛引起松动而无光泽，还会造成虚焊。绕接后多余的导线应该用斜嘴钳剪掉。

钩焊：将上过锡的导线端头弯成钩形钩在接线端子上，用尖嘴钳夹紧之后再进行焊接工作。注意导线与接线端子的接头不能松动。钩焊的焊接强度低于绕焊，但是焊接简单容易操作，所以在不需要特别高强度的场合采用钩焊的方法更方便。

搭焊：把经过上锡的导线端头搭接到导线端子上进行焊接，搭焊是最简单的焊接方法，但是强度及可靠性最差，适用于维修调试及临时需要焊接的地方或者是不便缠绕的地方，不能用于正规产品的焊接中。

2. 印制电路板的焊接

（1）印制电路板焊接时电烙铁的选择

印制电路板的焊接应选用 20～40W 的电烙铁，如果电烙铁功率过小，则焊接时间较长，如果电烙铁功率过大，则容易使元器件过热损坏，这都会影响到元器件的性能，还会引起印制电路板上的铜箔起皮，印制电路板起泡、烧焦。烙铁头的形状选择以不损伤电路元器件、印制电路板为原则。对于引线密集的 IC 最好选用圆锥形烙铁头。

（2）印制电路板上着烙铁的方法

加热时烙铁头应能同时加热焊盘和元器件引线，采用握笔法持电烙铁，小手指垫在印制电路板上，在焊接时不仅可以稳定印制电路板，还能起到支撑稳定电烙铁的作用，采用此法握电烙铁可以随意调节电烙铁与焊盘及引线的接触面积、角度及接触压力。当铜箔引线都达到焊锡熔化温度后，在烙铁头接触引线的部位先加少许焊锡，再稍微向引线的端面移动烙铁头，在引线的端面上再一次填入焊锡，而后像画圆弧一样，一点一点地朝着引线打弯的相反方向移动电烙铁和焊锡，最后依次从印制电路板上撤掉焊锡丝和电烙铁，完成焊接操作。对于引线插装后未打弯的元器件，可以在烙铁头上加少许焊锡再去加热引线和焊盘，待到引线和焊盘都加热后，将焊锡从引线与电烙铁相对一侧加入，焊接完毕后先撤离焊锡后再撤离电烙铁。

（3）印制电路板上元器件的焊接

1）电阻器的焊接。按电路图找好合适阻值的电阻的装入规定位置，插装时要求标记向上，字向一致，这样不仅看起来美观，而且便于检查和维修。插装完同一阻值的电阻之后再装另一阻值电阻，不仅可以避免来回找电阻的麻烦，也避免漏装电阻。插装时电阻器的高度要保持一致。引线剪断工作可根据个人习惯在焊接之前或之后剪断。

2）电容器焊接。按电路图找好合适电容值的电容器，装入规定位置，对于有极性的电容器，安装时要注意极性，"+"与"−"极不能接反，电容器上的标记方向也要清晰可见。先装玻璃釉电容器、有机介质电容器、瓷介电容器，最后装电解电容器。

3）二极管的焊接。按电路图找好合适的二极管装入规定位置，要注意二极管的极性不能装错，二极管上的标记要清晰可见。对于立式二极管，最短引线焊接的时间不能超过 2s。

4）晶体管焊接。晶体管焊接之前要查清引线 e、b、c 的顺序，安装时注意 e、b、c 三引线位置，插接要正确，焊接时用镊子夹住引线，此时的镊子是用来散热的，焊接时间尽可能短。焊接大功率晶体管需要安装散热片时，散热片的表面一定要平整、光滑，在元器件与散热片之间要涂上硅胶，以利于散热，而后将其紧固。如果要求加垫绝缘薄膜，要记住将绝缘薄膜加上。

5）集成电路焊接。首先按电路图样要求，检查集成电路型号、引线位置是否符合要求。焊接时先焊边缘对角线上的两根引线，以使其定位，然后再按从左到右、自上而下的顺序逐个焊接引线。对于电容器、二极管、晶体管裸露在印制电路板面上的多余引线均需剪去。

3. 拆焊

电子产品焊接错误以及焊接完成后的调试、试验、检验过程都需要对元器件进行拆焊操作，拆焊就是把已经焊接在电路板上的装错、损坏、需要调试或维修的元器件拆下来更换的过程，拆焊也叫解焊。拆焊需要一定的技巧和耐心，否则过度加热或者拉拽元器件都有可能导致元器件损坏或者是焊盘脱落等现象发生。好的拆焊技术，能保证调试、维修工作顺利进行。

（1）拆焊原则

1）拆焊时不能损坏元器件、导线。

2）拆焊时不能损坏印制电路板上的印制导线和焊盘，也不能损坏印制电路板本身。

3）如果确定要拆除的元器件不再使用可以采取先剪去要拆除的元器件的引线，再去除焊点上余留的引线及焊锡，这样可以避免损坏其他元器件，而且也能提高拆焊速度。对于引线多的元器件，确定元器件舍弃不用可以采取将元器件损坏，而后逐个拆掉元器件引线的方法进行拆焊。

4）拆焊过程中不能损坏其他元器件，不能拆动其他元器件，如果避免不了，拆动之后要尽量恢复原样。

（2）拆焊工具

拆焊常用的工具有电烙铁、镊子、偏嘴钳、医用空心针头、铜编织带、气囊吸锡器、吸锡器、吸锡绳、吸锡电烙铁、热风枪等。

（3）拆焊插件方法

1）用镊子拆焊。用镊子进行拆焊是最简单的拆焊方法，是印制电路板上元器件最常用的拆焊方法，适合于在没有专用拆焊工具的情况下进行。

用镊子进行分点拆焊最合适，当要拆焊的元器件数量不多，而且拆焊的焊点距离较远时，最适合用这种方法，该方法适用于拆焊插装的电阻、普通电容、电感等元器件。

2）分点拆焊的拆焊步骤如下。

① 将电路板直立起来，最好用工具固定住，如没有工具可用手扶稳。

② 用镊子在元器件面夹住元器件的一根引线，用电烙铁对焊接面该引线所在焊盘进行加热。

③ 当焊盘上的焊锡全部熔化后，用镊子将该焊盘上的引线轻轻拉出。

④ 用同样的方法拆除元器件的另外一根引线。

⑤ 焊盘上剩余的多余钎料可在拆焊的同时轻磕印制电路板将其去除，这种方法要注意安全，避免甩出的钎料烫伤工作人员，也可以用烙铁头将多余的钎料吸走，但是这样可能达不到焊点通畅。

3）集中拆焊引线相对少的元器件。集中拆焊适合于拆焊印制电路板上引线之间距离较近的元器件，如晶体管等，具体步骤如下。

① 将电路板直立起来，最好用工具固定住，如没有工具可用手扶稳。

② 用镊子在元器件面夹住元器件。

③ 用电烙铁对需要拆焊的元器件的各个焊点迅速交替加热，使焊点焊锡同熔化。如果人员够用，可以两个工作人员协同操作，用两把电烙铁加热元器件，但是此时一定要注意动作必须迅速，以避免烫坏元器件。

④ 焊点焊锡熔化后，用镊子轻轻将元器件拉出。

⑤ 焊盘上剩余的多余钎料的清除方法同分点拆焊步骤。

4）集中拆焊拆卸集成电路。在没有热风枪的前提下，拆焊集成电路用这种方法比较合适。用这种方法拆焊下来的集成电路一般不允许再次使用。该方法步骤如下。

① 用电烙铁熔化较多焊锡，将元器件其中一侧的引线全部连接在一起。

② 用镊子夹住待拆焊元器件。

③ 用电烙铁对被拆焊点连续加热，将该侧所有焊点焊锡熔化。

④ 待该侧焊点焊锡全部熔化之后，用镊子轻轻将该侧引线全部拉出。

⑤ 用同样的方法拆焊元器件剩余侧面的引线。

⑥ 清理焊盘方法同分点拆焊步骤。

5）拆焊注意事项如下。

① 元器件拆焊之后不能用手去碰触元器件，需要等待元器件降温之后方可碰触，避免烫伤。

② 用镊子将引线拔出的时候动作要轻，不能用力拉、摇、扭、拽等，这样会使元器件性能下降，尤其是塑封、陶瓷等元器件，而且还可能会损坏焊盘，印制导线。

③ 拆焊时不能用手拿元器件，其一是避免烫伤，其二是在拆焊集成电路时用手触摸会使元器件引线氧化。

④ 安装新的元器件时需要将焊盘插线孔中的焊锡清除干净，否则在重新安装元器件时容易造成印制电路板的焊盘翘起。

清除焊盘插线孔焊锡的方法。

① 可以用适合粗细的缝衣针或者钢丝，将缝衣针或者钢丝蘸上松香水后从电路板的非焊盘面插入孔内，然后用电烙铁对焊盘插线孔加热，等待焊锡熔化后将缝衣针或者钢丝穿出，即可清除孔内钎料。

② 用吸锡器吸除，焊锡太少不容易清除可以采取重新加焊锡的方法，然后用吸锡器吸除，这样做的缺点是如果反复多次容易损坏焊盘。

③ 用吸锡带吸除，将吸锡带蘸上松香水之后放置在焊点上，用电烙铁在吸锡带上加热，等到熔化的焊锡都进入吸锡带中即可，可以这样重复操作几次直到达到满意效果为止。

虽然这三种方法都可以将插线孔内的焊锡吸走，但是可以看出，第一种方法是最经济实用的方法，第二种方法会浪费焊锡，而且还有可能损坏焊盘，第三种方法中的吸锡带是铜丝编制的，价格不低，这样增加了制作及维修的成本，而且吸锡带是一次性用品，用过一次之后就不能再继续使用。

（4）拆焊注意事项

1）拆焊时一定要用镊子或者其他工具将元器件取下，不能用手去拿，避免烫伤。

2）拆焊过程中，避免熔化的钎料或者焊剂飞溅到其他元器件、引线或者人身体上，避免烫坏元器件，烫伤工作人员。

3）烙铁头粘有焊锡时不能用力去甩，避免烫伤。

4）焊锡熔化之后需要立刻轻轻拉出元器件，避免时间过长烧坏元器件，也避免用力过猛损坏元器件本身和其他元器件以及印制电路板。

5）在拆焊过的焊盘上安装新的元器件时一定要将焊盘清理干净，避免在安装新的元器件时引起焊点不良或者焊盘以及印制导线翘起等现象。

二、焊接质量

1. 焊接检验

（1）焊接缺陷

焊接操作结束后，为了使产品具有可靠的性能，要对焊接工作进行检验。焊接检验一般是进行外观检验，不只是检验焊点，还要检查焊点周围的情况，例如由于焊接而派生出来的问题。接线柱布线焊接的检验，就是从焊接的状态查起，检查所用导线的绝缘外皮有无破损，接线柱有无伤痕，钩焊的导线钩挂的弯曲程度和松紧状态，各部位有无脏点等。电气性能检查中发现的电子元器件性能损坏，有很多是焊接不良引起的。

电子产品的焊接主要是用在电气连接上。电气连接有缺陷的产品，必须进行维修，排除其缺陷。

焊接缺陷包括电气连接缺陷和外观有缺陷而无电气连接缺陷两种情况。对于具有第一种缺陷的产品的处理方式前面已提及。但为什么把外观有缺陷而无电气连接缺陷的产品作为有焊接缺陷的产品来对待呢？那是因为具有这类缺陷的产品受环境条件影响而出现电气故障的危险性极大，即这类缺陷是造成电气故障的隐患。对于外观检验时具有连接功能，但将来受使用环境影响，可能丧失连接功能的这类焊点，也要作为缺陷处理。因此，以为暂时粘上钎料具有连接功能就行了的检查方法是很不够的。

通过目视外观检验和电性能检验发现的缺陷称为明显缺陷。所谓明显缺陷，就是利用某种方法通过视觉能够寻找到的形状和光泽等表现在外观上的缺陷，即能够通过目视检验和电性能检验的方法发现的缺陷。

（2）焊接的外观检验

外观检验也称目视检验，即从外观上检查焊接质量是否合格。该项检验的内容大致可分为功能缺陷和外观缺陷两种。

很明显，功能缺陷很容易判断，但是要找到具体出现故障的部位却很困难。

相反，外观缺陷容易发现，但是这种缺陷却不容易判断。所以要制定出判断焊接好坏的标准，并培训检验人员，使他们能做出一致的、准确的判断。

外观检验除用目测（或借助放大镜、显微镜观测）检查焊点是否合乎典型焊点的四条标准外，还包括检查以下各项：①漏焊；②钎料拉尖；③钎料引起导线间短路（即所谓"桥接"）；④导线及元器件绝缘的损伤；⑤发热体与导线绝缘皮接触；⑥布线整形；⑦钎料飞溅；⑧线头的放置等。对于单靠目测不易发现的缺陷，可采用指触检查、镊子轻轻拨动，检查有无导线脱出、导线折断、钎料剥离、松动等现象。

（3）外观检验的判断标准

焊接检验首先要看钎料的润湿情况和焊点的几何形状，然后以焊点的亮度、光泽等为主进行检查。

钎料的润湿情况一般采用由固体金属面和熔化钎料凝固后形成的接触角来判断。

结合部位的几何形状也是重要的评价对象。根据结合部位的形状可以判断焊点能否满足电气特性和机械强度的要求。此外，还要从总体上看，判断钎料量是否合适。根据上述情况可以归纳出典型焊点的外观。

两种典型焊点的外观如图3-29所示，其共同要求如下。

1）外形以焊接导线为中心，匀称、呈裙形拉开。

2）钎料的连接面呈半弓形凹面，钎料与焊件交界处平滑，接触角尽可能小。

3）焊锡量适中，表面有光泽且平滑。

4）无裂纹、针孔、夹渣、拉尖、浮焊等焊接缺陷。

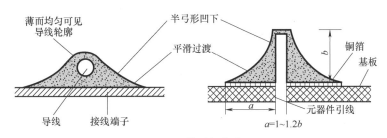

图3-29　典型焊点外观

总之，质量好的焊点应该是焊点光亮、平滑，钎料层均匀薄润，且与焊盘大小比例适当，结合处的轮廓隐约可见，钎料充足，呈裙形散开，无裂纹、针孔和钎剂残留物。

（4）焊接的电性能检验

电性能检验的目的是检查生产出的产品是否能按要求的条件准确无误地工作。通过电性能检验查出的影响产品功能的缺陷中，直接与焊接有关的内容包括两个方面，即元器件不良和导通不良。

元器件不良是由焊接造成的元器件损坏。导通不良包括电路开路、短路、断续导通等。特别是还有这样的实例，即在外观检验时未能发现的影响产品性能的缺陷，但在电性能检验中却可以查出来。例如能够查出外观检验不能发现的焊接处的微小裂纹和印制电路板上极细的钎料桥接缺陷等。

插装在印制电路板上的元器件，若其引线根部出现了微小裂纹，在通电后的短时间内电路无任何异常，但经过几十分钟后，电路就会断路，或者过一会儿又导通，这种现象重复发生。出现这种现象时，可用"加振试验法"，即用小橡胶锤子轻轻敲打印制电路板，通过观察显像管上的波形或听噪声来检查有无异常。电性能检验中发现的各种明显缺陷如图3-30所示。

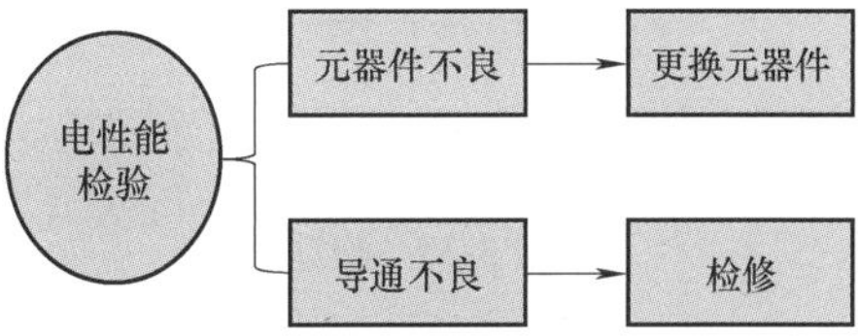

2. 接线柱布线的焊接缺陷

（1）与环境有关的焊接缺陷

焊接检验的结果是失去连接作用的产品应立即按不合格品处理。那么现在虽有连接作

图3-30　电性能检验中的明显缺陷

用，以后环境条件恶化会失去连接作用的焊接缺陷有哪些呢？这些缺陷产生的原因又是什么呢？这一小节我们就来探讨一下这个问题。

1）松香焊。松香焊这种缺陷通常发生在接线柱和元器件引线或导线的端部，主要是勾焊导线与接线柱之间的焊接膜导致电气连接不良造成的。电路虽然暂时能够导通，但是随着使用时间的增加会因导通不良而造成电路的开路，如图 3-31 所示。这种缺陷的产生原因可能是接线柱或被焊元器件引线或导线金属表面氧化，工序的预焊不充分，或者是接线柱和被焊元器件引线/导线的某一方加热不够。

2）虚焊。具有这种焊接缺陷的焊点表面无光泽，失去了钎料应有的金属光泽和光滑度，表面呈颗粒状，如图 3-32 所示。这种缺陷的危害是降低了焊点的机械强度、耐冲击性和耐振动性。

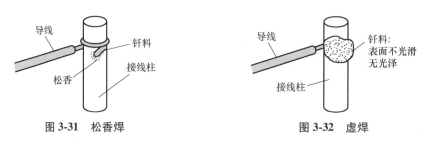

图 3-31　松香焊　　　　　　　　　图 3-32　虚焊

虚焊缺陷分两种现象：一种被称为冷焊连接现象，另一种是白色粒状现象，也被称为过热现象。冷焊连接是钎料冷却至半固体状态时焊接部位发生了移动或抖动现象造成的；过热虚焊是焊接时的温度过高或焊接时间过长，大量产生金属间化合物造成的。

3）松动。松动是钎料在接线柱或被焊元器件引线上未能充分熔合，即钎料未能充分润湿而造成的，如图 3-33 所示。这时，只要稍碰一下，引线就会松动，甚至完全脱出。产生这种缺陷的原因是钎料未充分冷却，固化时无意中碰了导线，当钎料凝固后，焊点内部产生空隙使引线松动。另外，被焊元器件的引线或导线预焊不良，钎料对金属的润湿性降低，此时即使用大量的钎料覆盖焊接处，也会产生松动。

4）钎料不足。钎料未达到规定的用量，不能完全封住被连接的导线，而使其部分暴露在外，这种缺陷称为钎料不足，如图 3-34 所示。

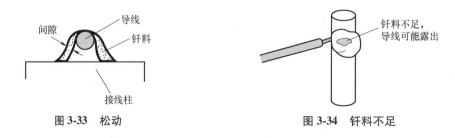

图 3-33　松动　　　　　　　　　　图 3-34　钎料不足

造成钎料不足的原因有三方面：一是预焊不好或加热时烙铁头不能适当加热金属，达不到钎料润湿引线或连接导线所需的温度；二是加热不均匀；三是钎料用量不足。钎料量不足的焊点有可能因振动、温度循环而发生脱焊，造成导通不良。

5）润湿不良。钎料与被焊元器件引线或导线金属表面的接触角大，钎料不能充分润湿整个引线或导体表面，被称为润湿不良。

金属表面有氧化物、脏物、污物或对两个金属件表面加热不均匀都会导致润湿不良。此外，焊接时放置烙铁头的位置不适当等也容易导致润湿不良的焊接缺陷。

（2）容易产生电气故障的焊接缺陷

1）导线末端突出和钎料拉尖。导线和被焊元器件的引线钩绕在接线柱上，焊接后有可能出现导线末端的针状突出和钎料拉尖，如图 3-35 所示。

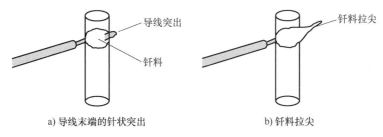

a) 导线末端的针状突出　　　　　　　　　　　b) 钎料拉尖

图 3-35　导线末端的针状突出和钎料拉尖

出现这种缺陷可能是操作不认真造成的，即钩绕后忘记剪掉导线的末端，焊接结束后电烙铁撤离的方向不对、焊接时间过长、烙铁头的温度过高过热等都会造成拉尖现象。

此类缺陷若放在高压、高频电路中，危险性更大，因此必须充分注意。

2）钎料流淌。钎料流到接线柱的根部，形成拉尖或下垂，这种焊接缺陷称为钎料流淌，产生这种缺陷的原因在于焊接时的温度过高或焊接时间过长，尤其是对热容量大的焊件，当填充的钎料过多时，容易产生这种焊接缺陷。

这种焊接缺陷容易引起接线柱间短路，必须充分注意。

3）导体露出过多、绝缘外皮末端异常。为了检查焊接质量，被焊元器件的引线或导线外覆皮端与接线柱的侧面之间要留有一定的间隙，这是一般的布线常识。但是，如果间隙留得过大，电路就有短路的危险。间隙超过规定长度，便形成导体裸露部分过多的缺陷。

4）导线损伤。导线损伤指被焊元器件引线或导线和印制电路板铜箔的损伤，尤其是径向的损伤。这种损伤使导线打弯时的机械强度下降，有断线的危险。特别是 V 字形的伤痕，其机械强度更小，会过早断线。损伤多半是在除掉导线外皮时造成的。

要注意多股芯线脱皮的操作。机械脱皮时，若不拉直剥皮部分的导线，工具的刃口碰到导线弯曲部位，就有可能划伤导线的芯线，导致焊接后机械强度变小，出现断线现象。

3. 印制电路板的焊接缺陷

印制电路板焊接缺陷与接线柱焊接缺陷的内容有一些相似之处，但是，因焊接方法、元器件装配和固定的方法不同，也存在差异。下面对印制电路板焊接缺陷做一介绍。

电子产品中印制电路板的焊点除了用来固定元器件以外，还要能稳定、可靠地通过一定大小的电流。焊接质量直接影响电子产品质量。本节就焊接中常见的缺陷、产生的原因、危害及如何防止这些危害进行详细阐述。

（1）与环境条件有关的焊接缺陷

1）气泡。将被焊元器件的引线插入印制电路板的插孔内，焊接后，在引线的根部有喷火式的钎料隆起，其中心有小孔，孔的下面可能掩盖着很大的空洞，这种焊接缺陷称为气泡，如图 3-36 所示。

图 3-36　气泡

发生空洞的原因是印制电路板的铜箔面的热容量很大，虽然焊接已经结束，但是它的背面还未冷却。由于热惰性，温度仍然在上升，此时焊点外侧开始凝固，而焊点内部产生的气体无法排出，便造成空洞。此外，焊盘上的污渍、元器件引线氧化处理不良、焊盘过孔太大、元器件引线过细、钎料过少、松香用量过多等也会引起此现象。

这种缺陷看起来似乎是空洞缺陷，但这种缺陷与空洞缺陷还是有区别的。产生空洞缺陷的原因往往是安装的孔径与插入的引线线径相差过大，即间隙配合不当、热容量之差过大和被焊元器件引线的润湿性不好。

有气泡缺陷时，电路暂时也能导通，不发生电气故障，但是这样的焊点会因使用环境而恶化，造成钎料开裂，产生电路导通不良的问题，也会使焊点机械强度变差，容易脱焊。

2）钎料不足。用电烙铁焊接时，当钎料过少会造成润湿不良，钎料不能形成平滑面而成平垫状，这种焊接缺陷称为钎料不足，如图 3-37 所示。

产生这种缺陷的原因之一是焊丝撤离过早，二是电烙铁与钎料接触的有效面积小，温度过高或焊接时间过长。钎料不足这种焊接缺陷会因环境恶化造成电路的导通不良。

这种焊接缺陷的危害是焊点间的机械强度不足，可以通过再加钎料重新焊接修复。

3）过热。这种焊接缺陷的表现为焊点发白、无金属光泽、表面比较粗糙，如图 3-38 所示。

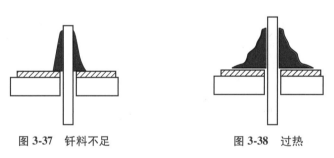

图 3-37　钎料不足　　　　　　　图 3-38　过热

过热产生的原因主要是电烙铁的功率过大、烙铁头温度过高、加热时间过长。过热的危害是焊盘容易剥落，容易造成焊点的机械强度降低。

4）冷焊。焊接过程中，钎料尚未完全凝固，被焊元器件导线或引线移动，此时焊点外表灰暗无光泽、结构松散、有细小裂缝等，这种焊接缺陷称为冷焊。产生冷焊的原因是被焊元器件导线或引线移开太早、被焊元器件抖动、电烙铁功率不够。冷焊的危害是焊点的连接强度低、导电性不好。预防冷焊的措施为在焊接过程中避免被焊元器件导线或引线的抖动。如果有怀疑，必要时可以加钎剂进行重焊。

5）铜箔翘起、剥离、焊盘脱落。铜箔从印制电路板上翘起、剥离，严重的甚至完全断裂，这种现象称为铜箔翘起、剥离。

产生铜箔翘起、剥离的原因是在手工焊接时，未能掌握好操作要领，焊接时过热或集中加热电路中的某一部分或者用烙铁头撬钎料等。铜箔翘起、剥离的危害是电路出现短路现象。解决铜箔翘起、剥离、焊盘脱落的措施是加强训练、反复练习、熟练掌握焊接要领。

6）针孔。焊接结束后，在对焊点进行外观检查（目测或用低倍放大镜）时，可见焊点内有孔，这种焊接缺陷称为针孔。产生针孔的原因主要是焊盘孔与引线间隙太大。针孔的危害是焊点的连接强度低，焊点易被腐蚀。避免针孔缺陷的要点为印制电路板上所开的焊盘孔不宜过大。

7）松香焊。在钎料与被焊元器件引线间形成一层钎剂膜及被溶解的氧化物或污染物，形成豆腐渣形状的焊点，这种现象称为松香焊。

产生松香焊的原因是烙铁头移开太早，使钎剂未能浮到表面。松香焊的危害是焊点间的连接强度不足，电路接触不良，会出现时断时通的现象。预防松香焊的要点为不宜加过多钎剂，焊接时间要恰当。

（2）容易产生电气故障的焊接缺陷

1）桥连。桥连也称为搭焊，即在印制电路板焊接时，不应相通的电路铜箔、焊点间出现了意外的连接。

需要注意的是，这类缺陷有的很容易判断，而有的用目视方法难以判断，例如由毛发似的细钎料连成的桥连，只能通过电性能检验才能判断。桥连缺陷如图3-39所示。

产生原因：在手工焊接中产生桥连的地方往往是焊点密度较高的印制电路板中，常因烙铁头移开时钎料拖尾产生。此外，如果钎料用得过多，漫出焊盘，在焊点附近造成堆积，也会造成桥连的缺陷。焊接过程中温度过高，使得相邻焊点的焊锡熔化，也会造成桥连。在自动焊接中引发桥连的因素可能为传送带的速度及钎料槽的温度。另外，钎料槽中杂质增加、钎剂浓度下降、印制电路板离开钎料液面时的提拉角度不当等，也会造成桥连现象。

危害：它使原来不应该有电气联系的两个焊点具有了电气联系，造成电路间的短路，轻则损坏元器件，影响产品性能，重则会引发人身安全事故。

解决方法：在焊接过程中可以采取加钎剂，用电烙铁烫开桥连处的方法。

2）拉尖。焊点上有钎料尖角突起，这种焊接缺陷称为拉尖。拉尖多发生在印制电路板铜箔电路的终端，如图3-40所示。

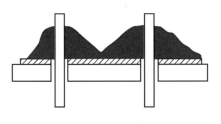

图 3-39　桥连　　　　　　　　　　　图 3-40　拉尖

产生原因：可能是烙铁头移开太早、焊接时温度太低。但多数原因是烙铁头移开太迟、焊接时间过长、钎剂被汽化，也就是说拉尖与温度和操作有关。在自动焊接中，拉尖发生的原因与桥连相同，即印制电路板离开钎料液面的角度不当，或钎料槽内杂质含量较高。使用流动式自动焊接机时，从拉尖的形状可以知道钎料槽的温度以及传送带的速度是否合适。当焊点有光泽且呈细尖状时，就可能是钎料槽的温度低或是传送带的速度过快。当焊点拉尖且呈圆、短、粗而无光泽状态时，其原因则完全相反。

危害：焊点外观不佳，而且拉尖超过允许长度时会使得焊点间的绝缘距离减小，容易造成桥连现象。拉尖在高频、高压电路中会造成打火现象，尤其要注意。

解决方法：焊接时间不宜过长。一旦发生拉尖现象，只要加钎剂重焊即可。在自动焊接中要注意印制电路板离开钎料液面的角度。

3）空洞。空洞缺陷是由于钎料尚未完全填满印制电路板插件孔而出现的。

产生原因：印制电路板的焊盘开孔位置偏离了焊盘中心、焊盘不完整，孔周围有毛刺及浸润不完全等。此外还有孔周围氧化，被焊元器件引线氧化、脏污、预处理不良，孔金属处理时两种金属的热容量差大等原因。

危害：由于机械强度减弱，虽然暂时焊接上了，但在使用中可能会因环境恶化而脱离。

4）堆焊。焊点因钎料过多和浸润不良未能布满焊盘而形成弹丸状，称为堆焊。如图 3-41 所示。

产生原因：主要是引线或焊盘氧化而浸润不良、焊点加热不均匀、维修时钎料堆积过多等。

危害：焊点间的连接强度低，浪费钎料。

解决方法：可采取将印制电路板翻过来，用电烙铁吸去部分钎料，添加钎剂重焊等方法解决。

5）松动。焊接后，导线或元器件引线有未熔合的虚焊，轻轻一拉，引线就会脱出或松动，这种缺陷称为松动，如图 3-42 所示。

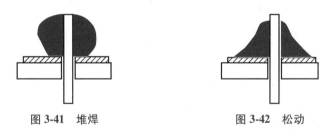

图 3-41　堆焊　　　　　　　图 3-42　松动

产生原因：钎料未凝固而引线发生了移动造成空隙，元器件的引线氧化钎料而出现浸润不良等。

危害：电路导通不良或不导通。

解决方法：钎料未凝固前避免引线的移动；保证引线浸润良好。

6）虚焊（假焊）。焊锡与被焊元器件引线没能真正形成合金层，仅仅是接触或不完全接触，称为虚焊。虚焊是焊接工作中最常见的缺陷，也是最难检查出的焊接缺陷，如图 3-43 所示。

产生原因：被焊元器件引线温度未达到钎料熔化温度，钎料只是直接接触烙铁头被熔化了，钎料堆附在焊件面上，被焊元器件引线氧化严重或存在污染物，钎剂不足或质量差。

危害：焊点间的连接强度比较低，电路会出现不通或时断时通的现象。虚焊时，有时稍稍一拉，引线并未脱出，也不活动。在这种情况下，初期也能导通，似乎是合格产品，但经过几个月，几年之后此处就会出现开路现象。

图3-43 虚焊

解决方法：被焊元器件引线预先搪锡；在印制电路板焊盘上镀锡或涂钎剂；掌握好焊接温度和时间。

（3）其他缺陷

除上述缺陷之外，还有以下外观上的缺陷。

1）印制电路板焦煳。这种缺陷多发生于手工焊接中，烙铁头滑落到印制电路板上，将印制电路板烫焦，集中一点长时间加热时也会产生焦煳现象。

2）印制电路板起泡。这种缺陷多发生于玻璃纤维基板的印制电路板。发生这种缺陷时，印制电路板铜皮与绝缘层分离，基板上出现发白而不透明斑点，这种缺陷称为印制电路板起泡现象。

这种缺陷的原因是印制电路板质量不好或焊接温度过高。印制电路板起泡对电气机械方面不会有多大的影响，但是在外观上会降低商品价值。

焊接前发现的起泡现象，有时是环境湿度过大造成的。

4. 焊接缺陷的排除

通常，我们将产品在厂内发生的焊接不良称为缺陷，产品在厂外发生的性能异常称为故障。

（1）制造过程中焊接缺陷的分类

制造过程中的焊接缺陷大致可以分为润湿不良、光泽性差、钎料量不当和清洗不好等，具体缺陷见表3-3。

对于表3-3所列缺陷，首先要做到亲眼观察焊点，找出与缺陷相关的各种情况。如操作工人的焊接技能、焊接前被焊元器件引线金属表面的处理情况和保管情况、焊接用的钎料和焊接的情况、电烙铁的功率等均与上述缺陷有关。

表3-3 制造过程中的焊接缺陷

缺陷分类	接线柱布线焊接	印制电路板焊接
润湿不良	（1）松香焊；（2）松动	（1）引线润湿不良；（2）气泡；（3）针孔；（4）钎料间不熔合
光泽性差	（1）过热；（2）冷焊；（3）钎料拉尖	（1）拉尖；（2）桥连；（3）过热
钎料量不当	（1）焊点成球状堆焊；（2）钎料流淌；（3）钎料量不足	（1）焊点成球状堆焊；（2）桥连；（3）拉尖；（4）钎料间不熔合
清洗不好	（1）污垢；（2）钎剂残渣；（3）钎料流淌；（4）变色；（5）钎剂飞溅	（1）污垢；（2）钎剂残渣；（3）钎料流淌；（4）变色；（5）钎剂飞溅

（2）排除焊接缺陷的措施

工厂中对于目视检查中发现特定的焊接缺陷和电性能检验中发现影响性能的缺陷这两种情况，可以由工厂内的检验部门处理，留下缺陷记录，然后在实物上标明缺陷的位置后，进行适当的修理，之后再送检。

制定排除缺陷的措施之前，必须充分了解现存缺陷的问题是什么。在充分了解问题之后，可以利用统计方法，找出问题的根源。如果是目视检查中发现特定的焊接缺陷多的情况，可以将检验部门收集的质量报告反馈到加工车间和技术部门，这些部门可以根据质量报告，分析调查原因，制定出切实可行的措施。

如果是电性能检验中发现影响电性能的缺陷和由于操作人员未能正常焊接而引起的缺陷的情况，工厂的质量管理部门要亲自检查焊接缺陷情况，找出原因，在此基础上制定出相关的措施。

对于操作人员手工焊接引起的各种缺陷，需要在插件操作过程中注意各种相关事项，实现良好焊接。

复习题

1. 判断题

（1）焊接是使金属连接的一种方法。它利用加热或加压，在两种金属的接触面，通过焊接材料的原子或分子的相互扩散作用，使两种金属间形成一种永久的牢固结合。（　　）

（2）钎焊就是将熔点比母材低的金属，经过加热熔化后，渗入焊件接缝间隙内，与母材结合到一起实现连接的焊接方法，在这个过程中母材是要熔化的。（　　）

（3）钎料型号中，第一部分用一个大写英文字母表示钎料的类型，"S"表示硬钎料，"B"表示软钎料。（　　）

（4）钎剂的功能是去除母材和钎料表面的氧化膜、降低钎料表面张力及使焊点美观。（　　）

（5）钎料对被焊元器件引线或导线金属表面的接触角大，钎料不能充分润湿整个引线或导体表面，称为润湿不良。（　　）

（6）常见的电烙铁有内热式、外热式、恒温式、吸锡式等形式。（　　）

（7）拆焊工具又称作钎料吸除器，是一种维修用的工具，它的主要作用就是吸除需要拆焊的电子元器件所在焊盘上的焊锡，从而让元器件引线拆卸成功。（　　）

（8）焊接操作结束后，为了使产品具有可靠的性能，要对焊接工作进行检验。焊接检验一般是进行外观检验，只是检验焊点本身。（　　）

（9）焊接的电性能检验的目的是检查生产出的产品是否能按要求的条件准确无误地工作。（　　）

（10）焊锡与被焊元器件引线没能真正形成合金层，仅仅是接触或不完全接触，称为虚焊。（　　）

2. 单选题

（1）在焊接时，影响合金层质量的因素有（ ）、焊接温度和时间，只有这些因素都符合要求，才能获得良好的焊接效果。

A. 钎料的合金成分和氧化程度　　　　B. 钎剂的质量

C. 母材的氧化程度　　　　　　　　　D. 以上全部是

（2）选择钎剂的时候首先考虑被焊金属材料的焊接性能及氧化、污染等，其次要考虑元器件引线所镀的不同金属的不同焊接性能，还要考虑（ ）。

A. 焊接的方式和钎剂的具体用途　　　B. 钎剂的品牌

C. 钎剂的经济性　　　　　　　　　　D. 环境温度

（3）下面关于焊剂的作用错误的是（ ）。

A. 除去氧化物　　B. 防止氧化　　C. 促使钎料流动　　D. 扩大表面张力

（4）以下不属于拆焊工具的是（ ）。

A. 吸锡器、吸锡球、吸锡带（即铜线编织带）

B. 吸锡电烙铁

C. 平头钳

D. 热风枪

（5）电烙铁的握法不包括（ ）。

A. 反握法　　　　B. 直握法　　　　C. 正握法　　　　D. 握笔法

（6）加热芯由电热丝绕在薄云母片和绝缘筒上制成的电烙铁是（ ）烙铁。

A. 内热式　　　　B. 外热式　　　　C. 单用式　　　　D. 调温式

（7）焊接时烙铁头与焊件应形成（ ）从而提高焊接效率。

A. 面接触　　　　B. 点接触　　　　C. 线接触　　　　D. 不接触

（8）焊接操作法步骤包括（ ）。

A. 准备施焊　　　　　　　　　　　　B. 同时加热焊件和焊锡丝

C. 同时撤离焊件和焊锡丝　　　　　　D. 以上都是

（9）常用的焊点质量的检查方式不包括（ ）。

A. 目视检查　　　　B. 手触检查　　　C. 自动化检查　　D. 焊点通电检查

（10）以下不属于印制电路板焊接中产生的电气故障缺陷的是（ ）。

A. 堆焊　　　　　　B. 松动　　　　　C. 钎料不足　　　D. 虚焊（假焊）

3. 简答题

进行焊接操作之前要进行哪些准备工作？

第三章复习题答案

第一节　量具使用与油品选用

一、量具分类及使用

1. 游标卡尺

（1）用途

游标卡尺通常用来测量精度较高的工件，它可以测量零件的长度尺寸、宽度尺寸、内外径尺寸、深度尺寸。带表卡尺和数显卡尺除了可以直接测量还能比较测量。

（2）类型

游标卡尺主要包括普通游标卡尺（图 4-1）、带表卡尺（图 4-2）和数显卡尺（图 4-3）。

图 4-1　普通游标卡尺

图 4-2　带表卡尺

（3）规格参数

1）游标卡尺由尺身和附在尺身上能滑动的游标两部分构成。尺身一般以毫米为单位，而游标上则有 10、20 或 50 个分格，根据分格数量的不同，游标卡尺可分为十分度游标卡尺、二十分度游标卡尺和五十分度游标卡尺，分度值分别为 0.1mm、0.05mm 和 0.02mm。

游标卡尺的常用测量范围为 0~125mm、0~150mm、0~200mm、0~300mm、0~500mm。

图 4-3　数显卡尺

2）带表卡尺是运用齿轮齿条传动带动指针显示数值，尺身上有大致的刻度，结合指示表读数，是游标卡尺的一种，但比普通游标卡尺读数更为快捷准确。指示表的分度值有 0.01mm、0.02mm 和 0.05mm。带表卡尺的测量范围为 0~150mm、0~200mm 和 0~300mm。

3）数显卡尺具有读数直观、使用方便、功能多样的特点，精度高，示值误差为 ±0.01mm。数显卡尺的测量范围为 0~150mm、0~200mm 和 0~300mm。

（4）游标卡尺结构和原理

1）游标卡尺的结构。主要由尺身、内测量爪、外测量爪、游标尺、深度尺和紧固螺钉等部分组成，如图 4-4 所示。内、外测量爪及深度尺与游标尺固定一体，可沿尺身平稳滑动。紧固螺钉可将游标尺固定在尺身任意位置。尺身和游标尺的平面上刻有刻度。

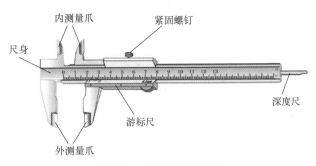

图 4-4　游标卡尺的结构

2）游标卡尺的刻度原理。图 4-5 所示为尺身每个刻度是 1mm，分度值是 0.02mm 的游标卡尺，其游标上有 50 格共 49mm，每格长度为 0.98mm，分度值为尺身与游标尺每刻度之差，即 0.02mm。

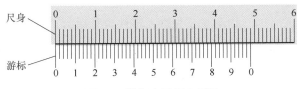

图 4-5　游标卡尺刻度原理

（5）游标卡尺的读数方法

游标卡尺读数如图4-6所示，先读取游标尺零刻度左边与尺身上相距最近的一条刻度，该刻度的数值为被测尺寸值的整毫米数部分（25mm），再读出游标尺与尺身刻度对齐的那条刻度，该刻度在游标尺上的数值为被测尺寸值的小数部分（0.4mm），把尺身的读数与游标尺的读数加起来，即为测得尺寸25.4mm。图4-7中测得的数值为33.1mm。

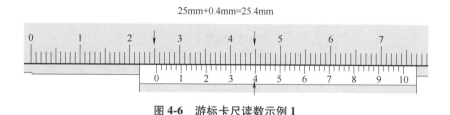

图4-6　游标卡尺读数示例1

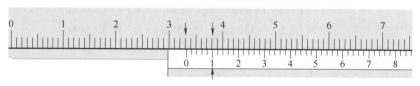

图4-7　游标卡尺读数示例2

（6）游标卡尺使用要求

1）测量前应把卡尺擦干净，检查卡尺的两个测量面是否平直无磨损，把两个量爪紧密贴合，对光观察应无明显的间隙，同时尺身和游标尺的零刻度应对齐，如确认对齐可进行测量，如没有对齐，则需要记录误差值，测量时减去误差值。

2）测量零件的外尺寸时，外测量爪的测量面应紧贴于被测量零件的表面，不能歪斜。测量时，可以轻轻摇动卡尺，使卡尺的两个卡爪测量面垂直于工件被测量表面，不能歪斜，如图4-8所示。

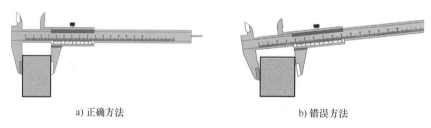

a) 正确方法　　　　　　　　　　b) 错误方法

图4-8　测量外尺寸正确与错误的方法

3）测量零件的内尺寸时，内测量爪先进入零件内孔后，再慢慢张开并轻轻接触零件内表面，不可歪斜，卡尺所测量的最大尺寸值为被测内孔的直径尺寸，如图4-9所示。

4）用游标卡尺测量零件时，不允许过大地施加压力，所用力量应使两个量爪刚好接触零件表面，如果测量压力过大，不但会使量爪弯曲或磨损，且量爪在压力作用下会产生弹性

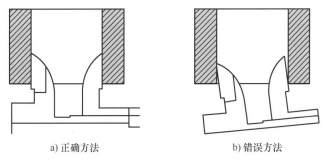

a) 正确方法　　　　　　　　　　b) 错误方法

图 4-9　测量内尺寸正确与错误的方法

变形，使测量的尺寸产生较大的测量误差（外尺寸小于实际尺寸，内尺寸大于实际尺寸）。

2. 外径千分尺

（1）用途

外径千分尺主要用于测量工件的外尺寸，如外径、长度、厚度等。它是比游标卡尺更精密的长度测量仪器。

（2）类型

外径千分尺主要包括螺纹千分尺（图 4-10）和数显千分尺（图 4-11）。

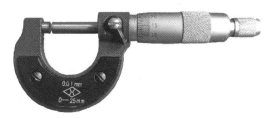

图 4-10　螺纹千分尺

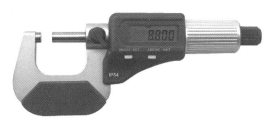

图 4-11　数显千分尺

（3）规格参数

测量范围在 25mm 以上的千分尺，每把尺附有校对量杆，以便调整零位。千分尺常用测量范围有 0~25mm、25~50mm、50~75mm、75~100mm、100~125mm 等。

（4）外径千分尺结构和原理

1）外径千分尺的结构。外径千分尺由固定的尺架、测砧、测微螺杆、固定套管、微分筒、测力装置、锁紧装置等组成，如图 4-12 所示。固定套管上有一条水平线，这条线上、下各有一列间距为 1mm 的刻度线，上面的刻度线恰好在下面两相邻刻度线的中间。微分筒上的刻度线是将圆周 50 等分的水平线，它是旋转运动的。

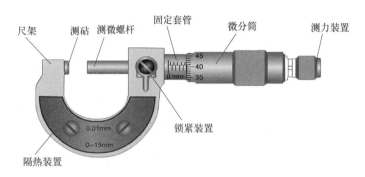

图4-12　外径千分尺的结构

2）外径千分尺的原理。千分尺是根据螺旋运动的原理制成的，即螺杆在螺母中旋转一周，螺杆便沿着旋转轴线方向前进或后退一个螺距的距离。因此，沿轴线方向移动的微小距离，就能用圆周上的读数表示出来。外径千分尺的精密螺纹的螺距是 0.5mm，微分筒有 50 个等分刻度，微分筒旋转一周，测微螺杆可前进或后退 0.5mm，因此，旋转每个小分度，相当于测微螺杆前进或后退 0.5mm÷50＝0.01mm。可见，微分筒每一小分度表示 0.01mm，所以千分尺可精确到 0.01mm。

（5）外径千分尺的读数方法

先读出微分筒边缘在固定套管上的毫米数，如果半毫米刻线露出，则需要加上 0.5mm 数值，然后看微分筒上哪一个刻线与固定套管上的基准线对齐，并读出相应的刻度数值，最后将两个数值相加就是测量的实际尺寸。

图 4-13 中，固定套管上没有显示出半毫米刻度线，因此读数为固定套管的 9mm 加上微分筒对齐刻度 0.29mm 等于 9.29mm。

图 4-14 中，固定套管上显示出了半毫米刻度线，因此读数为固定套管的 8.5mm 加上微分筒对齐刻度 0.41mm 等于 8.91mm。

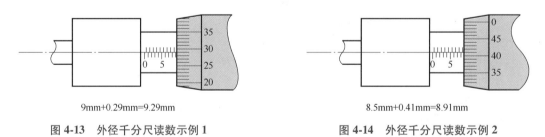

9mm+0.29mm=9.29mm　　　　　　　8.5mm+0.41mm=8.91mm

图4-13　外径千分尺读数示例1　　　　图4-14　外径千分尺读数示例2

（6）外径千分尺使用要求

1）根据被测零件的特点、尺寸和精度要求选用合适的类型、测量范围。

2）使用前，先用清洁纱布对外径千分尺的表面、测砧、测微螺杆进行清洁。然后检查各活动部位是否灵活可靠，测砧和测微螺杆端面合并校准零位，大规格的千分尺用标准量棒校准检查。

3）测量前必须将工件被测量面擦干净，以免脏物影响测量精度。

4）测量时，要使测微螺杆端面与被测零件对正，以保证测量位置准确。当测砧、测微螺杆端面与零件快要接触时，应转动测力装置，听到"咔咔"声停止，不能再转动微分筒。然后进行读数，读数最好是在零件上直接读取。如果必须取下千分尺读数，应用锁紧装置把测微螺杆锁住，再将千分尺轻轻滑出。

5）测量较大工件时，可把工件放在V形块或平板上，采用双手操作，左手拿住尺架的隔热装置，右手用拇指和食指旋转测力装置进行测量。

6）测量中要注意温度的影响，避免手温或其他热源的影响，使用大规格的外径千分尺时，要严格进行等温处理。

7）不允许测量带有研磨剂的表面和粗糙表面，更不能测量运动中的工件。

3. 百分表

（1）用途

百分表是一种指示式精密量具，具有传动比大、结构简单、使用方便等特点。它主要用于零件的长度尺寸和形状、位置偏差的绝对值或相对值测量。

（2）类型

百分表一般包括普通百分表（图4-15）和数显百分表。

图4-15　普通百分表

（3）规格参数

百分表的分度值为0.01mm，测量范围有0~3mm、0~6mm、0~10mm，特殊情况下有0~20mm、0~30mm、0~50mm和0~100mm等大量程的百分表。

（4）百分表结构和原理

1）普通百分表的结构由测量头、测量杆、轴套、表盘、主指针、转数指针、表圈、表体、挡帽等组成，如图4-16所示。

2）百分表的工作原理，是将被测尺寸引起的测量杆微小直线移动，经过齿轮传动放大，变为指针在刻度盘上的转动，从而读出被测尺寸的大小。百分表是利用齿条齿轮或杠杆齿轮传动，将测量杆的直线位移变为指针的角位移的计量器具，如图 4-17 所示。

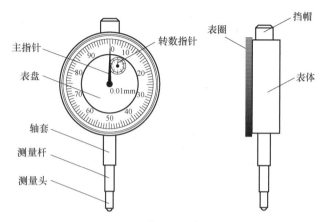

图 4-16   普通百分表结构

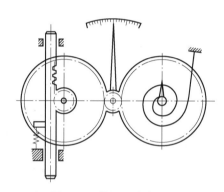

图 4-17   普通百分表原理

（5）百分表的读数方法

先读转数指针转过的刻度线（即毫米整数），再读主指针转过的刻度线（即小数部分），并乘以 0.01，然后两者相加，即得到所测量的数值。

如图 4-18 所示，读转数指针转过的刻度线（即毫米整数）为 1mm，读主指针转过的刻度线（即小数部分），并乘以 0.01mm 为 0.87mm，两数相加得到的结果 1.87mm 为所测量数值。

如图 4-19 所示，读转数指针转过的刻度线（即毫米整数）为 3mm，读主指针转过的刻度线（即小数部分），并乘以 0.01mm 为 0.54mm，两数相加得到的结果 3.54mm 为所测量数值。

（6）百分表使用要求

1）使用前，要检查测量杆的灵活性。轻轻推动测量杆，测量杆在套筒内移动灵活，无卡涩现象，每次松开手后，指针都能回到原来的刻度位置。

2）使用时，必须把百分表固定在可靠的夹持架上，不能夹在不稳固的地方，否则容易造成测量结果不准确。

图 4-18　百分表读数示例 1

图 4-19　百分表读数示例 2

3）测量时，不要使测量杆的行程超过它的测量范围，测量头要轻轻接触工件不能撞击，也不要用百分表测量表面粗糙度大或有明显凹凸不平的工件。在测头与工件表面接触时，测杆应有 0.3~1mm 的压缩量，以保持一定的起始测量力。

4）测量平面时，百分表的测量杆要与平面垂直，测量圆柱形工件时，测量杆要与工件的中心线垂直，否则会造成百分表损坏。

4. 万能角度尺

（1）用途

万能角度尺又被称为角度规、游标角度尺或万能量角器，是利用游标读数原理来直接测量工件角或进行划线的一种角度量具。万能角度尺适用于机械加工中的内、外角度测量。

（2）类型

万能角度尺主要包括 I 型万能角度尺和 II 型万能角度尺。I 型万能角度尺可测量角度范围为 0°~320°，如图 4-20 所示；II 型万能角度尺可测量角度范围为 0°~360°，如图 4-21 所示。

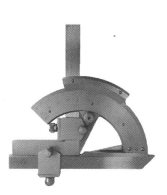

图 4-20　I 型万能角度尺

图 4-21　II 型万能角度尺

（3）规格参数

万能角度尺测量范围和分度值见表 4-1。

表 4-1 万能角度尺测量范围和分度值

类型	测量范围	游标分度值
I	0°~320°	2′
II	0°~360°	5′

（4）万能角度尺结构和原理

1）万能角度尺的结构。I 型万能角度尺的结构如图 4-22 所示。

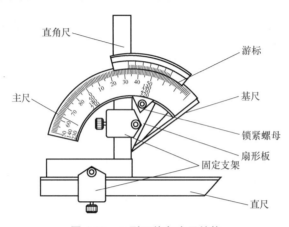

图 4-22　I 型万能角度尺结构

2）万能角度尺的原理。万能角度尺的读数机构是根据游标原理制成的，主尺刻线每格为 1°。游标的刻线是取主尺的 29°等分为 30 格，因此，游标刻线角格为 29′/30，即主尺与游标一格的差值为 2′，也就是说万能角度尺读数准确度为 2′。其读数方法与游标卡尺完全相同。

（5）万能角度尺的读数方法

万能角度尺的读数方法和游标卡尺相同，先读出游标零线前的角度数值，再从游标上读出角度"分"（′）的数值，两者相加就是被测零件的角度数值。

（6）万能角度尺使用方法

测量时，根据产品被测部位的情况，先调整好直角尺或直尺的位置，用卡块上的螺钉把它们紧固住，再来调整基尺测量面与其他有关测量面之间的夹角。这时，要先松开制动头上的螺母，移动主尺做粗调整，然后再转动扇形板背面的微动装置做细调整，直到两个测量面与被测表面密切贴合为止。然后拧紧制动器上的螺母，把角度尺取下来进行读数。

1）测量 0°~50°之间的角度：直角尺和直尺全都装上，零件的被测部位放在基尺和直尺的测量面之间进行测量，如图 4-23 所示。

2）测量 50°~140°之间的角度：可把直角尺卸掉，把直尺装上去，使它与扇形板连在一起。工件的被测部位放在基尺和直尺的测量面之间进行测量。也可以不拆下直角尺，只把直尺和固定支架卸掉，再把直角尺拉到下边来，直到直角尺短边与长边的交线和基尺的尖棱对齐为止。把工件的被测部位放在基尺和直角尺短边的测量面之间进行测量，如图 4-24 所示。

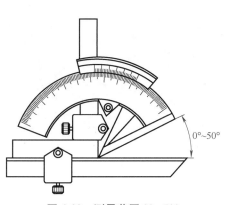

图 4-23　测量范围 0°~50°

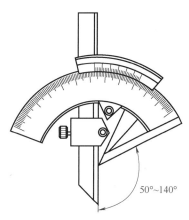

图 4-24　测量范围 50°~140°

3）测量 140°~230°之间的角度：把直尺和固定支架卸掉，只装直角尺，但要把直角尺推上去，直到直角尺短边与长边的交线和基尺的尖棱对齐为止。把工件的被测部位放在基尺和直角尺短边的测量面之间进行测量，如图 4-25 所示。

4）测量 230°~320°之间的角度：把直角尺、直尺和固定支架全部卸掉，只留下扇形板和主尺（带基尺）。把产品的被测部位放在基尺和扇形板测量面之间进行测量，如图 4-26 所示。

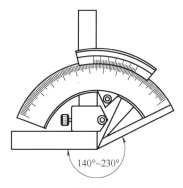

图 4-25　测量范围 140°~230°

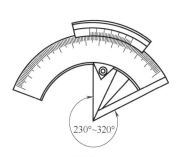

图 4-26　测量范围 230°~320°

5. 塞尺

（1）用途

塞尺是用来检验两个结合面之间间隙大小的片状量规，用于测量间隙尺寸。在检验被测尺寸是否合格时，可以用此法判断，也可由检验者根据塞尺与被测表面配合的松紧程度来判断。常用塞尺的外形如图 4-27 所示。

（2）规格参数

常用塞尺通常是用不锈钢制造的，薄的厚度为 0.02mm，厚的厚度为 3mm。在 0.02~0.1mm 间，各钢片的厚度级差为 0.01mm；在 0.1~1mm 间，各钢片厚度的级差一般为 0.05mm；在 1mm 以上时，钢片厚度级差是 1mm。

（3）塞尺使用方法

1）用干净的布将塞尺测量表面擦拭干净，不能在塞尺沾有油污或金属屑末的情况下进行测量，否则将影响测量结果的准确性。

2）测量两个工件的间隙时，应根据间隙大小选择塞尺的厚度。

3）先选用较薄厚度的塞尺，塞进两个工件间隙里，来回拉动塞尺进行测量，如果能轻松塞入则需要增加塞尺厚度，可多片叠加一起使用，片数越少测量结果越准。如果无法塞入，则说明间隙要小于塞尺塞入的厚度。

图4-27　常用塞尺

4）当来回拉动塞尺感到稍有阻力时，此时塞尺上所标出的数值即为被测间隙值。

5）当需要判定间隙是否超差时，用上偏差厚度的塞尺对两个工件的间隙进行塞入检测，如果能塞进则间隙超差。

二、量具的维护和保养

1. 游标卡尺维护和保养

1）不允许使用游标卡尺的两个测量爪作为扳手，或者使用测量爪的作为划线工具。

2）移动卡尺的游标尺和微动装置时，不要忘记松开紧固螺钉。但是，在测量过程中不要过度松动，以免螺钉丢失。

3）带有深度尺的游标卡尺，使用后，应关闭测量爪，否则较薄的深度尺暴露在外面，容易变形甚至断裂。

4）在测量结束时，应将游标卡尺放平，特别是大尺寸的游标卡尺，否则会造成卡尺弯曲变形。

5）使用游标卡尺后，将其清洁并涂上凡士林，让测量爪保留一点距离后放入卡尺盒中，注意不要使其生锈或脏污。

2. 外径千分尺维护和保养

1）不许把千分尺当夹具使用。

2）不许拿着微分筒快速任意转动，或将两测量面互相撞击。

3）不许用油石、砂纸等硬物摩擦测量面、测微螺杆等部位。

4）不许在千分尺的微分筒和固定套管之间加酒精、煤油、柴油、机油或凡士林等，不准把千分尺浸泡在上述油类或水以及冷却液中。如果千分尺被上述液体浸入，则用航空汽油冲洗干净，然后加入少量钟表油或轻质润滑油。

5）使用完后，需要擦净千分尺的各部位，同时，将测量面及测微螺杆上涂一薄层防锈油，并让测量面互相离开一点距离，放入专用盒内，存放于干燥处。

3. 百分表维护和保养

1）按压测量杆的次数不要过多，距离不要过大，尤其应避免急剧地向极端位置按压测量杆，这会造成冲击，会损坏机构及加剧零件磨损。

2）测量时，测量杆的行程不要超出它的测量范围，以免损坏表内零件。

3）百分表要避免受到剧烈振动和碰撞，不要敲打表的任何部位，调整或测量时，不要使测量头突然撞落在被测件上。

4）不要拿测量杆，测量杆上也不能压放其他东西，以免测量杆弯曲变形。

5）百分表表座要放平稳，以免百分表落地摔坏，使用磁性表座时，一定要注意检查表座的按钮位置。

6）防止水、油和灰尘等进入表内。不准把百分表浸在冷却液或其他液体中，不要把表放在磨屑或灰尘飞扬的地方，不要随便拆卸表的后盖。

7）如果不是长期保管，测量杆不允许涂凡士林或其他油类，否则会使测量杆和轴套黏结，造成测量杆运动不灵活，而且沾有灰尘的油污容易被带进表内，影响表的精度。

8）百分表用完后，要擦净放回盒内，要让测量杆处于放松状态，避免表内弹簧失效。

4. 万能角度尺维护和保养

1）使用前，先将万能角度尺擦拭干净，再检查各部件的移动是否平稳可靠，锁紧后的读数是否不动，然后对零位。

2）测量时，放松锁紧螺母，移动主尺座做粗调整，再转动游标背面的手把做精细调整，直到使角度尺的两测量面与被测工件的工作面密切接触为止。然后拧紧制动器上的螺母加以固定，即可进行读数。

3）测量完毕后，应用汽油或酒精把万能角度尺洗净，用干净纱布仔细擦干，涂以防锈油，然后装入匣内。

5. 塞尺维护和保养

1）测量时需要避免因用力过大造成的误判及塞尺的受力变形。

2）不能测量温度较高的工件。

3）塞尺使用完应清洁保养，避免表面生锈。

三、工业油品概述

1. 工业润滑油分类

（1）工业润滑油主要类型

工业润滑油实际应用范围很广，一般包括以下几类：液压油、工业齿轮油、压缩机油、真空泵油、链条油、导轨油、电气绝缘油等。工业润滑油主要类型如图4-28所示。

（2）工业润滑油黏度

我国等效采用 ISO 3448：1992《工业液体润滑剂—ISO 粘度分类》，发布了 GB/T 3141—1994《工业液体润滑剂　ISO 黏度分类》，对工业用润滑油的黏度等级，改用40℃运动黏度划分的 ISO 黏度等级，及时与国际接轨。工业润滑油黏度分类见表4-2。黏度分类是以 40℃时的运动黏度为基础，取最小值为 2.2mm^2/s，最大值为 3200mm^2/s，各黏度范围最大偏差为±10%，后一个中间点运动黏度值比前一个增加约50%。

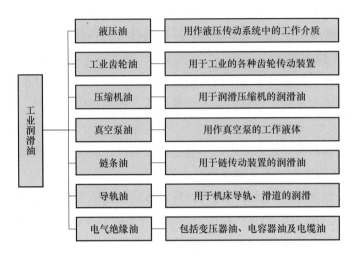

图 4-28　工业润滑油主要类型

表 4-2　ISO 工业润滑油黏度分类

ISO 黏度等级 （ISO VG）	中间点运动黏度 （40℃）/mm²/s	运动黏度范围（40℃）/mm²/s	
		最小值	最大值
2	2.2	1.98	2.42
3	3.2	2.88	3.52
5	4.6	4.14	5.06
7	6.8	6.12	7.48
10	10	9.00	11.0
15	15	13.5	16.5
22	22	19.8	24.2
32	32	28.8	35.2
46	46	41.4	50.6
68	68	61.2	74.8
100	100	90.0	110
150	150	135	165
220	220	198	242
320	320	288	352
460	460	414	506
680	680	612	748
1000	1000	900	1100
1500	1500	1350	1650
2200	2200	1980	2420
3200	3200	2880	3520

2. 工业润滑油使用特点及性能要求

（1）工业润滑油使用特点

1）一次加入量多。发动机油的一次加入量一般为几千克至几十千克，而工业润滑油一次加入量要大得多，一般要几十千克至几百千克，多的达几吨到几十吨不等。

2）使用周期较长。与发动机油相比，工业润滑油要求有较长的使用寿命。发动机油一般要求使用几千千米至数万千米，大约半年至 1 年。工业润滑油一般要求使用寿命为 1 年以上，有的要求使用几年，例如汽轮机发电机组一般换油期要求为 5 年以上，而有的设备要求润滑油与设备有相同的使用寿命，例如某种塑料拉伸机的齿轮箱，制造齿轮箱时装入的齿轮油无法放出，因此用户要求所用的润滑油有较高的品质、稳定的质量和较长的使用寿命。

3）工作条件变化大。在不同工业领域，机械设备的工作条件差异很大。如煤炭工业设备要在充满粉尘的环境下切削煤炭；造纸工业机械设备极其灵敏，要求设备具有良好的速度调节性；钢铁工业机械设备要在灰尘和水汽下运转；木材工业设备要在湿气下工作，不仅木屑多，且有时在高温、高负荷下操作也常常发生化学腐蚀。对这些机械设备来说，润滑油必须适应工作条件的要求。纺织工业设备复杂，车轴数量多，存在润滑油容易污染织物的问题，需要润滑油能对机器有效润滑但不能过量，且润滑油黏度较低，以降低能耗。

（2）工业润滑油性能要求

1）抗氧化性。某些设备在高温下工作，接触大量空气，设备的金属，特别是铜对油品起催化氧化作用。油的氧化分以下几步进行：先生成不稳定的过氧化物，然后快速分解成可溶于油的醛、酮和酸，接着发生聚合和缩合，形成不溶性胶质和沉淀，并从油中沉积下来。油被氧化后黏度增大，形成沉淀和酸性物质，以致引起设备磨损和腐蚀。油的氧化速度与油的质量有关。加入抗氧剂可以改善油品的性质，有的抗氧剂通过减少金属表面活性来消除金属对油品的催化氧化作用，有时使用两种类型的抗氧剂效果会更好。工业设备润滑油使用寿命长，油品必须具有良好的氧化安定性。

2）抗泡性。空气能溶解于矿物油中。油的空气溶解量主要取决于空气的压力，且与空气在油中的溶解度也有一定的关系。若空气只溶于油中就不会有问题。但是当油面上空间的压力突然降低时，被溶解在油中的空气会逸出，在油中形成细小的气泡，此时会使油具有可压缩性，如果是液压油，就会失去原有的功能，且会在液压循环系统中造成严重的问题。设备在运转中，若空气泄漏到泵中，油被空气搅拌形成气泡，也会发生问题。向油中加入消泡剂可起消泡的作用。

3）防锈性。油品长期在苛刻的条件下工作，会因氧化而产生金属腐蚀性低分子酸，除此之外，设备的金属表面还会与空气或水接触而发生锈蚀，金属锈对油品也起氧化催化作用。油品可通过润湿金属表面来防止水和空气与金属直接接触而起防锈作用。在油品中加入防锈剂，可以使油品在金属表面形成吸附膜来改善油品的防锈性能。防锈剂常用于用油量大的工业循环系统中。

4）负荷承载性。当两个金属表面间的负荷、温度和相对运动速度不能形成流体动力润滑膜时，表面突峰就会发生接触。除非油中含有负载剂，不然就会使金属表面发生表面磨损，甚至烧结。负载剂在压力和温度较低时不活泼，而当负荷和温度达到一定程度时，负载剂能在表面与金属发生化学反应，形成边界润滑膜而起作用。这是因为负载剂包括极压剂和抗磨剂，主要是含硫、氯、磷和铅等的化合物，这些添加剂能在一定条件下分解出硫、磷和氯等活性元素，与金属表面发生化学反应，形成氯化物、硫化物或磷化物。含这些化合物的边界润滑膜能在重负荷条件下防止金属表面磨损或烧结。

5）黏温特性。润滑油最重要的特性是其动力黏度。在流体动力条件下，金属表面完全被油分开，这时产生的摩擦主要来自油的黏度。油的黏度是随温度而变化的，常用黏度指数来确定油的黏度随温度变化的程度。油的黏度指数越高，黏度随温度变化越小。油品的黏度指数取决于烃的类型，石蜡基油的黏度指数比环烷基油的高，溶剂精制油的黏度指数比非溶剂精制油的高。

6）耐低温性。工业上某些设备使用的润滑油，如冷冻机油，要求在低温下保持液态，因此，油品应具有低的倾点，倾点是油品低温流动性的指标。凝点是油品在低温下由液态变成固态的温度，凝点越高流动性越差，一般环烷基油的凝点比石蜡基油的低。石蜡基油中加入降凝剂可提高其低温流动性，因为降凝剂能抑制蜡在低温下从油中析出。

7）其他要求。由于工业设备的润滑部位不同，润滑油的使用条件差别很大，某些设备还有特殊的性能要求。例如钢铁和汽车制造工业的机械设备，一些离火源较近的润滑部位要求使用难燃的油品；野外作业的工程机具需要在严寒地区冬季使用，需要低温性能极优良的油品；冰箱、空调等民用产品的制冷压缩机使用的油品不但要求低温性能好，还要求与制冷剂有较好的相容性；电器用油有绝缘和一些电性能要求；食品工业机械则首先要求润滑油无毒性。

（3）工业润滑油发展趋势

新的机械设备朝着缩小体积、减轻质量、增大功率、提高效率、增加可靠性和环境友好的方向发展，对工业润滑油提出了更苛刻的要求。结合工业润滑油的使用特点，今后工业润滑油的发展趋势将是进一步提高产品的性能，特别是满足设备制造商提出的性能要求，降低产品的成本，发展环境友好的产品。

1）基础油质量改进和提高。目前，世界润滑油基础油正由Ⅰ类向Ⅱ/Ⅲ类转变，基础油生产正向加氢技术发展。应用加氢技术生产的润滑油基础油，其硫、氮及芳烃含量低，黏度指数高，热氧化安定性好，挥发性低，换油期长。世界润滑油加氢基础油需求逐步增加，推动加氢技术迅速发展。

2）多功能添加剂开发。润滑油添加剂的应用对于提高润滑油产品的经济效益以及达到某些特定的技术指标起着不可忽视的，甚至是关键的作用。润滑油添加剂品种很多，不同品种的添加剂具有不同的功能。为了实现各种性能的提高和平衡，在一个润滑油配方中往往要加入几种甚至十几种添加剂，使配方复杂、加剂量高且成本增加。国外致力于发展多功能添加剂，将众多功能结合于同一分子内，通过加入一种添加剂同时达到多种功能。

四、工业油品选用

1. 液压油

液压油就是利用液体压力能的液压系统使用的液压介质，在液压系统中起着能量传递、抗磨、系统润滑、防腐、防锈、冷却等作用。对于液压油来说，首先应满足液压装置在工作温度下与启动温度下对液体黏度的要求，由于润滑油的黏度变化直接与液压动作、传递效率和传递精度有关，还要求油的黏温性能和剪切安定性满足不同用途所提出的各种需求。

（1）液压油分类

我国等同采用了 ISO 6743-4：1999《润滑剂、工业用油和相关产品（L 类）的分类　第 4 部分：H 组（液压系统）》，制定了 GB/T 7631.2—2003《润滑剂、工业用油和相关产品（L 类）的分类　第 2 部分：H 组（液压系统）》，标准中液压油及液压液的分类，见表 4-3。

表 4-3　液压油/液压液分类

组别符号	应用范围	特殊应用	更具体应用	组成和特性	产品符号 ISO-L	典型应用	备注
H	液压系统	流体静压系统		无抑制剂的精制矿油	HH		
				精制矿油，并改善其防锈和抗氧性	HL		
				HL 油，并改善其抗磨性	HM	有高负荷部件的一般液压系统	
				HL 油，并改善其黏温性	HR		
				HM 油，并改善其黏温性	HV	建筑和船舶设备	
				无特定难燃性的合成液	HS		特殊性能
			用于要求使用环境可接受液压液的场合	甘油三酯酸	HETG	一般液压系统（可移动式）	每个品种的基础液的最小含量应不少于70%（质量分数）
				聚乙二醇	HEPG		
				合成酯	HEES		
				聚α烯烃和相关烃类产品	HEPR		
			液压导轨系统	HM 油，并具有抗黏-滑性	HG	液压和滑动轴承导轨润滑系统合用的机床在低速下使震动或间断滑动（黏-滑）减为最小	这种液体具有多种用途，但并非在所有液压应用中皆有效
			用于使用难燃液压液的场合	水包油型乳化液	HFAE		通常含水量大于80%（质量分数）
				化学水溶液	HFAS		通常含水量大于80%（质量分数）
				油包水乳化液	HFB		
				含聚合物水溶液	HFC		通常含水量大于35%（质量分数）
				磷酸酯无水合成液	HFDR		
				其他成分的无水合成液	HFDU		

（续）

组别符号	应用范围	特殊应用	更具体应用	组成和特性	产品符号 ISO-L	典型应用	备注
H	液压系统	流体动力系统	自动传动系统		HA		与这些应用有关的分类尚未进行详细的研究，以后可以增加
			偶合器和变矩器		HN		

（2）液压油选用

1）根据工作环境和工况条件选择液压油液的品种，可参照表4-4。在选择液压设备所使用的液压油时，应从工作压力、温度、工作环境、液压系统及元件结构和材质、经济性等几个方面综合考虑和判断。环境因素：地上、地下、室内、室外、沿海、寒区、高温、明火。使用工况：泵的类型、压力、温度、材质、密封材料、运行时间。经济性：使用时间、换油周期、价格。

表4-4 根据工作环境和工况条件选择液压油/液压液

环境/工况	系统压力 7.0MPa 以下，系统温度 50℃ 以下	系统压力 7.0～14.0MPa，系统温度 50℃ 以下	系统压力 7.0～14.0MPa，系统温度 50～80℃	系统压力 14.0MPa 以上，系统温度 80～100℃
室内固定液压设备	HL	HL 或 HM	HM	HM
露天寒区和严寒区	HV 或 HS	HV 或 HS	HV 或 HS	HV 或 HS
地下、水上	HL	HL 或 HM	HL 或 HM	HM
高温热源或旺火附近	HFAE 或 HFAS	HFB 或 HFC	HFDR	HFDR

工作压力主要对液压油的润滑性及抗磨性提出要求。高压系统的液压元件，特别是液压泵中处于边界润滑状态的摩擦副，由于正压力大、速度高而摩擦磨损条件较为苛刻，必须选择润滑性、极压性优良的 HM 油。按液压系统和油泵工作压力选用液压油，压力<8MPa 用 HH、HL 液压油，压力为 8～16MPa 用 HL、HM、HV 液压油，压力>16MPa 用 HM、HV 液压油。液压系统的工作压力一般以其主油泵额定或最大压力为标准。

工作温度是指液压系统液压油在工作时的温度，其主要对液压油的黏温性和热安定性提出要求，工作温度为 -10~90℃ 用 HH、HL、HM 液压油，低于 -10℃ 用 HR、HV、HS 液压油。

2）根据设备类型选择液压油。根据摩擦副的形式及其材料选择液压油，可根据表 4-5 选择。

表 4-5　根据摩擦副的形式及其材料选择液压油

液压油类型	适用范围
含锌油	适用于压力大于 7MPa 的精密机床，以及 14MPa 以上的不含银、青铜件的液压系统，也用于高压叶片系统
无灰油	适用于压力大于 15MPa 的叶片泵和大于 34MPa 的柱塞泵
清净油	适用于有电液伺服阀的系统
抗银油	适用于含银部件液压系统

液压油的润滑性（抗磨性）对三大泵类减磨效果的顺序是叶片泵>柱塞泵>齿轮泵。因此，凡是叶片泵为主油泵的液压系统，不管其压力大小，均选择 HM 油。液压系统的精度越高，要求所用的液压油清洁度也越高。

3）液压油黏度选择。液压油的黏度选择主要取决于系统启动的工作温度和所用泵的类型。中、低压固定式液压系统的工作温度通常在环境温度以上 40~50℃。在此温度下，液压油应具有 13~16mm²/s 的黏度。在高压液压系统中，压力 ≥30.0MPa，黏度为 25mm²/s。选择合适的黏度也是非常重要的，黏度太大，液压系统能量损失大，系统效率低，油泵吸油困难；黏度太小，油泵内渗漏量大，容积损失增加，同样降低系统效率。为了在容积效率和机械效率之间求得最佳平衡，建议在使用温度下的最低黏度为 13mm²/s，最高黏度为 54mm²/s。

2. 工业齿轮油

（1）工业齿轮油分类

工业齿轮油用于润滑正、斜、人字、锥齿轮和蜗轮蜗杆，分为闭式齿轮油、开式齿轮油、蜗轮蜗杆油。我国等效采用 ISO 6743-6：1990《润滑剂、工业润滑油和有关产品（L类）的分类　第 6 部分：C 组（齿轮）》标准，制定了工业齿轮油分类标准 GB/T 7631.7—1995《润滑剂、工业润滑油和有关产品（L类）的分类　第 7 部分：C 组（齿轮）》。该标准将闭式工业齿轮油分为 7 种，开式工业齿轮油分为 4 种，详细分类见表 4-6。

表 4-6　工业齿轮油分类

组别符号	应用范围	特殊应用	更具体应用	组成和特性	品种代号 L-	典型应用	备注
C	齿轮	闭式齿轮	连续润滑（用飞溅循环或喷射）	精制矿油，并具有抗氧、抗腐（黑色和有色金属）和抗泡性	CKB	在轻负荷下运转的齿轮	
				CKB 油，并提高其极压和抗磨性	CKC	保持在正常或中等恒定油温和重负荷下运转的齿轮	
				CKC 油，并提高其热/氧化安定性，能使用于较高的温度	CKD	在高的恒定油温和重负荷下运转的齿轮	
				CKB 油，并具有低的摩擦系数	CKE	在高摩擦下运转的齿轮（即涡轮）	
				在极低和极高温度条件下使用的具有抗氧、抗摩擦和抗腐（黑色和有色金属）性的润滑剂	CKS	在更低的、低的或更高的恒定流体温度和轻负荷下运转的齿轮	本品中各种性能较高，可以是合成基或含合成基油，对原用矿油型润滑油的设备在改用本产品时应做相容性试验
				用于极低和极高温度和重负荷下的 CKS 型润滑剂	CKT	在更低的、低的或更高的恒定流体温度和重负荷下运转的齿轮	
		装有安全挡板的开式齿轮	连续飞溅润滑	具有极压和抗磨性的润滑脂	CKG	在轻负荷下运转的齿轮	
			间断或浸渍或机械应用	通常具有抗腐蚀性的沥青型产品	CKH	在中等环境温度和通常在轻负荷下运转的圆柱形齿轮或伞齿轮	为使用方便，这些产品可加入挥发性稀释剂后使用，此时产品标记为 L-CKH/DIL 或 L-DKJ/DIL
				CKH 型产品，并提高其极压和抗磨性	CKJ		
				具有改善极压、抗磨、抗腐和热稳定性的润滑脂	CKL	在高的或更高的环境温度和重负荷下运转的圆柱形齿轮和伞齿轮	
			间断应用	为允许在极限负荷条件下使用的、改善抗擦伤性的产品和具有抗腐蚀性的产品	CKM	偶然在特殊重负荷下运转的齿轮	产品不能喷射

（2）工业齿轮油选用

1）品种选择。根据齿面接触应力确定质量级别，可按表 4-7 选用。一般来说，质量等级应该就高不就低，高档油可用于低档场合，反之则不宜。在选取开式齿轮传动润滑油时，应考虑下列因素：封闭程度、圆周速度、齿轮直径尺寸、环境、润滑油的使用方法、齿轮的可接近性。

表 4-7　根据齿面接触应力选择工业齿轮油

条件		推荐使用的工业闭式齿轮润滑油
齿面接触应力 δH /（N/mm^2）	齿轮使用工况	
<350	一般齿轮传动	抗氧防锈工业齿轮油（L-CKB）
350~500	一般齿轮传动	抗氧防锈工业齿轮油（L-CKB）
	有冲击的齿轮传动	中负荷工业齿轮油（L-CKC）
500~1100	矿井提升机、露天采掘机、水泥磨、化工机械、水力电力机械、冶金矿山机械、船舶海港机械等的齿轮传动	中负荷工业齿轮油（L-CKC）
>1100	冶金轧钢、井下采掘、高温有冲击、含水部位的齿轮传动	重负荷工业齿轮油（L-CKD）
<500	在更低的、低的或更高的环境温度和轻负荷下运转的齿轮传动	极温工业齿轮油（L-CKS）
≥500	在更低的、低的或更高的环境温度和重负荷下运转的齿轮传动	极温重负荷工业齿轮油（L-CKT）

2）黏度选择。在负荷不大的情况下，齿轮副的表面粗糙度与润滑油油膜厚度是相互矛盾的。为保证流体动力膜或弹流膜的形成，可以要求更光滑的齿面，使凸起高度小于油膜厚度，也可以要求更厚的油膜，将稍大的凸起掩盖，二者都可达到将摩擦齿面隔开的目的。通常根据齿轮线速度、环境温度确定黏度牌号。速度越低、温度越高，选择的黏度牌号越高。

3. 压缩机油

（1）压缩机油分类

我国等效采用国际标准 ISO 6743-3：2003《润滑剂、工业用油和有关产品（L 类）的分类　第 3 部分：D 组（压缩机）》，制定了压缩机油分类标准 GB/T 7631.9—2014《润滑剂、工业用油和有关产品（L 类）的分类　第 9 部分：D 组（压缩机）》。往复的十字头和筒状活塞或滴油回转（滑片）式压缩机油分为普通负荷 DAA、苛刻负荷 DAB 二种，DAA 和 DAB 属于合成油；喷油回转（滑片和螺杆）式压缩机油按更换周期分为 DAG（更换周期≤2000h）、DAH（2000h<更换周期≤4000h）和 DAJ（更换周期>4000h）三种；气体压缩机油按组成和特性分为五种，即 DGA（矿物油）、DGB（特定矿物油）、DGC（合成液）、DGD（合成液）和 DGE（合成液）。

（2）压缩机油选用

压缩机润滑油的选择，取决于压缩机的结构类型、工作参数（压缩比、排气压力和排气温度等）及被压缩气体的性质等多种因素。合理选用压缩机油，做好设备润滑的维护与管理，对延长设备的使用寿命、提高设备运转的可靠性、防止事故的发生等，均有重要意义。

1）品种选择。往复式压缩机工作条件较为苛刻，对润滑剂选择也较为严格。往复式压缩机，按负荷大小和工作条件不同，推荐按表4-8选择压缩机油。

表4-8　有油润滑的往复式和滴油回转式空气压缩机油选择

负荷	产品代号（ISO-L）	工作循环	操作条件		
			排气温度/℃	压力差/MPa	排气压力/MPa
普通	DAA	间断或连续运转	≤165	≤2.5	≤7.0
苛刻	DAB	间断或连续运转	>165	>2.5	>7.0

回转式压缩机中滑片式和螺杆式使用最广泛，其中滑片式压缩机润滑方式有滴油和喷油两种。滴油式采用较少，喷油回转式压缩机推荐按表4-9选择压缩机油。

表4-9　喷油回转式空气压缩机油选择

负荷	产品代号（ISO-L）	工作循环	操作条件
普通	DAG	接近连续或连续运转	在任何一级的排气阀上空气/润滑剂的最高温度≤100℃
苛刻	DAH	间断运转	油箱中润滑剂日常循环温度从室温～<100℃，或在任何一级的排气阀上空气/润滑剂的最高温度>100℃
		连续运转	在任何一级的排气阀上空气/润滑剂的最高温度>100℃

2）黏度选择。在同一型号的压缩机上采用相同的试验条件，使用较低黏度牌号的油品比使用高黏度牌号的油品最多可降低压缩机的比功率约10%，而机件磨损量却无明显差异。

4. 链条油

链条油是工业润滑油的一种，用于各种链条的润滑、防锈，减少摩擦、磨损，可以提高传动效率和延长链条寿命。链条油由基础油和添加剂组成，根据基础油的不同可以分为矿物油链条油、合成油链条油和生物基链条油。

矿物油链条油，基础油是矿物油，主要用于普通工况下。

合成油链条油，由合成油基础油组成，例如PAG、PAO和酯类基础油，主要用于高温等工作环境下。

生物基链条油，主要由可再生的植物油基础油组成，技术的发展大大提高了植物油润滑油的性能，有些产品已经达到合成油的性能水平。这些链条油由于其可降解和低毒特性，常用于水源、湿地和食品加工厂等敏感区域。

5. 导轨油

（1）导轨油分类

导轨油可以分为L-G导轨油和L-HG液压-导轨油两类。L-G导轨油用来润滑各种精密机床导轨、密封齿轮、托板、定位器等滑动部位，以及冲击振动摩擦点，尤其是工作台导轨，按照40℃运动黏度分为32、46、68、100、150、220、320这七个牌号。L-HG液压-导轨油用于机床导轨共用系统和精密机床导轨的润滑。按照 40℃ 运动黏度分为 32、46、68、100 等牌号。

（2）导轨油选用

1）品种选择。选择机床导轨润滑油时，主要考虑使用工况。对于既作液压介质又作导轨油的使用工况，根据不同类型的机床导轨的需要，可选同时作液压介质的导轨润滑油，即 HG 液压-导轨油。这样既能满足导轨的要求，又能满足液压系统所需的黏度。

2）黏度选择。中小型机床和机械设备，可采用黏度等级为 32 的液压导轨油；大型机床和机械设备，可采用黏度等级为 46、68 或 100 的液压导轨油。

6. 变压器油

变压器油以凝固点高低划分为三个牌号，分别是 10 号、25 号和 45 号变压器油。通常可根据地区气温，选用不同牌号的变压器油。通常平均最低气温不低于 -10℃ 的地区的变压器选用 10 号变压器油，寒区可使用 25 号变压器油，严寒地区选用 45 号变压器油。变压器油并不起润滑作用，它是一种要求特殊的液体电气绝缘材料。外界微量杂质（如水分、尘埃、纤维、表面活性物质等）的侵入将明显改变油的电气绝缘能力，如耐电压下降、介质损耗因素升高等。这就要求生产、运输、储存等均要采取特别的管理措施。它被加入变压器中后要与各种固体绝缘材料和其他构件的表面相接触，因此必须考虑变压器油与各种固体绝缘材料（如清漆、纸板、橡胶、油漆、黏合剂等）相容性情况。一旦这些固体绝缘材料与变压器油发生相互溶解，极性物质溶解在变压器油中，将迅速降低变压器油的耐电压能力，增加油品的介质损耗因数。

7. 润滑脂

（1）通用锂基润滑脂

GB/T 7324—2010《通用锂基润滑脂》中通用锂基润滑脂按工作锥入度分为 1 号（工作锥入度为 310~340）、2 号（工作锥入度为 265~295）和 3 号（工作锥入度为 220~250），1 号相对较软，2 号适中，3 号较硬。通用锂基润滑脂是由脂肪酸锂皂稠化矿物润滑油加入抗氧、防锈添加剂所制得的润滑脂，适用于工作温度在 -20~120℃ 范围内的各种机械设备的滚动轴承和滑动轴承及其他摩擦部位的润滑。

1 号锂基润滑脂适用于集中给脂系统。

2 号锂基润滑脂适用于中转速、中负荷的机械设备。

3 号锂基润滑脂适用于矿山机械、汽车、拖拉机轮毂轴承，大中型电动机等设备。

（2）极压锂基润滑脂

极压锂基润滑脂采用脂肪酸锂皂稠化矿物基础油，并加入抗氧化剂和极压剂，适用于 -20~120℃ 范围内的高负荷机械设备轴承及齿轮的润滑，也可以用于集中润滑系统。

（3）汽车通用锂基润滑脂

汽车通用锂基润滑脂由脂肪酸锂皂稠化低凝点矿物油，并加入防锈剂和抗氧剂制成，适用于 -30~120℃ 范围内的汽车底盘、水泵、发电机和一般载重的轮毂轴承等摩擦部位的润滑。

第二节　锯削、锉削加工

一、锯削加工

1. 锯条

锯削加工就是用锯条对工件进行切割加工。比如毛坯下料、分割材料、去除工件上多余材料等场合，通过锯削加工，就可以使得工件的尺寸、形状、位置和表面粗糙度都达到规定的要求。用手锯进行锯削加工是钳工作业当中的一项基本技能，这也是作为设备维护人员所必须掌握的一项基本作业技能。

手锯是手工锯削加工作业中使用的主要工具。手锯由锯弓和锯条组成，锯弓由手柄、固定部分、可调部分、固定夹头和活动夹头、调整螺母以及定位销等零部件构成。一把安装好的手锯如图 4-29 所示。

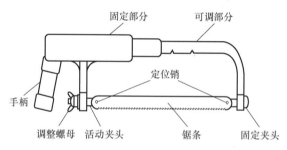

图 4-29　手锯的各部分构成示意图

锯弓只是用来安装固定锯条的支架，而锯条是锯削切割的刀具。合理选用锯条对锯削质量的好坏起到决定性的作用。锯条的型号和规格有很多，锯条的长度一般是 300mm，按锯齿牙距的大小分类，可将锯条分为粗齿、中齿和细齿三种。在选用锯条时，要根据所切割材料的材质和材料的厚薄来选用锯条。

当切割材料的材质较软时，通常选用粗齿锯条，这是因为软的材料容易切入，每锯一次产生切屑比较多。虽然粗齿锯条单位长度内锯齿的齿数少，但锯齿之间的容屑槽空间大，所以切割较软材质时不会造成切屑堵塞。选用粗齿锯条能充分发挥锯条的切削效率。若是选用细齿锯条，就会造成切屑堵塞。切屑堵塞会造成推锯时阻力过大，同时也会影响后续锯齿的切入作业，这严重影响锯条的切削效率。

反之，当切割材料的材质较硬时，通常选用细齿锯条，这是因为硬的材料不容易切入，每锯一次产生切屑比较少。虽然细齿锯条的锯齿之间的容屑槽空间小，但单位长度内锯齿的齿数多，每个齿上负担的切削阻力小，材料容易被切割。

要特别注意的是，在锯削水管或薄板类材料时，必须使用细齿锯条。因为这类材料比较薄，当锯齿锯穿材料后，会出现只有一个锯齿在切割材料的情况，这时锯条的导向功能变差，推锯时锯条很容易发生摆动。锯条发生一点微小的摆动，很容易导致锯齿被锯穿出的材料钩到而卡住的情况发生。推锯中途突然发生锯条被卡住，造成的后果通常就是崩断锯条。因此，在锯削作业时，切割截面上要保证有两个以上的锯齿同时参与切割，这样才能避免推锯时发生锯条崩断的现象。

2. 锯削操作

从整个锯削加工作业过程来说，一个锯削切割作业就是循环往复地进行推锯和拉锯作业，直到完成一个切割面的材料切割作业。从一次推锯作业开始，到紧接着一次拉锯作业将锯条拉回到起始位置就是一个锯削循序作业。习惯上把这一个锯削循序作业称为每锯 1 次。

推锯作业就是手持锯弓将锯条贴着工件向前推的切割工件作业。随着锯条的推入，锯条上的锯齿先后切入工件，并且推动着切屑前进推到工件后面接近锯条的尾部为止，如图 4-30 所示。推锯的动作过程中，锯条在切割工件。在这期间，工件前面部分的锯齿内部的切屑会从前面排出。

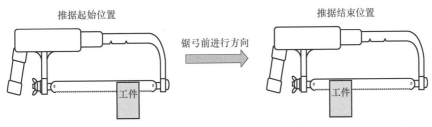

图 4-30　推锯的起始和结束位置示意图

拉锯作业就是手持锯弓将锯条贴着工件向后拉回的退刀作业。随着锯条贴着工件向后拉出拉到工件前面接近锯条前端的起始位置为止。在锯条后退的过程中，锯条不切割工件，只是将锯条拉到起始位置，为下一次切割做准备。在这期间，工件中间部分的锯齿内部的切屑会从后面排出。

一次完整的锯削切割作业就是不断地循环往复锯削，一次接着一次地锯削切割工件直到将整个切割面上的材料全部切除。

一次完整的锯削切割作业的过程，可以分为起锯、连续切割和收尾三个阶段

起锯阶段的目的是在工件上切割出导向槽。切出的导向槽深度一般是 0.1~0.5mm。导向槽是为之后的锯削加工起引导作用的。导向槽为连续切割阶段确定了锯条的切割部位和动作方向。

连续切割阶段的目的是按照导向槽确定的切割位置进行切割，将切割面上的绝大部分材料切除。作业要点就是保证整个切割过程锯缝都在划线范围内。作业中途实时检查确认，发现有偏位及时进行校正，确保切断面的平整。

收尾阶段的目的是将切割面尽量完整地切出来。材料即将切断，像锯割薄板一样，很难保证有两个以上的锯齿同时参与切割，锯条容易被卡住，从而造成锯条的崩断。这时要特别注意，必须通过减小向下的加压力来减少切入量，降低切割阻力，同时锯削速度也跟着降

低一些，保持匀速直线运动，将尾部剩余材料完整地切除。

3. 手锯的使用要求

（1）安装锯条的要求

锯条的锯齿朝向前推进的方向安装，并且两侧夹头上的定位销要指向相同方向，如图4-31所示。

锯条要摆正安装，固定夹头和活动夹头上的定位销要朝相同方向，如图4-32所示。拧紧蝶形螺母固定锯条时，要确保锯条的张紧度合适。锯条太松，锯削过程中锯条容易变形，会发生崩断锯条的情况。反之也不能崩得太紧，锯条太紧，锯条受力稍微有点变形，就会折断。

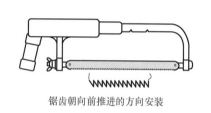

图4-31　锯条的锯齿安装方向要求示意图

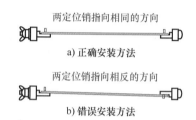

图4-32　锯条安装的定位销朝向要求示意图

（2）起锯阶段的要求

起锯阶段是要在工件上的合理位置切出导向槽。切出导向槽的关键就选择起锯位置。起锯位置的轴向位置是由划线位置来确定的；起锯位置的径向位置，原则上是按照推锯时作业舒适、顺手来选取。

选择好起锯位置后，接下来就是在起锯位置开始起锯作业。起锯时有起锯角度和起锯方式两个方面的要求。

起锯角度是指锯条与工件接触处所对应平面的夹角 θ，如图4-33所示。起锯角度 θ 通常是15°左右。这样一开始参与切割的齿数就比较少，切入深度是逐步增加的，这样的话起锯作业会比较顺利。

如果起锯角度太小的话，一开始参与切割的齿数就会有很多，锯条切入材料比较困难，如图4-34所示。推锯时，容易造成锯弓弹开，将工件表面拉毛，影响工件表面的质量及加工效率。

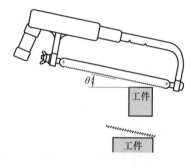

图4-33　正常起锯角度的切割示意图

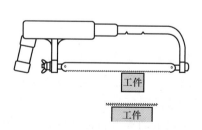

图4-34　起锯角度太小的切割示意图

如果起锯角度太大的话，一开始的切入量就会很大，锯齿齿尖的受力会非常大，容易发生齿尖崩断现象，如图 4-35 所示。这样会造成锯弓不稳、容易跑位。

起锯方式分为远起锯和近起锯两种。远起锯是指用靠近锯条前端的锯齿开始起锯，如图 4-36 所示。远起锯时，锯齿是逐渐变大的，切入深度则逐渐变深。推锯时不容易发生锯条卡住的现象，这是最常见的起锯方式。

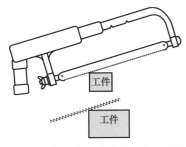

图 4-35　起锯角度太大的切割示意图

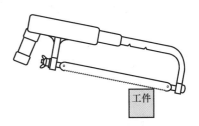

图 4-36　远起锯的示意图

近起锯是指用靠近锯条尾端的锯齿开始起锯，如图 4-37 所示。近起锯时，一开始的切入深度就会很深，因此刚开始推锯时，如果推力大小和方向没掌握好，很容易发生卡住锯条的现象。

（3）作业人员站立姿势的要求

开始切割作业前，先两腿与肩同宽立正站好，左腿向前迈一小步。身体向前倾 10° 左右，让左腿微微弯曲，右腿伸直，腰部挺直，保持重心在右脚，作业时，上身可微微弯曲及侧身。

（4）对作业人员握持锯弓的要求

通常应右手握住锯弓的把手，左手抓住锯弓前端，如图 4-38 所示。

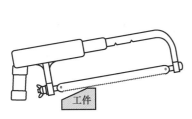

图 4-37　近起锯的示意图

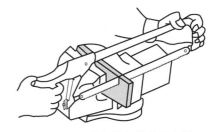

图 4-38　正常握持锯弓的示意图

（5）推锯和拉锯时的用力要求

当向前推锯进行切割作业时，向前的推力和向下的压力主要是通过右手传递过来的。左手主要是配合扶正锯弓，起方向引导和辅助向下压紧的作用。因此，左手用力不要过大，特别是向下的加压力。

当向后拉锯将锯弓移动到开始位置时，两只手都不能施加向下的压力，自然拉回。拉锯时，右手最好稍微向上抬，因为向后拉锯时不切割工件，注意不能明显地把锯条抬起来。锯条抬高了，容易发生钩住锯条的现象。只要保证锯条不是压着工件拉回的就好了。如果在施加向下压力的同时将锯条拉回，不但无法起到切割工件的作用，而且会磨损锯齿，造成锯齿的快速钝化，这样会缩短锯条的使用寿命。

（6）锯削时的动作要求

锯削时一般采用直线运动或上下摆动这两种运动方式来切割工件。在推锯或拉锯时，手臂和上身要协调配合，一起做小幅度的前后摆动，通过腰部发力进行切割。一般情况下都会采用上下摆动这种方式推动锯条匀速运动。这种方式操作起来比较自然、顺手，相对来说不容易使人产生疲劳。

在要求工件切割面底部是平直的时候，就必须采用直线运动方式来切割，也就是让锯条保持匀速直线运动。

（7）锯削时的速度要求

一个锯削循环作业称为每锯 1 次。锯削速度一般控制在 40 次/min 左右。

切割较软的材料时，锯削速度可以快点；切割较硬的材料时，锯削速度可以慢点。

4. 锯削注意事项

（1）在工件上划线作业的注意事项

作业前在工件上划线是切割加工前的作业准备工作。要保证锯削加工的尺寸精度，正确合理地划线是前提。锯削时要求锯路不超出上下极限尺寸。在划线时，通常参照工件的上下限极限尺寸划出两条划线，这两条划线之间的宽度就是锯条的宽度。在锯削时，只要保证锯路不超出这两条划线即可。

（2）固定夹持工件的注意事项

通常利用钳工台来固定夹持工件。在固定夹持工件时，要将锯削的划线位置摆在作业位置的正前方方便作业的位置，尽量让切割时作业人员的姿势自然轻松，容易观察锯削部位的划线。

（3）起锯作业的注意事项

起锯时，先确认好起锯位置，再用左手拇指的指甲对准起锯位置的划线，右手将锯弓靠上来，让锯条的前端贴住左手拇指的指甲，如图 4-39 所示。确定锯齿对准划线位置后，来回推拉锯弓两三次，在工件上切出导向槽。

（4）锯削深缝作业的注意事项

当锯削的切割面深度大于锯弓的高度时，正常安装锯条是无法完成切割作业的。进行切割这类深缝的锯削作业时，要先将锯条旋转 90°，如图 4-40 所示，再拧紧固定。使得锯条切割面与锯弓面垂直，将锯弓转到工件外侧来切割。

（5）连续切割作业的注意事项

在进行连续切割作业时，要按动作要领时刻控制锯条的切割动作，同时也要适时地多观察锯路，确保锯路不超出划线位置。发现锯路有偏斜时，要及时调整纠正。在调整纠正锯路时，不可强行硬扳锯弓，这样只会越扳越偏。应该让锯条贴着锯偏方向的反向一侧来切割，慢慢地将锯路修正过来。

 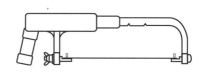

图 4-39　起锯时的示意图　　　　　图 4-40　切割深缝时锯条的安装示意图

（6）收尾阶段作业的注意事项

在收尾阶段，材料即将切断，除了在切割方面减小向下的压力和降低锯削速度之外，还要注意切断的材料脱落的问题。如果切断的材料质量较大，要提前考虑追加辅助的支撑物，防止重物掉落伤人。

总之，掌握正确的锯削姿势，合理控制压力、切割方向和速度及时进行调整校正是保证锯削质量的关键。

二、锉削加工

1. 锉刀

锉削加工是对工件的表面进行切削加工。比如加工平面、台阶面、角度、曲面、沟槽和各种复杂的表面和配件，以及装配时对工件进行修整等。通过锉削加工，使得工件的尺寸、形状、位置和表面粗糙度都达到规定的要求。锉削加工是钳工作业当中的一项基本技能，也是作为设备维护人员必须掌握的一项基本作业技能。

锉刀是手工锉削加工作业中使用的主要工具。锉刀是由锉身和手柄组成的，如图 4-41所示。锉身是锉削加工的切割刀具，手柄只是握持锉刀的把手。

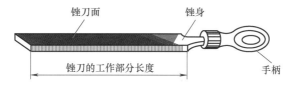

图 4-41　锉刀构成的示意图

锉刀的种类和型号有很多，从应用场合来说，锉刀一般分为普通锉刀、特种锉刀和整形锉刀三大类。普通锉刀用于一般的锉削加工；特种锉刀用于有形状要求的场合，专门锉削特殊形状；整形锉刀用于锉削小而精细的零件。比较常用的是普通锉刀，普通锉刀的规格一般以截面形状、工作部分长度、锉纹形式及锉纹密度来表示。

（1）锉刀的分类

1）锉刀按截面形状可分为平锉、方锉、三角锉、圆锉、半圆锉五种，如图 4-42 所示。

平锉通常用来锉削平面、外圆面和凸弧面；方锉用来锉削方孔和窄平面；三角锉用来锉削内角、三角孔和平面；圆锉用来锉削圆孔、半径较小的凹弧面和椭圆面；半圆锉用来锉削

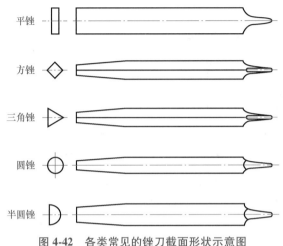

图 4-42　各类常见的锉刀截面形状示意图

凹弧面和平面。在选用锉刀时，通常参照上述用途来选用相应截面形状的锉刀。

2）锉刀按工作部分长度分为 100mm、150mm、200mm、250mm、300mm、350mm、400mm 七种。

锉刀工作部分长度通常依据被加工工件的尺寸大小和加工余量来选择。被加工工件的尺寸大或加工余量大时，要选用大尺寸规格的锉刀，反之，就选小尺寸规格的。

3）锉刀按锉纹的形式分为单纹锉刀、双纹锉刀以及其他锉纹的锉刀。

单纹锉刀只有 1 个方向的锉纹，如图 4-43 所示。同一个锉纹处的切削刃是一条直线，整条切削刃中间没有缺口，锉削后不会在工件的表面留下锉痕。这类工具加工出来的表面非常平滑，适合于对铜、铝、铅等材质较软的金属或酚醛树脂等塑料进行切削加工。

双纹锉刀有十字交叉的两个方向的锉纹，如图 4-44 所示。同一个锉纹被分割出多条切削刃，各切削刃之间留有等间距的缺口，这是为了分割切屑，便于排屑。锉刀上最开始切出的锉纹称为底纹，第二次切出的锉纹称为上纹，底纹把上纹分割成一段一段的，上纹对应的切削刃就是主切削刃。双纹锉刀适合于钢和铸铁等一般金属的切削加工。

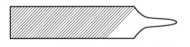

图 4-43　单纹锉刀的锉纹示意图

图 4-44　双纹锉刀的锉纹示意图

4）锉刀按锉纹的密度不同分为 1 号、2 号、3 号、4 号、5 号锉纹。

按照日常习惯上的叫法，1 号锉纹又称为粗锉（粗齿），2 号锉纹称为中锉（中齿），3 号锉纹称为细锉（细齿），4 号锉纹又称为双细锉，5 号锉纹又称为油光锉。

通常来说，粗锉适合于粗加工，粗锉的加工余量在 0.5～1mm。中锉适合于一般加工，中锉的加工余量在 0.2～0.5mm。细锉适合于精加工或锉光工件表面，细锉的加工余量在 0.05～0.2mm。双细锉适合于精加工或打光工件，加工余量与细锉相同。油光锉适合于打光工件表面，加工余量在 0.05mm 左右。

在锉削加工工具钢这类较硬材质的工件时，粗加工或一般加工都选用细锉，这是为了避免锉削时造成粗锉或中锉的锉纹损伤。

在锉削加工有色金属这类较软材质的工件时，粗加工或一般加工都选用粗锉，这是避免锉削时切屑把锉纹堵住。

（2）锉刀的选用要求

首先根据被加工工件的大小和加工部位的形状来选择锉刀的长度和截面形状。

其次根据工件材料的材质、加工余量、加工精度和表面粗糙度等要求来选择锉纹的规格。

在锉削加工前，正确合理选用锉刀可以提高加工质量，延长锉刀使用寿命，节约加工工时。

2. 手持锉刀的使用方法

（1）锉刀握法的要求

正确握持锉刀有助于提高锉削精度。对于尺寸大小不同的锉刀，应采取不同的握法。

1）大锉刀的握法通常是用右手抓住锉刀的手柄，让手心抵住手柄头，拇指放在手柄上方，其余四个手指在下面，配合拇指握住手柄，如图 4-45 所示。

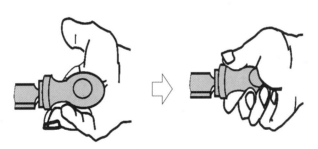

图 4-45　右手握持锉刀的示意图

左手则根据锉刀的大小和用力的轻重，有多种姿势来握住锉刀的前端。

常见的握法是先让锉刀的头部顶住左手食指、中指及无名指的第 2 个关节处再用握拳方式握住锉刀的头部，如图 4-46 所示。这种握法发力方便，特别适合粗加工这类需要大切削力的场合。

2）中锉刀的握法。右手的握法与大锉刀的握法相同。左手通常有两种握法，握法一是采用类似图 4-46 中用拇指配合食指和中指捏住锉刀前端的握法；握法二是让锉刀的头部顶住左手食指、中指和无名指的指尖，拇指与食指配合捏住锉刀前端，如图 4-47 所示。

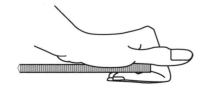

图 4-46　左手的大锉刀握持方式示意图

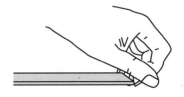

图 4-47　左手的中锉刀握持方式示意图

3）小锉刀的握法。右手的食指伸直，靠在锉刀的侧边，其余手指配合拇指捏住锉刀的前端。左手则用中指、食指和无名指压住锉刀的中部，如图 4-48 所示。

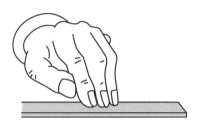

图 4-48　左手的小锉刀握持方式示意图

4）整形锉刀的握法一般只用右手握住锉刀，右手的食指伸直，食指放在锉刀的上面，拇指和中指捏住锉刀。

总之，锉刀的握法有很多种，具体要依据锉刀的尺寸和锉削时切削力度的大小来选择。

（2）锉削的姿势

正确的锉削姿势能减轻作业者的疲劳、提高锉削质量和效率。

粗加工或一般加工的锉削作业，因为需要的锉削力比较大，通常按以下姿势站立：先两腿与肩同宽站好，左腿迈出一小步，让左腿微微弯曲，身体向前倾 10°左右，右腿伸直，腰部挺直，保持重心在右脚。作业时，上身可微微弯曲及侧身。

精加工或打光工件的锉削作业，因为需要的锉削力比较小，站立基本与上述姿势相同，只是左腿向前迈的幅度可以小一点，身体也不用向前倾那么多，右腿伸直，腰部挺直，保持重心在右脚。作业时上身可微微弯曲及侧身。

（3）推锉和拉锉时的用力要求

与锯削作业一样，锉削作业也是循环往复地进行推锉和拉锉作业，直到完成一个锉削面的加工。推锉就是手持锉刀将锉刀贴着工件向前推来切割工件，拉锉就是手持锉刀将锉刀稍微抬起一点，再将锉刀拉回移动到下一个推锉起始位置。

当向前推锉刀进行锉削切割时，锉削力可以分解为水平方向的推力和垂直方向的压力。

水平方向的推力主要是通过右手传递过来的，不用考虑左手。水平方向的推力大小是右手控制的，右手给出的水平方向的力度，只要保证匀速前进，大小合适即可。左手只是配合扶正锉刀，引导锉刀沿直线方向运动即可。

垂直方向的压力是锉齿切入工件的压力。切入量足够，才能充分切割材料，反之，切入量不足，影响切割效率。垂直方向的压力是通过两只手共同施加的压力，随着锉刀的前进，两只手所施加的压力与工件上的反作用力必须保持平衡，才能保证锉刀前进时做直线运动。两只手施加的压力大小必须配合好，及时调整变化，才能确保切削面是平直的。

在锉刀前进时，从起始位置开始，右手施加在垂直方向的压力要逐渐加大，而左手施加在垂直方向的压力则要逐渐减小。锉刀前进到结束位置时，右手施加在垂直方向的压力达到最大，而左手施加在垂直方向的压力则达到最小。锉刀前进时，左右两只手施加在垂直方向的压力大小关系如图 4-49 所示，两只手作用在垂直方向的压力大小要随着锉刀的前进位置而变化。

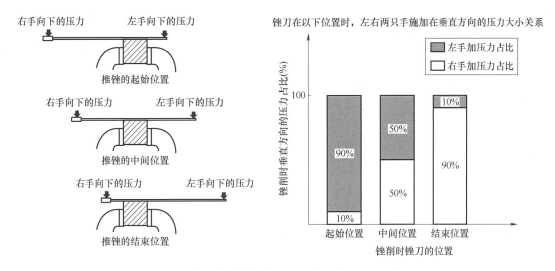

图 4-49　在各锉削位置时左/右手施加的压力大小关系

拉锉时，将锉刀拉回，移动到下一次推锉起始位置。因为这是退刀作业，不切割工件，这时要将锉刀稍微抬起一点，脱离工件，平直拉回。切记不可以贴着工件拉回，否则不但没有起到切割工件的作用，反而在打磨锉纹，造成锉纹的快速钝化，这样就会加速锉纹的磨损，缩短锉刀的使用寿命。

（4）锉削时的速度要求

与锯削作业一样，一次连续的推锉和拉锉作业就是一个锉削循环作业，也叫每锉 1 次。锉削速度一般控制在 40 次/min。

切割较软材料时，锉削速度可以快点，切割较硬材料时，锉削速度可以慢点。

3. 锉削加工的方法

锉削加工中锉刀的进刀切削动作分为横向进刀和纵向进刀。纵向进刀是指锉刀切入工件，切除该部位与锉齿接触处的材料。切入深度与加压力的大小有关。横向进刀是指锉刀横向移动，切削下一个部位的材料。移动距离与重叠锉削区域大小有关对锉削加工面的锉痕有影响。

选用不同的锉削方法，其实就是改变锉刀的横向进刀和纵向进刀方式。

常见的锉削方法有顺向锉、交叉锉和推锉这三种锉削方法。其中顺向锉和交叉锉这两种锉削方法，在锉削时锉刀都有横向和纵向这两个方向的进刀动作。而推锉这种锉削方法只有纵向的进刀动作。选用不同的锉削方法，锉削出来的工件表面平整度和锉痕会有很大的区别，并且加工效率也不一样。

正确选用锉削加工方法，对锉削质量和锉削效率都有很大的影响，应针对不同的工件、不同的工艺要求，选择合适的锉削方法。下文会详细介绍这三种锉削加工方法。

（1）顺向锉

顺向锉是指锉刀沿着工件表面做横向和纵向运动的锉削方法。该方法锉刀有横向和纵向两个方向的进刀动作，如图 4-50 所示。该方法的锉削平面可以得到平直的锉痕，适用于加工余量比较大的粗加工，工作效率高。配合精加工可以使得锉纹变直，纹理一致。

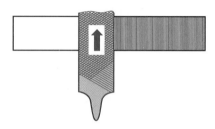

图 4-50　顺向锉方法的锉削示意图

（2）交叉锉

交叉锉是指锉刀从两个交叉的方向对工件表面进行锉削的方法。该方法锉刀也有横向和纵向两个方向的进刀动作，并且锉刀的运动方向与工件的夹持方向成一定角度，形成交叉的锉痕，如图 4-51 所示。由于锉痕是交叉的，容易判断锉削表面的平整度，便于不断修正锉削部位，因此容易将表面锉平。交叉锉方法切削快，适用于平面的锉削。

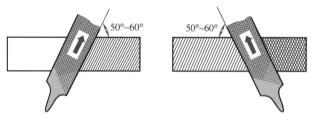

图 4-51　交叉锉方法的锉削示意图

（3）推锉

推锉是指双手对称横握锉刀，用两拇指从侧面均衡地推、拉锉刀进行锉削的方法，如图 4-52 所示。该方法锉刀只有纵向的进刀动作，只适用于工件的加工表面较窄并且已经锉平，加工余量较小的情况。在精加工时，通常用该方法来修整和提高工件表面的加工质量，同时还可以保证直线度和垂直度，提高锉削质量。

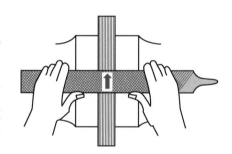

图 4-52　推锉方法的锉削示意图

4. 手持锉刀的锉削作业方法

进行锉削加工作业时，在工件上进行划线作业基本上与锯削作业相同。只需要按照尺寸公差划一条线即可。

在固定夹持工件的作业方面，具体要求与基本锯削作业相同。主要就是保证工件的牢固不松动。只是钳工台夹持工件的夹持部位要做好保护，不要把夹持处的工件表面夹伤了。还有就是从保证锉削作业的方便性来说，被加工工件的锉削面比钳工台的夹爪端面尽量高一些。

在常见的三种锉削方法中，顺向锉和交叉锉这两种锉削方法，锉削时锉刀都有横向和纵向这两个方向的进刀动作。而推锉这种锉削方法只有纵向进刀动作。

下面以顺向锉的锉削方法为例，详细介绍具体的锉削加工方法。

从被加工工件的锉削面一侧开始锉削，锉削的第 1 刀让锉刀宽度 W 的 2/3 左右的刀面贴着工件锉削，如图 4-53 所示。这是为了确保被加工工件的锉削面边缘处的锉削质量。在锉刀退回来时，将锉刀横向移动 2/3W 左右的距离，移动到下一个切削部位的起始位置，再锉削第 2刀，如图 4-54 所示。之后的锉削都按照锉刀横向移动 2/3W 左右进刀锉削，确保连续两次锉削，重叠锉削区域的宽度达到锉刀宽度 W 的 1/3，使得整个锉削加工面的表面锉削均匀。

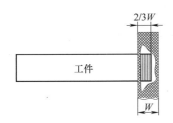

图 4-53 开始锉削时锉第 1 刀的示意图

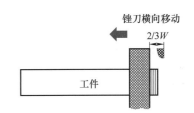

图 4-54 开始锉削时锉第 2 刀的示意图

将整个锉削面都锉削了一次后，回到最开始的锉削位置。开始对锉削面进行下一次锉削，直到被加工工件的尺寸精度和锉削面的表面精度达到要求。

在锉削加工中途，要多次在适当的时候对锉削加工面的加工质量进行检查和测量，检查确认划线位置和锉削加工面的质量，必要时可以借助各种测量工具进行测量及检查。在检查和测量中找出问题，并依据检测结果，对下一次锉削的力度及方向进行调整和校正。

在锉削过程中，会有切屑黏附在锉齿上，影响加工效率。同时，这些切屑也会造成加工面的划伤，影响加工质量。特别是加工铜、铝等较软材质的工件时，要准备一把钢丝刷，及时将黏附在锉齿上的切屑清除，有些切屑不能刷掉时，可以用划线针的针尖将这些切屑挑出来。

总之，应选择合适的工具及恰当的锉削方法，掌握正确的操作要领，及时进行质量检验和调整，通过反复实践练习，积累经验，提高锉削精度。

第三节 孔、螺纹加工

一、孔加工

常用的孔加工方式为钻孔，即用钻头在材料上一次钻成孔，如图 4-55 所示。钻孔的精度等级可达到 IT11 级，表面粗糙度 Ra 为 25～12.5μm。

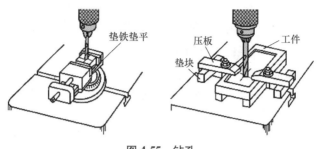

图 4-55　钻孔

1. 钻头

钳工经常用的钻头有麻花钻和中心钻。麻花钻如图 4-56 所示，按柄部结构分为直柄和锥柄，锥柄为莫氏锥度，常用钻头材料为高速钢（W18Cr4V 或 W9Cr4V2）制成，淬火后硬度为 62~68HRC。

（1）麻花钻

1）麻花钻的结构如图 4-56 所示，它由柄部、颈部及工作部分组成。

① 麻花钻的工作部分由切削部分、导向部分组成，工作部分是麻花钻的主要组成部分。

a）切削部分如图 4-57 所示。切削部分有两个刀瓣，主要起切削作用。它可以看成两把内孔车刀通过钻心组合在一起，两条主切削刃位于横刃两侧。

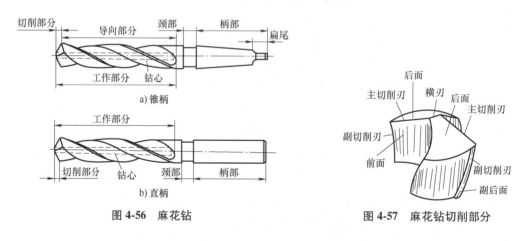

图 4-56　麻花钻

图 4-57　麻花钻切削部分

b）导向部分在钻头钻孔过程中起导向作用，保持钻头钻孔时的方向，同时修光孔壁。两条螺旋槽形成切削刃，起到容屑、排屑及导入切削液的作用。导向部分外缘磨出倒锥用于导向和减少钻头棱边与孔壁的摩擦，麻花钻的倒锥量为 0.03~0.12mm/100mm。

② 麻花钻的颈部位于柄部和工作部分之间，在钻头磨制时颈部为退刀槽，标准麻花钻头在该部位打有标记，如钻头的规格、材料及商标。

③ 柄部是钻头夹持部分，用来紧固钻头、定心和传递转矩及轴向力。柄部分直柄和锥柄。13mm 以内的钻头主要用直柄，直柄传递转矩比较小，常用于手电钻、台钻等设备。当钻头的直径大于等于 13mm 时，一般用莫式锥柄。锥柄传递转矩比较大，常用于摇臂钻床及

立式钻床。

2）麻花钻切削部分的几何参数包括顶角、前角、后角和横刃斜角。

① 顶角（2φ）是钻头两主切削刃在其平行的轴平面 M—M 上的投影所夹的角。顶角的大小影响主切削刃上轴向力的角的大小，顶角小，轴向阻力小，刀尖角增大，有利于散热和提高钻头使用寿命。但该角减小后，在相同条件下，钻头所受到的切削转矩会增大，切削变形加剧，排屑困难，影响切削液进入。

钻头顶角的大小见表 4-10，不同的加工条件选用不同的角度。标准麻花钻出厂时顶角如图 4-58 所示，顶角 $2\varphi = 118° \pm 2°$。钻头顶角一般在 $80° \sim 140°$ 之间，按加工材质选择顶角，钻硬材料取大值，反之取小值。

表 4-10　钻头顶角选择表

加工材料	顶角	加工材料	顶角
钢和铸铁	116°～118°	黄铜、青铜	130°～140°
钢锻件	120°～125°	纯铜	125°～130°
锰钢	135°～150°	铝合金	90°～100°
不锈钢	135°～150°	塑料	80°～90°

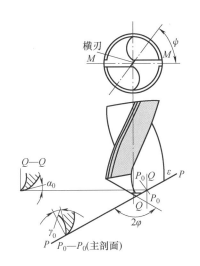

图 4-58　麻花钻切削部分的几何角度

顶角对主切削刃形状的影响如图 4-59 所示。

② 前角（y_0）。主切削刃上任意一点的前角是通过该点所作的主断面 P—P 中前刀面与该点基面间的夹角。前角大小影响切屑的变形和切削刃的强度，也决定着切削的难易程度。主切削刃上各点处的前角是不相等的，外缘处最大，约为 $30°$，越接近中心越小，靠近横刃处约为 $-30°$。

③ 后角（α_0）。主切削刃上任意一点的后角是通过该点所作的平行于钻头轴线的平面内

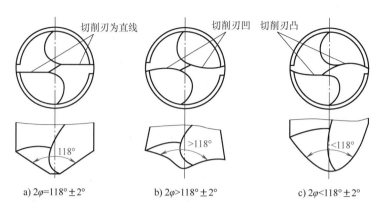

a) $2\varphi=118°\pm2°$　　　　b) $2\varphi>118°\pm2°$　　　　c) $2\varphi<118°\pm2°$

图 4-59　顶角对主切削刃形状的影响

后刀面与切削平面间的夹角。后角影响后刀面与切削平面的摩擦和主切削刃的强度。主切削刃上各点的后角大小也不相等，外缘处最小，为 8°~14°，越接近中心越大，中心处为 20°~26°。标准麻花钻后角见表 4-11。

表 4-11　标准麻花钻后角

钻头直径/mm	≤1	1~15	15~30	30~80
后角 α_0	20°~30°	11°~14°	9°~12°	8°~11°

④ 横刃斜角（ψ）是横刃与主切削刃在钻头端面投影之间的夹角。当钻头后刀面磨出时，横刃斜角就自然形成了。横刃斜角可用来判别钻头中心处后角磨得是否正确，一般取 50°~55°。

（2）中心钻

1）常用的中心钻如图 4-60 所示，分为 A 型中心钻和 B 型中心钻两种。

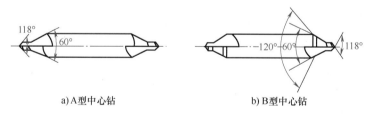

a）A 型中心钻　　　　　　　　b）B 型中心钻

图 4-60　常用中心钻

① A 型中心钻形状参数如图 4-60a 所示，其结构分为圆柱和圆锥两部分，圆锥部分的角度为 60°。A 型中心钻圆柱部分的直径为中心钻的公称尺寸。A 型中心钻所钻的 A 型中心孔如图 4-61a 所示。

② B 型中心钻形状参数如图 4-60b 所示，其结构在 A 型中心钻结构的基础上在端部多一个 120°的圆锥角度，其作用是保护 60°锥孔。B 型中心钻所钻的 B 型中心孔如图 4-61b 所示。

2）特殊型中心钻主要有 C 型中心钻和 R 型中心钻，其钻孔形状如图 4-62 所示。

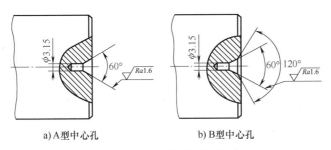

a) A 型中心孔　　　　b) B 型中心孔

图 4-61　中心钻钻孔形状

① C 型中心钻在 B 型的基础上多了螺纹。可用 B 型中心钻钻孔后再加工内螺纹。C 型中心孔形状如图 4-62a 所示。

② R 型中心钻在 A 型的基础上将 60°圆锥部分变为圆弧形。R 型中心孔形状如图 4-62b 所示。

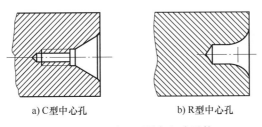

a) C 型中心孔　　　　b) R 型中心孔

图 4-62　C 型、R 型中心孔形状

3）中心孔的钻削方法如下。

① 不同种类中心钻按图 4-63、图 4-64 进行装夹，中心孔钻孔方法一般为 A 型中心孔钻出 60°锥面的一半多接近 2/3 即可，B 型中心孔除了要钻出 60°锥面还要钻出 120°保护锥面。

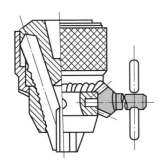

图 4-63　钻夹头钥匙的结构原理

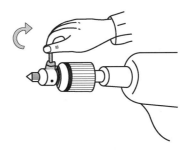

图 4-64　装夹中心钻

② 钻中心孔时，由于中心钻一般直径较小，进给量要小而均匀，转速不能太低，转速一般为 700~1000r/min，钻头越小转速越快，钻头越大转速越慢。

③ 中心钻钻孔要注意钻头冷却，可加注切削液、润滑油等进行冷却。

2. 钻床

钻床种类包括台式钻床、立式钻床、摇臂钻床等，如图 4-65 所示。

a) 台式钻床   b) 立式钻床   c) 摇臂钻床

图 4-65　常用钻床

（1）台式钻床

图 4-66 所示为台式钻床，是通常安装在工作台上的一种小型钻床，钻孔直径最大为 12mm，采用直柄钻头。设备操作方便，结构简单，主要用于小型维修的孔加工。

1）台式钻床的基本结构包括以下部分。

① 机头。图 4-66 中，机头安装在立柱上，锁紧手柄，用来将机头锁紧在立柱上，主轴安装在机头的孔里面，螺母用于拆卸更换钻头夹。

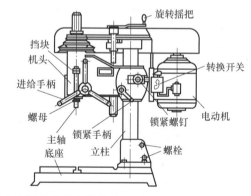

图 4-66　台式钻床的基本结构

② 立柱。图 4-66 中，旋转摇把可以升降机头。升降至需要的高度后，可以通过锁紧手柄旋转锁紧机头。

③ 电动机。图 4-66 中，松开该锁紧螺钉后，可调节电动机的位置，通过托板带动电动机实现前后移动，作用是调节 V 带的松紧，也可以调整 V 带的带轮槽的位置来改变台钻转速。

④ 底座。图 4-66 中，台钻底座有 T 形槽，用来安装固定工件或夹具。台钻的底座四角有固定孔，用来固定台钻。

2）台式钻床使用、维护与保养。

① 在使用过程中，保持工作台的清洁。

② 钻通孔时注意对准工作台面的让刀孔，也可以在工件下面垫垫铁，否则容易钻坏工作台面。

③ 钻孔结束后擦拭机床外露导轨的滑动面及工作台面的灰尘、油腻及铁屑，对外露导轨滑动面及加油孔按要求加注润滑油。

（2）立式钻床

图 4-67 所示为立式钻床，简称立钻，它的主轴箱固定在床身顶部，由于其主轴不能做前后左右移动，常用于机械制造及修配加工中小型工件或单一孔的加工。以图 4-67 所示的 Z5030 型立式钻床为例，其最大可以钻直径为 30mm 的孔，它的主轴转速和进给量都有较大的调节范围，因此可对多种材料进行加工，可用于钻孔、铰孔、扩孔、锪孔以及螺纹孔加工等多种工作。

立式钻床的基本结构包括以下部分。

① 主轴箱。图 4-67 中，主轴箱位于立式钻床的顶部，主轴箱顶部安装有电动机。根据机床上的变速标牌，通过调节主轴箱右侧的变速手柄，可调节主轴的转速。

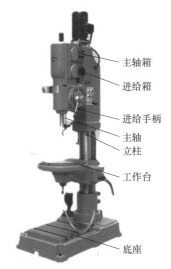

主轴箱

进给箱

进给手柄

主轴

立柱

工作台

底座

图 4-67 Z5030 型立式钻床

② 进给箱。图 4-67 中，进给箱在主轴箱的下面。按变速标牌指示，通过旋转进给箱右侧的手柄，可调节立式钻床的机动进给速度。

③ 进给手柄。图 4-67 中，进给手柄位于进给箱右侧，通过进给箱实现不同进给操作方式，如手动进给、机动进给、超越进给及攻螺纹进给等。

④ 工作台升降运动。图 4-67 中，通过转动立式钻床的升降手柄，实现工作台的升降调节。

⑤ 工作台回转运动。工作台除了可以升降，还可绕立柱旋转，来实现不同位置孔的加工。

⑥ 电气部分。通过电气按钮实现主轴正转、反转及停机。

（3）摇臂钻床

摇臂钻床如图 4-68 所示，通过大臂旋转和主轴箱在大臂上移动可实现快速定位工件孔的中心，实现大型零件多孔加工，操作比立式钻床更加灵活便捷。以图 4-68 所示的 Z3050 臂钻床为例，该钻床的最大的钻孔直径为 50mm。工件可固定在工作台面上加工，加工较大型工件时也可以将工件放在底座上进行加工。摇臂钻床最基本的功能是钻孔，它还可以进行扩孔、锪孔、锪平面、镗孔、铰孔及攻螺纹等。

（4）钻床的使用要求

1）在进行钻削加工时，要将工件装夹牢固，严禁戴着手套操作，以防止工件飞脱或手套被钻头卷入而造成人身安全事故。

2）只有钻床运转正常才可操作钻床，使用前必须通过观察油标来检查各油箱油位，必要时及时添加油品，圆形油标一般油位不低于油标的1/2。然后空转试车，在机床各机构都能正常工作时才可操作。

3）钻通孔时要谨防钻坏工作台面，注意对准工作台面的让刀孔，也可以在工件下面垫垫铁、垫木等，否则容易钻坏工作台面。

4）变换转速应在停车后进行，变换主轴转速或机动进给量时，必须在停车后进行调整，以防止变换时齿轮损坏。

5）在钻床使用过程中要保持钻床工作台面的清洁。下班时清理工作台面、底座及地上的铁屑，对机床外露导轨滑动面、升降丝杠进行擦拭，并对导轨滑动面、升降丝杠、立柱及各加油孔加润滑油进行润滑。

3. 钻床夹具

（1）直柄钻夹头结构及钻头装拆

1）直柄钻夹头结构。钻夹头的结构如图4-69所示，夹头体上有锥孔与钻夹锥柄过盈配合；夹头套与内螺纹圈过盈配合；夹头钥匙用来旋动夹头套；夹爪用来夹紧钻头；直柄内螺纹圈用来使爪伸出或缩进。

图4-68　Z3050摇臂钻床

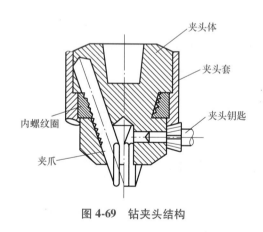

图4-69　钻夹头结构

2）直柄钻头的装拆。直柄钻头的直径最大为12mm，由于钻头直径小，钻孔时的转矩较小，通常直柄钻头需要用直柄钻夹头来夹持，其操作方法如图4-70所示。通过将夹头钥匙插入钻夹头钥匙孔，使钥匙齿和钻夹头夹头套的齿啮合，旋转夹头钥匙后，夹头套及内螺纹圈被动旋转，带动3个夹爪移动，实现夹紧或放松钻头的动作。直柄钻头的柄部插入直柄钻夹头的3个夹爪中间，其夹持深度不能小于15mm，直柄钻夹头夹紧钻头后与钻床主轴配合，带动钻头旋转。

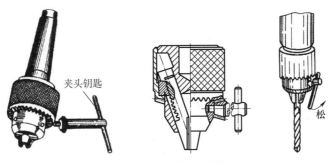

图 4-70　直柄钻头的装拆

（2）锥柄钻夹头结构及钻头装拆

1）锥柄钻夹头结构（图 4-71）。锥柄钻夹头内外表面都是锥体，一般被称为钻套。

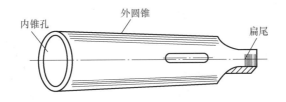

图 4-71　锥柄钻夹头

2）锥柄钻头的装拆。锥柄钻头通过柄部的莫氏锥体与钻床主轴连接。安装时，应使矩形舌部的长方向与主轴上的腰形孔中心线方向一致，加速用力一次插入，如图 4-72a 所示。如果钻头锥柄比主轴锥孔小，可采用过渡锥套来安装，过渡锥套如图 4-72b 所示。拆卸时，需借助斜铁，用榔头将斜铁敲入过渡锥套或钻床主轴上的腰形孔内，通过斜铁的斜面产生的压力进行分离，从而进行拆卸，如图 4-72c 所示。

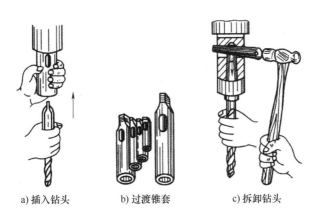

a) 插入钻头　　　b) 过渡锥套　　　c) 拆卸钻头

图 4-72　锥柄钻头的装拆

（3）快换钻夹头及中间套筒

1）快换钻夹头更换钻头更加方便迅速，主要用于多孔径加工或钻孔、铰孔、锪孔等，如图 4-73 所示。

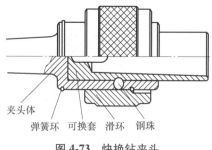

夹头体　弹簧环　可换套　滑环　钢珠

图 4-73　快换钻夹头

2）中间套筒（钻头套）用于锥柄与钻床主轴孔或快换钻夹头的连接。套筒如图 4-74 所示，钻头套如图 4-75 所示。

图 4-74　套筒

图 4-75　钻头套

3）快换钻夹头、中间套筒与钻头整体装配后如图 4-76 所示。

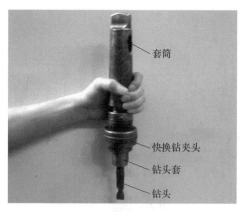

套筒

快换钻夹头

钻头套

钻头

图 4-76　整体装配示意图

（4）中心钻的装夹

按图 4-63 所示，将夹头钥匙插入钻夹头钥匙孔中，使夹头钥匙齿和夹头套的齿捏合，沿逆时针方向旋转钥匙，3 个夹爪张开。将中心钻插入 3 个夹爪之间，露出长度为中心钻长度的 1/3，沿顺时针方向转动夹头钥匙，中心钻被夹紧，如图 4-64 所示。

对钻夹头锥柄和尾座锥孔进行清洁，稍用力将钻夹头锥柄部分插入尾座锥孔中，安装时需要注意偏尾的方向。

（5）各类工件在钻床上的装夹方法

1）平整的工件可以用平口虎钳固定工件进行装夹。注意工件表面要与钻头垂直，同时平口虎钳需要固定牢靠，防止移动，如图 4-77a 所示。

2）工件为圆柱形时，用 V 形架固定工件进行装夹，如图 4-77b 所示，或者用三爪自定心卡盘装夹，如图 4-77c 所示。

3）工件较大且钻孔较大时，需要用压板及螺栓固定工件进行装夹，如图 4-77d 所示。注意压板和螺栓尽量靠近，垫铁比工件压紧面要稍高，来保证足够的压紧力，为了防止压伤，可以垫铜皮等保护件。

4）如果工件底面不平或工件加工基准在侧面，需要用角铁进行固定装夹，角铁用压板进行固定，如图 4-77e 所示。

5）当小型工件以及一些较薄的板件需要钻孔时，需要借助定位块，用手虎钳固定夹持，如图 4-77f 所示。

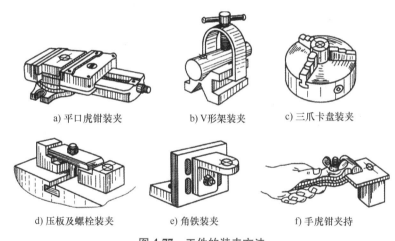

a) 平口虎钳装夹　　　　b) V 形架装夹　　　　c) 三爪卡盘装夹

d) 压板及螺栓装夹　　　　e) 角铁装夹　　　　f) 手虎钳夹持

图 4-77　工件的装夹方法

二、螺纹加工

用丝锥在孔中切削出内螺纹的加工称为螺纹加工。内螺纹的加工称为攻螺纹。

1. 丝锥

（1）丝锥的分类

1）按使用方法不同，丝锥分为手用丝锥和机用丝锥两种，如图 4-78~图 4-80 所示。

2）按螺纹规格划分，最常用的丝锥有公制螺纹丝锥、圆柱管螺纹丝锥和圆锥管螺纹丝锥三种。

（2）丝锥的结构

丝锥的结构分为柄部和工作部分，如图 4-81 所示。

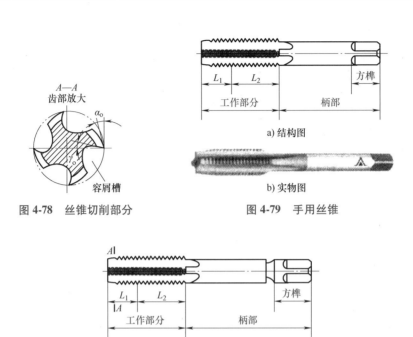

图 4-78　丝锥切削部分

图 4-79　手用丝锥

a) 结构图

b) 实物图

图 4-80　机用丝锥

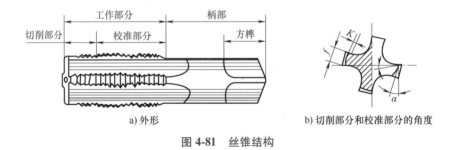

a) 外形

b) 切削部分和校准部分的角度

图 4-81　丝锥结构

1）丝锥柄部是攻螺纹时的夹持部分。

2）工作部分如图 4-81a 所示，由切削部分和校准部分组成，切削部分起切削作用，校准部分用来校准已切出的螺纹，同时对螺纹进行修光，对丝锥轴向前进进行引导。

成组丝锥攻螺纹时，一般将切削工作分配给几支丝锥来完成。M6~M24 的丝锥和细牙螺纹丝锥一般由两支组成，称为头锥和二锥。小于 M6、大于 M24 的丝锥一般由三支组成，称为头锥、二锥、三锥。成组使用的主要作用是减小切削力，可以大大延长丝锥的使用寿命。

（3）丝锥的标志

1）丝锥的标志由制造厂商标、螺纹代号、丝锥公差、材料代号等组成。

2）标志为 HSS 代表高速钢制造的丝锥，碳素工具钢或合金工具钢制造的丝锥默认不标材料代号，丝锥标志中螺纹代号示例见表 4-12。

表 4-12 丝锥标志中螺纹代号示例

螺纹代号标记	说明
机用丝锥中锥 M10-H1 GB/T 3464.1—2007	粗牙普通螺纹、直径 10mm、螺距 1.5mm、H1 公差带、单支、中锥机用丝锥
机用丝锥 2-M12-H12 GB/T 3464.1—2007	粗牙普通螺纹、直径 12mm、螺距 1.75mm、H3 公差带、2 支一组等径机用丝锥
机用丝锥（不等径） 2-M27-H1 GB/T 3464.1—2007	粗牙普通螺纹、直径 27mm、螺距 3mm、H1 公差带、2 支一组等径机用丝锥
手用丝锥中锥 M10 GB/T 3464.1—2007	粗牙普通螺纹、直径 10mm、螺距 1.5mm、H4 公差带、单支中锥手用丝锥
长柄机用丝锥 M6-H2 GB/T 3464.2—2003	粗牙普通螺纹、直径 6mm、螺距 1mm、H2 公差带、长柄机用丝锥
短柄螺母丝锥 M6-H2 GB/T 967—2008	粗牙普通螺纹、直径 6mm、螺距 1mm、H2 公差带、短柄螺母丝锥
长柄螺母丝锥 1-M6-H2 JB/T 8786—1998	粗牙普通螺纹、直径 6mm、螺距 2mm、H2 公差带、Ⅰ 型长柄螺母丝锥

2. 攻螺纹工具

手工攻螺纹时用来夹持丝锥的工具叫铰杠。常用的铰杠有普通铰杠（图 4-82a、图 4-82b）和丁字形铰杠（图 4-82c、图 4-82d）两类。每类铰杠又分为固定式和可调式两种。

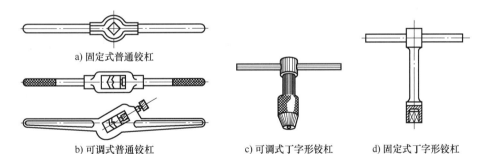

a) 固定式普通铰杠

b) 可调式普通铰杠　　c) 可调式丁字形铰杠　　d) 固定式丁字形铰杠

图 4-82　铰杠

3. 手工攻螺纹

螺纹除可用机械加工外，还可用手工加工，俗称手工攻螺纹，如图 4-83 所示。螺纹的规格一般标注在图纸上，攻螺纹前首先要了解图纸上的螺纹规格标记，知道螺纹规格及工艺参数要求，然后划孔位线、钻孔、攻螺纹。

（1）普通螺纹画法及标记

我们在日常工作中一般要加工图纸中规定的螺纹，首先

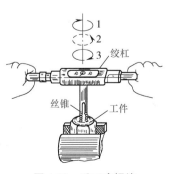

图 4-83　手工攻螺纹

我们要了解螺纹在图样中的画法及标记，以便我们正确地识别螺纹。

1）螺纹的规定画法。

① 外螺纹。外螺纹图样中外螺纹的大径及螺纹终止线用粗实线来表示，外螺纹的小径用细实线表示，并画到螺杆的倒角或倒圆部分。垂直于螺纹轴线方向的视图中，螺纹小径的细实线画 3/4 圈，螺杆的倒角不用画，如图 4-84 所示。

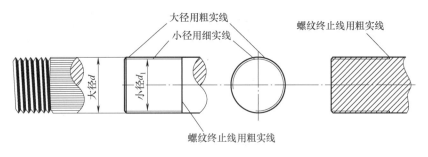

图 4-84　外螺纹规定画法

② 内螺纹。内螺孔剖视图中，螺纹大径为细实线，螺纹小径和螺纹终止线为粗实线。不作剖视时，螺纹大径、螺纹小径和螺纹终止线均为虚线。垂直于螺纹轴线方向的视图中，螺纹小径的细实线画 3/4 圈，螺纹孔口的倒角不用画，如图 4-85 所示。

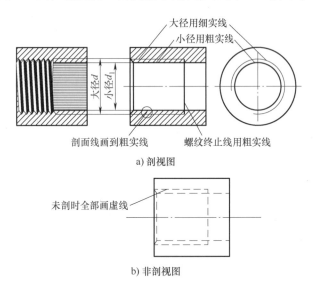

a) 剖视图

b) 非剖视图

图 4-85　内螺纹规定画法

③ 内外螺纹连接。国标中规定，螺纹连接在剖视图中表示时，旋合部分按照外螺纹的画法表示，其余部分按各自的画法表示，如图 4-86 所示。

2）螺纹标记。

图样上应对螺纹进行标记，以表示螺纹的螺纹牙型、公称直径、螺距、螺纹公差带、旋合长度等。

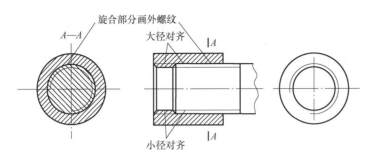

图 4-86 内外螺纹连接画法

完整的标记由螺纹特征代号、尺寸代号、公差带代号及旋合长度代号组成，尺寸代号与公差带代号之间以及旋合长度代号与公差带代号之间用"-"分开。例如普通螺纹标记 M10-5g6g-S，其中，M10 为螺纹特征代号及尺寸代号；5g6g 为公差带代号（5g 为中径公差带代号，6g 为顶径公差带代号）；S 为旋合长度代号。又例如梯形螺纹标记 Tr40×14（P7）LH-8e-L，其中，Tr40×14（P7）LH 为螺纹特征代号及尺寸代号；8e 为公差带代号；L 为旋合长度代号。

在标注螺纹时注意：

① 普通螺纹旋合长度代号用字母 S（短）或 L（长）表示。旋合长度为中等组螺纹，不加标注。

② 单线螺纹一般省略不标注。左旋螺纹标注"LH"，右旋螺纹也省略不进行标注。

③ 由于粗牙普通螺纹对应的公称直径螺距是固定的，故螺距不必标注。

（2）划孔位线

划线的准确性直接影响孔位的尺寸。划线前，要仔细查看图样，了解加工工艺要求，擦拭工件划线位置的表面，并涂抹酒精。首先选择好划线基准，采用划线工具或高度规等工具对工件进行划线。划圆线时，首先划出十字中心线，再划圆线。划完线后一定要检查划线的准确性并确认是否有漏划，确认没有错误和漏划后，打上样冲，样冲尽可能打在线条的中点，不偏离线条，每条线至少有 3 个冲点，交叉点必须有冲点。

（3）攻螺纹底孔直径与孔深度的确定

1）攻螺纹底孔直径的确定。螺纹底孔直径应稍大于螺纹小径，不同的工件材料和螺纹规格采用不同的底孔直径。

① 米制螺纹底孔直径的确定见表 4-13 和表 4-14。

表 4-13 米制螺纹底孔直径计算公式表

工件材料	钻头直径计算公式
钢和其他塑性大的材料	$D_0 = D - P$
铸铁和其他塑性小的材料	$D_0 = D - (1.05 \sim 1.1)P$

注：D_0 为钻螺纹底孔钻头的直径；D 为螺纹公称直径；P 为螺距。

表 4-14 米制螺纹钻螺纹底孔的钻头直径

螺纹公称直径D/mm	螺距P/mm	钻头直径D_0/mm		螺纹公称直径D/mm	螺距P/mm	钻头直径D_0/mm	
		铸铁、青铜、黄铜	钢、可锻铸铁、纯铜、层压板			铸铁、青铜、黄铜	钢、可锻铸铁、纯铜、层压板
2	0.4	1.6	1.6	2.5	0.45	2.05	2.65
	0.25	1.75	1.75		0.35	2.15	2.15
3	0.5	2.5	2.5	16	2	13.8	14
	0.35	2.65	2.65		1.5	14.4	14.5
4	0.7	3.3	3.3		1	14.9	15
	0.5	3.5	3.5	18	2.5	15.3	15.5
5	0.8	4.1	4.2		2	15.8	16
	0.5	4.5	4.5		1.5	16.4	16.5
6	1	4.9	5		1	16.9	17
	0.75	5.2	5.2	20	2.5	17.3	17.5
8	1.25	6.6	6.7		2	17.8	18
	1	6.9	7		1.5	18.4	18.5
	0.75	7.1	7.2		1	18.9	19
10	1.5	8.4	8.5	22	2.5	19.3	19.5
	1.25	8.6	8.7		2	19.8	20
	1	8.9	9		1.5	20.4	20.5
	0.75	9.1	9.2		1	20.9	21
12	1.75	10.1	10.2	24	3	20.7	21
	1.5	10.4	10.5		2	21.8	22
	1.25	10.6	10.7		1.5	22.4	22.5
	1	10.9	11		1	22.9	23
14	2	11.8	12				
	1.5	12.4	12.5				
	1	12.9	13				

② 英制螺纹底孔直径的确定见表 4-15。

表 4-15 英制螺纹底孔直径的计算公式表

工件材料	钻头直径计算公式
钢和其他塑性大的材料	$D_0 = 25.4 \times (D - 1.1 \times 1/n)$
铸铁和其他塑性小的材料	$D_0 = 25.4 \times (D - 1.2 \times 1/n)$

注：D_0 为钻头直径；D 为螺纹公称直径，单位为 in（1in = 0.0254m）；n 为螺纹每英寸牙数。

2）加工螺纹前底孔深度的确定。加工盲孔螺纹时，由于无法攻出完整的螺纹牙型，所以钻孔的深度大于螺纹有效长度，如图 4-87 所示。

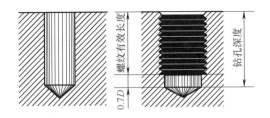

图 4-87 螺纹底孔深度的确定

钻孔深度的计算公式为

$$H_{深}=h_{有效}+0.7D$$

式中 $H_{深}$——底孔深度（mm）;

$h_{有效}$——螺纹的有效长度（mm）;

D——螺纹公称直径（mm）。

（4）加工螺纹的方法

1）选择合适的丝锥。丝锥分为头锥、二锥，甚至三锥，通常我们只用三锥，如果工件很厚，硬度较高，攻头锥完成后，再攻二锥、攻三锥。

加工螺纹前先对螺纹底孔口进行倒角，如图 4-88 所示。

2）加工螺纹的基本步骤如图 4-89 所示。

3）加工螺纹前，工件的安装要正确，要保证底孔中心线水平或垂直，便于判断丝锥是否垂直。

图 4-88 螺纹底孔口倒角

4）开始攻螺纹时，检查丝锥与工件各是否垂直，并调整。用手掌按住铰杠中部，沿丝锥中心线用力加压，另外一只手配合作顺时针旋进，或两手握住铰杠两端的手柄均衡施加压力，带动丝锥顺时针旋转，保持丝锥垂直不歪斜，如图 4-90 所示。

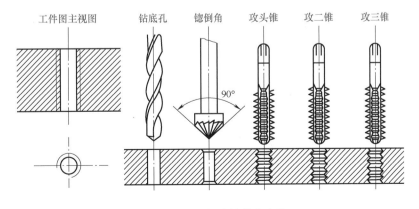

图 4-89 加工螺纹的基本步骤

191

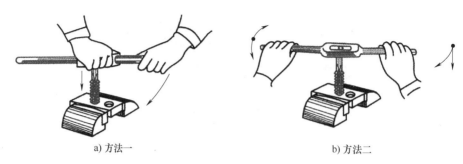

a) 方法一   b) 方法二

图 4-90　起攻方法

5）当丝锥切入工件 1~2 圈时，检查丝锥和工件是否垂直，并反复调整校正，如图 4-91 所示。当丝锥切削部分全部切入工件时，不用施加压力，只需均衡转动绞杠，丝锥即可在螺纹的导向下旋进。当丝锥的切削部分全部进入工件时，不能一直进行顺时针旋转，需要间断性倒转 1/4~1/2 圈，这样做可以使切屑碎断并排出。

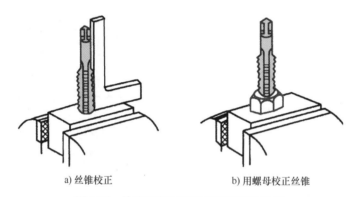

a) 丝锥校正   b) 用螺母校正丝锥

图 4-91　检查丝锥与工件是否垂直并校正

6）丝锥退出时，铰杠反向转动，快退出时用手直接旋动丝锥，防止铰杠带动丝锥使其因受力不平衡摇摆而破坏螺纹。

7）在攻螺纹过程中，需要更换丝锥时，为了保护螺纹不被破坏，先用手旋转丝锥，直到用手旋不动时，再用铰杠进行攻螺纹。

8）攻螺孔时，要加切削液或机油。

复习题

1. 判断题

（1）游标卡尺可以测量工件的外尺寸，不能测量内尺寸。（　　　）

（2）外径千分尺主要用于测量工件的外尺寸，包括内外径、长度、厚度等。（　　　）

（3）百分表使用时，必须固定在可靠的夹持架上，不能夹在不稳固的地方，否则容易造成测量结果不准确。（　　　）

（4）Ⅰ型万能角度尺可测量角度范围为 0°~360°。（　　　）

（5）通用锂基润滑脂按稠度等级分为 1 号、2 号、3 号、4 号。（　　　）

（6）用锯条切割材质较软的材料时，通常选用细齿锯条。这是因为细齿锯条每锯一次切入的齿数多，能充分发挥锯条的切削效率。（　　　）

（7）锉刀的种类和型号有很多，从应用场合来说，锉刀一般分为普通锉刀、特种锉刀和整形锉刀三大类。（　　　）

（8）锯削作业，在拉锯过程中，右手要施加向下的压力，才能充分发挥锯条的切削效率。（　　　）

（9）为了确保锉削的切削面是平直的，推锉过程中两只手施加在垂直方向的压力大小必须维持不变。（　　　）

（10）锯削作业，在起锯阶段，可以用远起锯或近起锯的方式起锯，也可以用锯条中间的锯齿贴着工件起锯。（　　　）

（11）麻花钻的工作部分由切削部分、柄部组成。（　　　）

（12）外螺纹视图中外螺纹的大径用粗实线来表示；外螺纹的小径及螺纹终止线用细实线表示。（　　　）

（13）直柄钻头的柄部插入直柄钻夹头的 3 个夹爪中间，其夹持深度不能小于 15mm。（　　　）

（14）钻床调整机动进给量时，可以降低速度后进行调整。（　　　）

（15）台式钻床是通常安装在工作台上的一种小型钻床，钻孔直径最大为 13mm。（　　　）

2. 单选题

（1）中、低压固定式液压系统的工作温度比环境温度高（　　　）。

A. 30~40℃　　　　B. 40~50℃　　　　C. 20~30℃　　　　D. 50~60℃

（2）百分表的分度值为（　　　）。

A. 0.01mm　　　　B. 0.02mm　　　　C. 0.05mm　　　　D. 0.001mm

（3）常用塞尺，最薄的厚度为（　　　）。

A. 0.1mm　　　　B. 0.05mm　　　　C. 0.02mm　　　　D. 0.01mm

（4）大型机床和机械设备的导轨润滑油，不采用黏度等级为（　　　）的液压导轨油。

A. 100　　　　B. 68　　　　C. 46　　　　D. 32

（5）适用于矿山机械、汽车、拖拉机轮毂轴承，大中型电动机等设备的锂基润滑脂为（　　　）。

A. 1 号　　　　B. 2 号　　　　C. 3 号　　　　D. 4 号

（6）锯削时，起锯阶段的起锯角度 θ 通常是（　　　）左右。

A. 60°　　　　B. 45°　　　　C. 30°　　　　D. 15°

（7）锯削时，锯削速度一般控制在（　　　）左右。

A. 20 次/min　　　　B. 40 次/min　　　　C. 80 次/min　　　　D. 120 次/min

（8）通常来说，粗锉适合于粗加工；中锉适合于一般加工；细锉适合于精加工或锉光工件表面；粗锉的加工余量一般在（　　　）。

　　A. 2~3mm　　　　B. 1~2mm　　　　C. 0.5~1mm　　　　D. 0.2~0.5mm

（9）常见的锉削方法有顺向锉、交叉锉和推锉三种，其中推锉这种锉削方法只有
（　　）进刀动作。

　　A. 横向　　　　　B. 纵向　　　　　C. 垂直方向　　　　D. 水平方向

（10）采用顺向锉方法进行锉削时，每锉一次，锉刀向待加工方向横向移动锉刀宽度 W
的（　　　）左右到下一个切削部位的起始位置，再锉削下一刀。

　　A. 2/3　　　　　B. 1/2　　　　　C. 1/3　　　　　D. 1/4

（11）摇臂钻床油标油位不低于油标的（　　　）。

　　A. 1/3　　　　　B. 1/2　　　　　C. 2/3　　　　　D. 最上限

（12）中心钻钻孔形式带圆弧的为（　　　）。

　　A. A 型　　　　　B. B 型　　　　　C. C 型　　　　　D. R 型

（13）标准麻花钻顶角为（　　　）。

　　A. 108°　　　　　B. 118°　　　　　C. 128°　　　　　D. 138°

（14）B 型中心孔除了要钻出 60°锥面，还要钻出（　　　）保护锥面。

　　A. 110°　　　　　B. 118°　　　　　C. 120°　　　　　D. 128°

（15）螺纹底孔直径应（　　　）螺纹小径。

　　A. 大于　　　　　B. 等于　　　　　C. 小于　　　　　D. 以上都不对

3. 简答题

（1）简述外径千分尺的读数方法。

（2）为什么在锯削水管或薄板类材料时，容易发生崩断锯条的现象？

（3）中心钻有哪几种形式，分别有何特点？

第四章复习题答案

第五章　机械设备装调与维护

第一节　机械装配要点和装配步骤

一、清理与清洗

设备维修过程中的清理和清洗主要是指对拆卸下零部件及装配前的备品备件表面的油污、锈迹杂质、灰尘等脏物进行有效的清洁、整理后用专用的清洗剂进行洗涤。由于零部件表面油污、锈迹杂质的存在，看不清楚零件的磨损痕迹和其他破损缺陷，无法对相关零部件各个部件尺寸、表面几何形状、位置精度等做出正确的判断，使维修人员无法制定正确的维修方案。在进行设备装配时，备品备件表面的灰尘、油污和杂物等也将直接影响安装装配的精度和备品备件的使用寿命。因此，必须对设备拆卸后及装配前的零部件进行清理和清洗。

1. 清洗范围

（1）检查、测绘前清洗

为了准确地判断零部件的破损形式和磨损程度，对拆卸后的零部件的基准面和检测部位必须进行彻底的清洗，这些关键部位清洗不干净，就不能制定出正确的维修预案和维修方案，甚至由于未能发现已经产生的裂纹、压痕等缺陷而造成重大隐患。

（2）装配前的清洗

影响装配精度的零部件表面的灰尘、杂质、油污等要认真地清洗。如果清洗不彻底，则会导致机械设备早期磨合时产生严重磨损或事故损坏。

（3）辅助零部件的清洗

液压元器件、气动元器件、阀组管件及各类密封件等也在清洗范围内。这类零部件清洗质量不高将直接影响设备的工作性能，甚至会直接造成设备无法工作。

（4）电气元器件的清理

各类电气元器件表面会有灰尘堆积，触点产生的碳粉等也要采用专用工具进行有效清理。因此，电气元器件需要定期清理，清理不到位会产生触点粘连、打火、线缆烧毁等现象，造成设备损坏，甚至引起火灾。

2. 清洗液的种类和特点

清洗液可以分为有机溶液和化学清洗液两类。

有机溶液包括煤油、柴油、工业汽油、酒精、乙醚、丙酮、苯和四氯化碳等。其中工业汽油、酒精、乙醚、丙酮、苯及四氯化碳等有机溶液的去污、去油能力较强，清洗质量好，挥发快，适用于清洗精度高的零部件，如光学零件、仪器仪表部件、旋杯、齿轮计量泵、气动和液动元器件等。煤油和柴油同汽油相比清洗能力稍差，清洗后干燥时间慢，但相比汽油使用更安全，且更利于存储。

化学清洗液中的合成清洗剂一般对油脂、水溶性污垢具有良好的清洁能力，并且具有无毒无害、无腐蚀性、不易燃烧、不发生爆炸、价格低廉、节约能源和环保等特点，正在被广泛使用。

碱性溶液是氢氧化钠、碳酸钠、磷酸钠及硅酸钠按照不同的比例加水调配而成的清洗溶液。用碱性溶液清洗时应该注意：材料性质不同的工件不宜放在一起清洗，油垢和灰尘过厚时应先将表面污物用专用工具清理干净，零部件在清洗完成后应使用清水冲洗干净，并及时进行干燥处理，防止残液损坏零件表面。

电气元件采用肩背或手提式吸尘器进行清理，工作前要断电，并进行有效验证，验证完成后才能工作。严禁带电操作，高压电需要具有相关专业资格证的人员来操作。

3. 清洗方法和注意事项

零部件的清洗主要包括除油、除垢和清理各种氧化层（除锈）等工作。

（1）除油

1）有机溶剂除油。一般拆卸后的零部件的清洗常采用煤油、工业汽油、轻柴油等有机溶剂。有机溶剂可以有效地溶解各种油污，并保证零件不损坏，同时没有特殊要求，不需要特殊设备，成本不高，操作简单。对于仪器仪表、机器人旋杯、雾化器、流量计、光学零部件等还可以用酒精、乙醚、丙酮等其他有机溶剂清除油污。

2）碱性溶液除油。碱性溶液除油主要是在单一的碱性溶液中加入乳化剂后对零部件进行浸泡清洗，或者使用喷枪和压力装置加压后对零部件表面进行喷洗。由于碱性物质对金属具有腐蚀作用，活跃性较大的有色金属不宜使用强碱性液体进行清洗。对金属清洗完成后需要使用加热清水进行有效清洗，并使用干净抹布擦净水滴或晾干，防止残留碱液腐蚀零部件。

3）金属清洗液除油。金属清洗液除油采用合成洗涤剂来代替传统的洗涤剂，也是通过浸泡或者喷洗的方式对零部件表面进行清洗。现在大部分汽车厂家也使用超声波清洗旋杯、空气环、雾化喷嘴等，能够更快、更简单地清除缝隙内的油污。

清洗一般分为以下三种方式。

① 浸洗法，用各类溶剂或碱性溶液浸泡、冲洗金属物体表面。

② 喷洗法，喷射除油剂到金属物体表面。

③ 刷洗法，用除油剂刷洗金属物体。

（2）除垢

工厂设备经过长期使用后，在零部件的内部、外部积存的油污杂质、磨屑、铁屑、冷却水污、淤泥灰尘等都需要进行清理。清理时物品应有序摆放。废油可以用木屑和干净抹布清理后，再使用煤油或者酒精等进行清洗，用抹布擦干。边角缝隙可以使用钢丝刷、毛刷等进行清洗处理。废弃物要按照分类要求进行处理，防止对环境的污染。

（3）清理氧化层（除锈）

1）机械除锈法，即使用刮刀、锉刀、钢丝刷、纱布、打磨机等工具或者采用喷砂、抛丸、高压水冲洗、火焰除锈等方法对零部件表面氧化层进行去除的方法。该方法具有施工方便、易于操作的特点。

2）化学除锈法，是将金属零部件浸泡在相应除锈溶液中，利用溶液中的酸、碱性化学物质与金属表面的氧化层及腐蚀产物等的化学反应去除掉金属表面的氧化层。化学除锈法除锈速度快、效果明显，尤其对于结构比较复杂的零部件效果更好。化学除锈法一般适用于中小型零部件。

3）电化学除锈法，即在化学除锈的溶液中加入电流，借助电流在金属工件上的电化学反应去除表面氧化层。电化学除锈法能够显著提高除锈的速度与效果，减少基本金属腐蚀及酸消耗量。

（4）注意事项

1）用酸、碱性溶液清洗完毕的零部件干燥后，应涂抹相应的润滑油脂、凡士林等进行保护，防止生锈。

2）有色金属、精密零部件不宜采用强酸、强碱溶液浸泡清洗。

3）煤油、汽油、酒精、乙醚等易挥发清洗液应远离动火区域，防止产生火灾事故。

4）清洗完毕后，零部件上的油路通道要保持畅通，防止堵塞，影响装配质量。

二、装配概述

设备维修的装配就是将经过修复的零部件、检查合格的零部件按照一定的装配关系、相应的技术要求，按顺序装配起来，并达到规定的设备精度和使用性能的整个工艺过程。装配质量的好坏，直接影响设备的精度、使用寿命，是整个设备维修过程中很重要的一道工序。

1. 装配过程

（1）装配前的准备工作

1）研究和熟悉装配图纸，详细了解相关设备的结构、零部件的作用和相互之间的连接方式。

2）确定装配方案和装配方法、装配的步骤和需要的装配设备、工具。

3）对需要装配的零部件进行清理和清洗。

4）对特殊零部件要进行修配处理、密封性试验处理、动静平衡处理等工作。

（2）装配分类和精度检查

为了保证设备装配工作有效地进行，通常将设备划分成若干个能够独立进行装配的装配单元。装配的工作分为部件装配和总装配。

1）零件：组成设备的最小单元体，由金属或非金属材料制作。

2）套件：是在一个基准零件上，装配上一个或多个零件构成的。套件是最小的装配单元。

3）组件：是在一个基准零件上，装配上若干个套件及零件而构成的。

4）部件：是在一个基准零件上，装配上若干零件、套件、组件而构成的。部件在设备中能够完成一定的、完整的功能。

5）产品装配完成后需要进行各种检验和试验，以保证其装配质量和使用性能，有些重要的部件装配完成后还要进行测试。

6）调整是指通过调节零件与部件之间的相对位置、配合间隙、结合件的松紧程度等，使设备达到相关的精度和性能要求。

7）精度检测主要是检测零部件的几何精度和工作精度。

8）零部件装配完毕后，需要按照设计要求进行的带负荷运转试验。主要试验设备转速、功率、转动设备的运行状态、工作温升、密封性、振动和噪声等各项指标是否在设计范围内。

（3）刷漆、涂油、封装

设备组装、检验、试车完毕后，要按照标准要求对表面进行喷漆、涂抹防锈油，对相关部位进行防护，以及进行封装发运等工作。

2. 装配的方法及注意事项

（1）装配方法

为了使装配零件具有配合精度，按照装配要求和生产批量的不同情况可以采用以下四种装配方法。

1）互换装配法：所装配的同一种零件，在装配时零件不经过修配、选择或调整就可以达到要求的装配精度，适用于大批量生产的产品。

2）选配装配法：在成批或者大量生产中将产品各个配合副的零件按实测尺寸分组，装配时按照选择的分组进行互换装配达到装配精度。

3）调整装配法：在装配时调整零件之间的相互位置或选用合适的调整件加以补偿，以达到装配精度。这种办法适合于单件或者小批量生产的结构复杂的产品，成批量生产中也少量应用。

4）修配装配法：在装配时，采用各种工具修改个别零件的尺寸、形状和位置上预留的修配量，以达到装配精度。这种装配生产效率低，适用于单件小批量生产，因为修配法需要手工操作，工人需要具有较高的技能水平和熟练程度。

（2）装配注意事项

1）清理零部件表面残留的污垢、铁屑、铁锈及切削毛刺等，保证零部件的干净整洁，这是装配工作中不可缺少的工作内容。

2）零件在相互配合或连接前一般都需要涂抹符合要求的油品进行润滑，这样能够更好地保证配合和连接时安装顺滑，减少表面氧化等。

3）装配时对于重要的配合尺寸要进行检查，防止达不到设计要求的精度，造成整个部件的报废。

4）对于结构复杂或尺寸要求比较严格的零部件，要边检查边装配，保证零部件符合设计要求。不要等到设备大部分都安装完成后再检查，此时发现问题往往为时已晚，并且不易发现问题产生的原因。

5）设备试车前要进行有效的检查和过程的监控，不能盲目地运行。试车就意味着我们开始不带载或带载运转设备，需要全面地检查装配工作的完整性、各个连接部分的准确性和可靠性、活动部件的灵活性和润滑效果状态等是否正常，在确保安全和准确无误的情况下才能试车验证。开车后，我们要记录和观察设备做各项运动时的振动、噪声、运动轨迹、压力、温度等参数，判断其是否符合要求。只有满足要求后，我们才能进行下一阶段的工作。

3. 装配过程的有效调整

装配中的调整就是按照规定的技术规范要求调节零件或各机构之间的相互位置，配合间隙和松紧程度，以使设备运行工作期间各零部件能够相互协调，可靠运行，精度符合要求。

（1）顺序

1）确定调整基准面，找出用来确定零件或部件在设备中的位置的基准面。

2）校正基准件的准确性，在调整基准件上的基准面之前，应先对基准件进行检查、校正，以保证基准面具有相对应的几何精度。若超差则需要对其进行修复，使其精度合格后才能作为基准来调整其他零件。

3）测量实际位置偏差，就是以基准件的基准面为基础，使用相应工具测量出调整件之间的位置偏差，以备调整时作为参考基础。

4）分析，即通过实际测量的位置偏差，综合各项因素及调整方法，确认最佳的调整方案。

5）补偿，也就是在调整工作过程中，通过增加或减少尺寸链中任意一个环节的尺寸，以达到调整的目的的方式。

6）调整，就是以基准面为基准，调节相关零件或部件，使其位置偏差、几何精度、配合间隙及结合松紧程度在技术规范允许的公差范围内。

7）复校，即以基准件的基准面为基准，重新按照文件规定的技术规范检查和校正各项指标。

8）紧固，即对调整合格的零部件的位置进行固定，以保证精度要求和稳定性。

（2）基准的选择

调整的基准可以根据以下的几点进行选择。

1）选择有关零部件几个装配尺寸链的公共环。

2）选择精度要求高的面作为调整的基准。

3）选择适合作为测量基准的水平面或者垂直面。

4）选择装配调整时修刮量最大的表面做基准面。

（3）调整的方法

自动调整，利用液压、气压、弹簧、弹性膨胀圈和重锤等随时补偿零件间的间隙或因变形而引起的偏差。

修配调整，即在尺寸链的组成环中选定一环，预留适当的修配量作为修配件，而其他各个组成环零件的加工精度可以适当降低。

自身加工方式，是在设备装配后，加工及装配中的综合误差可以利用机械设备自身进行精度加工达到调节的目的。

将误差集中到一个零件上，进行综合加工。自镗卧式铣床主轴前支架轴承孔，使其达到与主轴中心同轴度要求的方法就属于这种方法。

4. 装配要点及步骤

在设备制造过程中，零件的加工有一定的公差要求，零件的加工误差在装配成部件时会产生积累公差。当公差超出装配精度要求范围时就会产生废品。因此，在装配精度要求较高的部件时，需要零件的精度也较高，而零件的加工精度不仅在工艺上受到加工条件的限制，还受到经济因素的制约。因此，部件的装配精度，不仅要依靠零件的加工精度，还要依靠装配的工艺技术。

一般情况下，装配工作的顺序和拆卸工作顺序相反，即先拆卸的零件后装配，后拆卸的零件先装配。装配工作通常分为配合件的组装、部件装配和总装配三个步骤。

（1）装配的要点及步骤

1）装配时要根据零部件的结构特点，采用合适的工具和工装检具，严格仔细地按照顺序逐个装配，装配时要注意零部件之间的方位和配合精度要求。

2）装配时要确认零部件质量合格，并已被清理干净无毛刺，才可装配。

3）装配过程中相互配合的零件表面上应涂抹润滑油（忌油设备应涂以无油润滑剂、凡士林等）。

4）装配质量必须符合安装技术规范或图纸的技术要求。

5）各密封处均不得有漏油、漏水或漏气等现象。

6）对于过渡配合、过盈配合的零件装配，如轴承的安装，需要采用相应专用工具和工艺措施手工装配，有条件的可以借用设备对轴承进行加温加压装配或对轴进行制冷装配。

7）装配有精度要求的零部件，例如有装配间隙、过盈量、啮合印痕、灵活度等要求，需要装配人员使用检具边安装边检查，并随时进行调整，以保证精度要求。

8）装配完成后，必须按技术要求检查各部分配合或连接的正确性与可靠性，验证合格后，方可进行空载运行、带载运行、满载运行。

（2）设备装配的安全关注点

在装配施工过程中，如果操作人员安全意识薄弱或对设备性能的了解不够，没有按照标准作业流程（SOP）进行操作，会给自身、家庭带来不可估量的损失。为了杜绝安全事故的发生，我们必须坚持"安全第一，预防为主，综合治理"的工作原则，为此，我们要注意以下安全关注点。

1）需要使用手动起重机械、吊链、千斤顶、吊带等起重工具时，一定要进行安全检查，保证工具的完好无损。起、吊重物的质量不得超过额定载荷。

2）需要人工搬运物品时，要相互统一协调好动作，有专人指挥。个人搬运质量超过规定要求的必须使用专用工具，以防止造成人员和物品损伤。

3）使用起重设备时，作业人员严禁站在起重物下方，并避开吊链、吊钩、钢丝绳的受力方向，应站在安全点。起吊物品必须固定牢靠，起吊点要在设备的重心处平稳后起吊。

4）严禁交叉作业、上下抛掷工具和物品。高处作业时，工具要放在工具包内或使用专用绳索捆绑牢靠，防止坠落伤人。

5）拆卸电气设备时，必须在断电并验证放电后，使用安全锁进行安全锁定后才能工作，多人工作时要使用公用安全锁和安全锁盒。

6）液压、气动、机械能等各种势能在维修前一定按操作流程进行释放，并验证完成后才能进行下一步操作。

7）工作过程中要佩戴好符合要求的个人防护用品。

8）拆卸及安装的零部件要整齐、有序码放，不得影响工作操作和人员行走。

9）合理使用工具，工作时精力集中，人员间相互配合好。要有不伤害自己、不伤害他人、不被他人伤害的思想。

三、连接方式和传动机构

1. 连接方式种类

（1）螺纹连接

螺纹连接是一种可拆卸的固定连接方式，它可以把机械中的零件紧固牢靠地连接在一起，具有结构简单、连接可靠、拆卸方便等优点。

1）普通螺栓连接。普通螺栓连接主要有以下 4 种形式。

① 通过螺栓、螺母把两个零件连接在一起，主要应用于通孔，连接简单可靠。

② 采用螺钉直接旋入，将两个物体连接在一起。一般被连接的物品很少拆卸。

③ 通过螺栓、螺母与被连接件的紧密配合，达到相应的公差尺寸要求。该方式配合紧密，适用于承受剪切力的零件连接。

④ 使用沉头内六角螺栓将零件固定连接，主要用在零件表面不允许有凸起物的工作场所，或为了美观，用于航空铝材、不锈钢等金属表面上。

2）双头螺栓连接，就是用双头螺栓和螺母旋入零件后将零件连接在一起，一般旋入端要具有紧固性，大多使用螺纹密封胶进行密封固定。

3）机用螺栓连接，常用的连接方式一般采用沉头螺栓、半圆头螺栓、圆柱头螺栓等将零件连接在一起。

螺纹连接要保证连接可靠和紧固，必须对螺纹副施加一定的拧紧力矩。

拧紧力矩可以按照下面的公式求得：

$$M_1 = KP_0 d \times 10^3$$

式中　M_1——拧紧力矩；

　　　K——拧紧力矩系数（有润滑时 $K=0.13\sim0.15$，无润滑时 $K=0.18\sim0.21$）；

　　　P_0——预紧力（N）；

　　　d——螺纹公称直径（mm）。

拧紧力矩可以按照表 5-1 查出后，再乘以修正的系数（30 号钢为 0.75，35 号钢为 1，45 号钢为 1.1）求得。

表 5-1　螺纹连接拧紧力矩

基本直径 d/mm	6	8	10	12	16	20	24
拧紧力矩 M/N·mm	4	10	18	32	80	160	280

设定螺纹拧紧力矩的一般采用针式力矩扳手、电动力矩扳手、气动力矩扳手等专用工具，工具上有指示数值，方便操作者进行设定和读取。也可以采用扭角法和测量螺栓拉伸量进行拧紧，但是操作繁琐，逐渐被现代工具取代。

4）螺纹的损坏形式和修理。螺纹的损坏形式多种多样，一般有螺纹部分或全部损坏、螺钉头部损坏、螺母副粘连损坏、螺杆断裂、螺纹腐蚀等。对于螺母、螺钉、螺栓，任何形式的损坏都可以采用更换新件解决；对于螺孔内丝滑丝，就需要进行维修处理，一般是扩孔后重新攻螺纹或使用螺纹补偿装置进行修复，而焊接重新钻孔或镶嵌套重新攻螺纹，只能在特殊情况下采用。

在螺纹维修时，经常遇到腐蚀严重的螺纹难以拆卸，这时可以采用螺纹松动剂除锈后拆卸，特别严重不能拆卸的，可以使用角磨机、手锯等切割工具破坏拆除。

（2）键连接

键连接是机械传动中的一种结构形式，具有结构简单、拆洗方便、工作可靠、加工容易的特点。

1）键连接的种类。

① 松键连接。松键连接采用的键有半圆键、普通平键、导向平键三种，如图 5-1 所示。松键连接依靠键的侧面来传递转矩，只能限制轴上的零件作径向运动，如需要限制轴向运动，则需要采用台肩、螺钉、弹簧定位圈等零件进行限制。

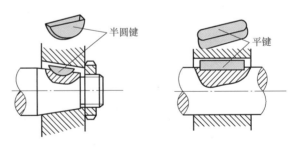

图 5-1　半圆键、平键形状

② 紧键连接。紧键连接采用的键有普通楔键、钩头楔键、切向键等。普通紧键连接的

特点是键和键槽的侧面有一定的间隙，键的上下两面是工作面，键的上表面有一定比例的斜坡。装配时需要楔紧工作面来传递转矩，能够实现轴向固定零件和传递单向轴向力，但是容易使轴上的零件与轴的配合发生偏心或倾斜。切向键能够传递很大的转矩，它是由两个具有一定比例的斜坡楔键组合而成的。一组切向键只能传递一个方向的转矩，传递双向转矩时需要两组互成120°~135°的切向键。

③ 花键连接。花键按照工作方式的不同可以分为动连接和静连接两种，按照齿廓的形状不同可以分为渐开线、矩形、三角形三种，如图 5-2 所示。花键连接的定心方式可以分为大径定心、小径定心、齿侧定心三种。一般花键都采用大径定心，花键轴的外径一般采用磨削加工，内花键的外径采用拉削加工。

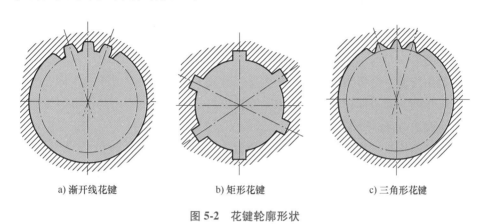

a) 渐开线花键　　　　　b) 矩形花键　　　　　c) 三角形花键

图 5-2　花键轮廓形状

2）键连接的损坏形式和修复。

键的损坏形式一般有键侧面和键槽侧面磨损、键和键槽受剪切力发生变形或断裂、键因为拆卸安装造成局部变形损坏等。

键侧或键槽侧面的磨损会使键配合间隙增大，导致传递转矩时产生冲击而加剧磨损。一般采用更换键的方式进行修复，而对于键槽侧面的磨损，一般采用修整键槽并更换更大的尺寸的键来解决，也可以通过焊接后重新铣槽的方式解决。

对于因为拆卸安装造成的键局部损坏，一般在不影响使用的前提下，采用锉刀、纱布等进行手工打磨修复。

3）键连接的安装注意事项。

① 键安装时要去除边角毛刺，防止装配时造成零件损伤。

② 键的拆卸安装要使用专用工具，不要随意敲砸，避免损伤键体、键槽。

③ 装配时键的配合面尽量涂抹相应的润滑油脂。

④ 当花键发生变形误差较大时，需要用油石或整形锉对其进行修复，达到要求后才能进行装配。

⑤ 轴与轴上装配件，键与键槽、轮槽不要盲目装配，需要达到一定的公差要求后才能进行装配，防止反复拆装降低配合精度。

（3）销连接

销连接在机械传动中不仅有连接作用，还具有定位和过载保护作用。销连接有结构简单、连接可靠、定位准确、拆装方便的特点。

销连接主要分为圆柱销连接和圆锥销连接两种。

1）圆柱销连接的销子轮廓为圆柱形，依靠配合时的过盈量固定在销孔中，主要用来固定零件、传递转矩和定位。圆柱销一般不宜多次拆装，因为拆装后过盈量会减少。

2）圆锥销连接中的圆锥销根据不同的要求，外圆具有一定的锥度。圆锥销连接是依靠圆锥销的外锥面与零件锥孔面相互之间的紧密配合来连接零件的，具有拆卸方便、结构简单、定位准确、可以多次拆装的特点，主要应用于定位、固定零件和传递转矩。无论是圆柱销还是圆锥销，用于盲孔连接时，一定要使用带内螺纹或外螺纹尾的销子，便于拆卸时使用拔销器将销轴拔出。

（4）管道连接

管道主要由管道、管接头、法兰、法兰垫等组成，主要用来完成水、气体、液体等流体的输送和能量传输。管道连接的基本要求是连接牢靠、结构简单、密封性良好无泄漏、对流体的阻力小且制造方便。

管道连接按照接头结构形式不同可以分为以下几种。

1）螺纹管接头连接，采用管螺纹将管道与管接头直接连接在一起。它具有结构简单、工作可靠、拆装方便、容易制造、应用广泛的特点。多用于管路上的控制系统和管路本身的连接。为了密封性，螺纹管路连接一般采用麻绳、聚四氟乙烯生料带、厌氧胶等进行有效密封，缠绕密封填充物时需要根据螺纹的方向有序缠绕。

2）法兰盘式管接头连接，将活套法兰或固定式法兰与管道通过焊接、螺纹连接等方式连接在一起。使用法兰盘连接要求相连接的两个法兰盘必须同心，并且法兰盘端面要保持平行，两个法兰盘之间要安装弹性法兰垫，从而保证工件的密封性。一般使用的法兰垫有聚四氟乙烯法兰垫、橡胶法兰垫、石墨烯法兰垫、石棉法兰垫、竞速法兰垫等。不同的法兰垫使用场合不同，主要是根据环境温度、成本、耐酸碱腐蚀性、系统压力等方面选择法兰垫。

3）卡套式管接头连接，将配件螺母套在管道的端头处，再将配件的内芯套入两侧端头内，使用扳手将配件与螺母拧紧，这样就会将管路密封紧。这种管接头精度要求较高，对于管道的外圆尺寸要求也比较严格，最大能够承受 32MPa 的压力。铝塑复合管、铜管一般采用此连接方式。

4）沟槽管接头连接，是在管道端面使用压槽机压上一圈沟槽，再使用相应尺寸的专用连接件、密封件，将两个管路连接在一起的方法。这种连接方式一般使用在消防水、虹吸雨水管路、空调冷热水管路上，具有操作简单、施工方便、省时省力、拆卸维修方便的特点。

5）扩口管接头连接，将管道端口扩大，通过拧紧连接螺母，将扩口管套压在扩口接头的配合表面上，从而实现管路的连接。

2. 传动机构介绍

（1）带传动

带传动是依靠张紧的传动带与带轮之间的摩擦力来传递运动和动力的。按照带的断面形状不同主要分为 V 带传动、平带传动、同步带传动、圆形带传动、多楔带传动等。

1) V 带传动主要是以传动带的侧面与带轮轮槽侧面之间的接触，通过张紧后产生的摩擦力带动从动轮转动。一般在同等张紧力下，V 带的摩擦力是平带的 3 倍，因此，V 带应用广泛，整车厂风机一般采用 V 带传动。

2) 平带传动主要是依靠平带的上下面与带轮之间的摩擦力来传递动力，整车厂主要应用在带式升降机、剪式升降机等设备中。

3) 同步带传动中的同步带的内侧呈现齿形排列，带轮的外圆均匀排布外齿，同步带的内齿与带轮的外齿相互啮合，增大摩擦力，不易打滑。同步带内部一般加装钢丝或玻璃纤维作为强力层，因而加工成本稍高，但其具有传递动力大、传动比准确、对轴作用力小、结构紧凑、耐油、耐磨性好、抗老化性能好的特点。整车厂主要应用在滚床上。

4) 圆形带传动和多楔形带传动一般仅在专门用途下采用，现在已经逐渐被淘汰。

（2）链传动

链传动是两个或两个以上链轮之间采用链条作为传动元件的一种啮合传动，主要用于传递动力。链轮具有不同形状的齿形，工作时链轮与链条之间相互啮合。链条按照工作性质不同可以分为传动链、起重链和牵引链三种。

在传动链中比较常用的是套筒滚子链和齿形链两种。

1) 套筒滚子链的结构如图 5-3 所示，主要由内外链板、销轴、套筒和滚子等组成。其中套筒与内链板、销轴与外链板之间是过盈配合固定。滚子与套筒采用的是间隙配合，当链节伸屈时，套筒可以在销轴上自由转动。

套筒滚子链结构简单紧凑、价格便宜，能够保持准确的传动比，传动效率高，作用于轴上的径向压力小，能够在高温潮湿的环境中工作，远距离传动时比齿轮传动轻便，缺点是运转时不能保持恒定的瞬时传动比，只能实现平行轴之间同向传动，磨损后易发生跳齿，不宜用在载荷变化大、高速、急速反向的传动中，故常应用在低速传动中。按照链板的形状不同又可以分为直板链、弯板链等。

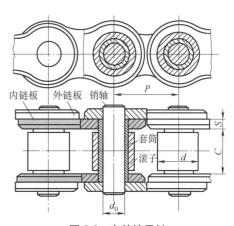

图 5-3 套筒滚子链

2) 齿形链是由一组形状像齿轮的链板组合在一起而形成的链条，又称为无声链。与套筒滚子链相比较，齿形链具有工作平稳、噪声小、承受冲击性能良好、链速较高、轮齿受力均匀的优点，缺点是结构复杂、难于制造、价格较高、质量较大且安装维护的要求较高。齿形链一般应用在高速、大传动比、小中心距等工作条件较为严苛的场合。

3）损坏形式和修复。链传动机构的损坏形式主要有链条被拉长、链和链轮磨损、链条断裂等。

链条被拉长后将使松边一侧下垂度增加，容易使链条产生抖动或脱落。链条拉长后，链节之间的节距也会增大，与链轮之间的啮合产生偏差，加剧磨损。链条被拉长主要是各个链节中的销轴及滚子内孔磨损造成的，因此，链条的润滑、清洗、防尘一定要做到位，要维护保养好链条。

（3）齿轮传动

齿轮传动是通过轮齿间的相互啮合来传递运动和动力的。齿轮传动主要有平行轴齿轮传动、交错轴齿轮传动、相交轴齿轮传动。齿轮传动的优点是传动比准确、承载能力强、效率高、结构紧凑、工作可靠、使用寿命长，能够组合成变速器或换向机构。缺点是制造及安装精度要求高、不适用于传输距离过大的场合、价格昂贵。

1）平行轴齿轮传动。用于两个平行轴之间传动的齿轮有直齿圆柱齿轮、斜齿圆柱齿轮、人字齿圆柱齿轮等，如图5-4所示。两个齿轮外啮合传动时，主动齿轮和从动齿轮的旋转方向相反。齿轮齿条传动能把旋转运动变成直线运动；斜齿轮传动平稳，啮合时会产生轴向力；人字齿轮传动时不会产生轴向力，但是制造成本较高。

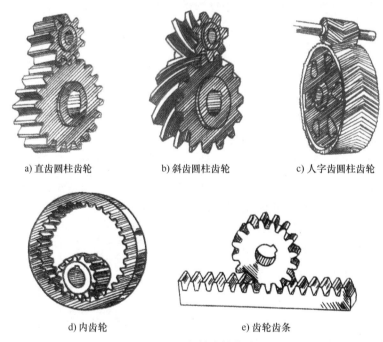

a) 直齿圆柱齿轮　　　　b) 斜齿圆柱齿轮　　　　c) 人字齿圆柱齿轮

d) 内齿轮　　　　e) 齿轮齿条

图 5-4　平行轴齿轮传动

2）交错轴齿轮传动有交错轴斜齿轮传动和准双曲面齿轮传动。这类齿轮传动的装配调整比较复杂，制造成本高，传动形式如图5-5所示。

3）相交轴齿轮传动。用于相交轴传动的齿轮有直齿锥齿轮、斜齿锥齿轮、曲线齿锥齿轮等，如图 5-6 所示。相交轴齿轮传动的夹角一般为 90°。相交轴齿轮传动能够在空间内改变两轴之间的传动方向，但是锥齿轮的安装与拆卸比较麻烦，需要在安装时旋转调整到位，防止卡死现象。

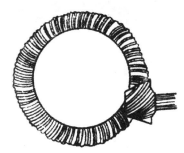

a) 交错轴斜齿轮传动　　　　　　　　b) 准双曲面齿轮传动

图 5-5　交错轴齿轮传动

a) 直齿锥齿轮　　　　　b) 斜齿锥齿轮　　　　　c) 曲线齿锥齿轮

图 5-6　相交轴齿轮传动

（4）蜗杆传动

蜗杆传动机构主要由涡轮和蜗杆两部分组成，主要用于传递交叉轴的回旋运动。按照蜗杆形状的不同，蜗杆传动可以分为圆柱蜗杆传动和弧面蜗杆传动两种。圆柱蜗杆又可以分为阿基米德蜗杆、渐开线蜗杆、延伸渐开线蜗杆三种。

阿基米德蜗杆通常是不需要磨屑加工就可以使用的，可以用于载荷较小、速度较低、精度要求不高或不重要的传动，要求蜗杆加工简单时一般都选用此蜗杆。要求自锁的低速、轻载荷传动一般选用单头阿基米德圆柱蜗杆。

渐开线蜗杆通常是在速度高、精度要求高、蜗杆线数较多、蜗杆加工工艺要求简单的情况下选用。

弧面蜗杆通常是在重载、效率要求高、精度要求高，并且重要的场合选用。

1）圆柱蜗杆的基本参数。蜗杆和蜗轮相互啮合时，在中间的平面上，蜗杆的轴面模数、压力角和蜗轮端面模数、压力角相等。

2）失效形式。蜗杆传动的失效形式主要表现为齿面的磨损，蜗杆相比于磨轮的强度高，蜗轮齿面的磨损会更加严重。修理时主要根据蜗杆副的磨损情况和使用要求来确定，对于磨损比较严重的，一般做更换处理；对于精度要求较高，磨损量较少的，一般采用更换蜗杆，修配蜗轮的方法。蜗轮的修复采用刮研法、珩磨法、滚切法，修复后的蜗轮与蜗杆匹配接触区，以保证精度要求。接触斑点根据精度等级而不同，其要求见表 5-2。

表 5-2　蜗杆传动接触斑点（接触面积）

精度等级	沿齿高不少于	沿齿长不少于
7 级和 8 级	55%	50%
9 级和 10 级	45%	40%

（5）丝杠螺母传动

丝杠螺母传动机构是利用螺纹的螺旋面将旋转运动转换成直线运动的一种传动机构。丝杠螺母传动主要分为滑动丝杠螺母传动、滚珠丝杠螺母传动、滚动丝杠螺母传动、液体静压丝杠螺母传动四种类型。丝杠螺母传动的优点是工作平稳、传动精度高、具有自锁功能、能够传递较大的动力并且降速传动比大的特点，缺点是产生的摩擦阻力加大、传动效率低、丝杠螺母副易磨损。

丝杠螺母传动常见的失效形式如下。

1）丝杠螺纹磨损。当丝杠螺纹磨损不超过齿厚的 10% 时，可以采用车削加深螺纹的方法进行修复；当螺纹磨损过大时，一般采用直接更换的方法处理。

2）丝杠轴径磨损。丝杠轴径磨损后，一般采用磨削的方法进行修复，但磨削应与切削螺纹同时进行，以保证螺纹与轴颈的同心度。

3）螺母的磨损。因螺母的价值不高，维修困难，一般直接更换。

4）丝杠弯曲变形。若丝杠因为承受过大的力量而发生变形，应尽量采用校正的方法处理，如果经过校正后达不到精度要求，则需要重新确定方案或更换新的丝杠。

（6）离合器传动

离合器是主、从动两部分在同轴上传递动力或运动时，能够按照要求随时实现结合或分离动作的装置。离合器按照工作原理的不同可以分为操纵离合器、自控离合器。操纵离合器又分为机械离合器、液压离合器、气动离合器、电磁离合器；自控离合器可以分为离心离合器、超越离合器、安全离合器等多种形式。

离合器的失效形式主要有摩擦片表面摩擦不均匀，摩擦量较小时可以通过调整间隙来修复，摩擦量较大时就只能通过更换来修复。摩擦片出现变形、严重磨损等就必须进行更换处理。

（7）轴承

轴承主要是用来支撑轴并承受轴上载荷的。轴承的分类较多，根据工作时轴承内部的摩擦力性质不同可以分为滑动轴承、滚动轴承；按照承受载荷不同可以分为向心轴承、推力轴承、向心推力轴承三种。

1）滑动轴承是指仅发生滑动摩擦的轴承。滑动轴承由轴承座、轴承盖、轴瓦及加油孔等几部分组成，如图 5-7 所示。滑动轴承按照所承受载荷的方向不同可以分为径向滑动轴承、止推滑动轴承和径向止推滑动轴承，常用的径向滑动轴承的结构形式有整体式、对开式、间隙可调式、自动调心式。滑动轴承主要特点是工作运行平稳可靠、工作转速高、能够承受较大的冲击力、噪声低、润滑油膜能够吸收振动、能够在恶劣环境中工作，缺点是在启动初期摩擦阻力大。

滑动轴承常用的润滑方法可以分为间歇式供油和连续式供油两大类。间歇式供油主要用于低速、轻载荷轴承；连续式供油一般用于重载荷轴承，常用的连续式供油方式有滴油润滑、油环润滑、飞溅润滑、压力润滑等几种。

2）滚动轴承是指运转的轴与轴座之间的摩擦是滚动摩擦的轴承。滚动轴承一般由内圈、外圈、保持架、滚动体组成，如图 5-8 所示。为了适应某些特殊场合的使用要求，有的轴承也会增加减少部分零件，如图 5-9 所示。滚动轴承具有摩擦系数小、能耗小、机械效率高，尺寸标准化、具有互换性、拆装方便、精度高、寿命长、能够自动调心、使用广泛的特点。

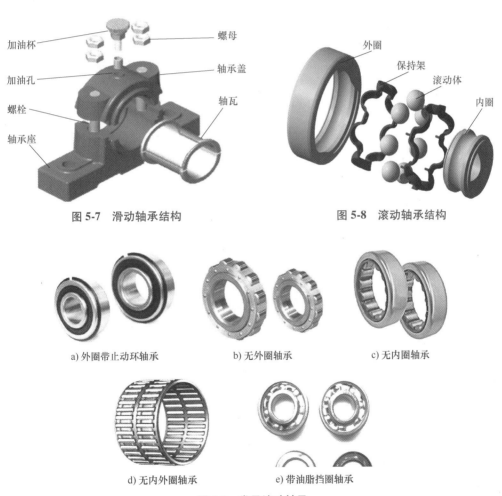

图 5-7　滑动轴承结构　　　　　图 5-8　滚动轴承结构

a) 外圈带止动环轴承　　　b) 无外圈轴承　　　c) 无内圈轴承

d) 无内外圈轴承　　　e) 带油脂挡圈轴承

图 5-9　常见滚动轴承

内圈通常是与轴紧密配合在一起的，并与轴一起旋转。轴承内圈与轴的配合采用基孔制。

外圈通常与轴承座孔或者机械箱体相互配合，主要是起到支撑的作用。外圈与孔的配合采用基轴制。

滚动体是均匀排布在内外圈之间的，他的形状、大小和数量直接决定着轴承的承载能力大小。滚动体按形状分主要有滚珠、球面滚子、圆柱滚子、滚针、圆锥滚子等，滚动体形状如图 5-10 所示。

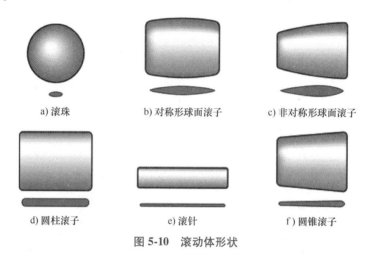

a) 滚珠　　　　　b) 对称形球面滚子　　　　　c) 非对称形球面滚子

d) 圆柱滚子　　　　　e) 滚针　　　　　f) 圆锥滚子

图 5-10　滚动体形状

保持架将滚动体均匀地分隔开，并引导滚动体在内外圈轨道之间做循环运动，保持架一般使用有色金属（黄铜、青铜、铝合金）、黑色金属（低碳钢、不锈钢）、非金属（塑料、胶木）等材质。保持架的形状及类型如图 5-11 所示。

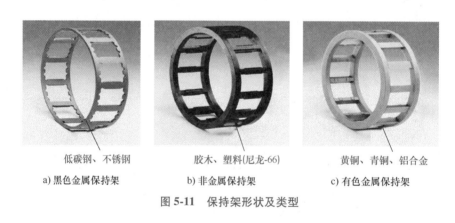

低碳钢、不锈钢　　　　　胶木、塑料(尼龙-66)　　　　　黄铜、青铜、铝合金

a) 黑色金属保持架　　　　　b) 非金属保持架　　　　　c) 有色金属保持架

图 5-11　保持架形状及类型

① 滚动轴承按照轴承所承受的载荷方向不同可以分为以下三种。

向心轴承是主要承受径向力的轴承，它包括径向接触轴承和角接触向心轴承。径向接触轴承的公称接触角为 0°，主要用于承受径向载荷，也能同时承受不大的轴向载荷；角接触向心轴承的公称角在 0°~45° 之间，能够承受径向和轴向的联合载荷，以径向载荷为主。

推力轴承是主要承受轴向力的轴承，它包括轴向接触轴承和角接触推力轴承。轴向接触轴承的公称接触角为 90°，仅用于承受轴向载荷。角接触推力轴承的公称接触角大于 45° 但是小于 90°，主要用于承受轴向载荷，也能同时承受较小的径向载荷。

轴承的外形尺寸大小分类见表5-3。

表5-3　轴承外形尺寸分类原则

序号	轴承名称	公称外径D尺寸范围
1	微型轴承	$D<26mm$
2	小型轴承	$26mm\leqslant D<60mm$
3	中小型轴承	$60mm\leqslant D<120mm$
4	中大型轴承	$120mm\leqslant D<200mm$
5	大型轴承	$200mm\leqslant D<400mm$
6	特大型轴承	$400mm\leqslant D<2000mm$
7	中大型轴承	$D\geqslant2000mm$

② 滚动轴承代号由字母和数字组成，完整的代号包括前置代号、基本代号、后置代号三部分。基本代号表示轴承的基本类型、结构、尺寸，是轴承代号的基础。前置代号含义详见表5-4。

表5-4　前置代号含义表

代号	含义
L	可分离轴承的可分离内圈或外圈
R	不带可分离内圈和外圈的组件（滚针轴承仅适用于 NA 型）
K	滚子和保持架组件
WS	推力圆柱滚子轴承轴圈
GS	推力圆柱滚子轴承座圈
F	凸缘外圈的向心球轴承（仅适用于$d\leqslant10mm$）
KOW-	无轴圈推力轴承
KIW-	无座圈推力轴承
LR	带可分离的内圈或外圈与滚动体的组件

按照承受载荷方向和滚动体种类，滚动轴承有 13 种基本类型，具体见表5-5。

表5-5　常用滚动轴承基本类型

名称	代号	图片	主要特性和应用
双列角接触球轴承	0		可以承受径向载荷和两个方向的轴向载荷，适用于有高刚性要求的场合
调心球轴承	1		主要承受径向载荷，能够承受较小的双向轴向载荷，能够自动调心。适用于多支点传动轴，刚性较小的轴

（续）

名称	代号	图片	主要特性和应用
调心滚子轴承和推力调心滚子轴承	2		和双列调心球轴承的特性一样，但承载能力比它更大。适用于其他轴承不能胜任的重载荷情况
圆锥滚子轴承	3		可以承受径向和单向轴向载荷，但是承载能力更大，内外圈可以分离，间隙容易调整。适用于斜齿齿轮轴、涡轮减速器轴
双列深沟球轴承	4		主要承受径向载荷，也能承受一定的轴向载荷
推力球轴承	5		只能承受轴向载荷，可以分为承受单向或双向轴向载荷的两种类型。不宜在高速下工作，一般使用在蜗杆轴、起重吊钩等场合
深沟球轴承	6		主要承受径向载荷，也能承受一定的轴向载荷。极限转速较高，承受冲击能力差，适用于刚性较大的轴上
角接触球轴承	7		可以承受径向和单向轴向载荷，通常应成对使用。适用于刚性较大，跨距小的轴
推力圆柱滚子轴承	8		只能承受单向的轴向载荷，承载能力强
圆柱滚子轴承	N		内外圈可以分离，内外圈允许少量的轴向移动，但不允许偏斜。能够承受较大的冲击载荷，适用于刚性较大、对中性良好的轴
双列或多列圆柱滚子轴承	NN		与单列圆柱滚子轴承相同，但是径向承载能力更强，不能够承受径向载荷
外球面球轴承	U		主要承受径向载荷，承载能力较小，额定动载荷比为1，也能够承受一定的轴向载荷。内部结构与深沟球轴承相同，一般在特定的场合使用

（续）

名称	代号	图片	主要特性和应用
四点接触球轴承	QJ		装球数量多，承载能力较强，可以承受双向轴向载荷。具有成对安装的角接触球轴承的特性，但是占用轴向空间较小，结构紧凑

注：在代号的前面或者后面加数字或者字母表示该类型轴承中的不同结构，滚针轴承的代号在国标中另有规定。

由于滚动轴承的类型和尺寸繁多，为了便于生产和使用，国家标准规定了轴承的代号。其基本代号由轴承类型代号、尺寸系列代号、内径代号构成，此外还有前置代号和后置代号，如图 5-12 所示。

轴承代号				
前置代号	基本代号			后置代号
	轴承系列		内径代号	
	类型代号	尺寸系列代号		
		宽度（或高度）系列代号　　直径系列代号		

图 5-12　轴承代号的组成

滚动轴承的尺寸系列代号由轴承的宽度系列代号（向心轴承）或高度系列代号（推力轴承）和直径系列代号组合而成。

尺寸系列代号中，表 5-6 和表 5-7 所列的宽度或高度系列代号在右，指直径系列相同的轴承有各种不同的宽度或者高度；直径系列代号在左，指相同内径的滚动轴承有不同的外径。

滚动轴承内径代号见表 5-8，比较常用的是内径为 10~495mm 的轴承，内径小于 10mm 和大于 495mm 的轴承，标准中另有规定。

表 5-6　宽度系列代号（向心轴承）

直径系列代号	宽度系列代号							
	8	0	1	2	3	4	5	6
7	—	—	17	—	37	—	—	—
8	—	08	18	28	38	48	58	68
9	—	09	19	29	39	49	59	69
0	—	00	10	20	30	40	50	60
1	—	01	11	21	31	41	51	61
2	82	02	12	22	32	42	52	62
3	83	03	13	23	33	—	—	—
4	—	04	—	24	—	—	—	—
5	—	—	—	—	—	—	—	—

表 5-7　高度系列代号（推力轴承）

直径系列代号	高度系列代号			
	7	9	1	2
7	—	—	—	—
8	—	—	—	—
9	—	—	—	—
0	70	90	10	
1	71	91	11	
2	72	92	12	22
3	73	93	13	23
4	74	94	14	24
5	—	95	—	—

表 5-8　滚动轴承内径代号

轴承公称内径/mm	内径代号
0.6~10（非整数）	用公称内径毫米数直接表示，在其与尺寸系列代号之间用"/"分开
1~9（整数）	用公称内径毫米数直接表示，对深沟、角接触球轴承直径系列 7、8、9，内径与尺寸系列代号之间用"/"分开
10	00
12	01
15	02
17	03
20~480（22，28，32 除外）	公称内径除以 5 的商数，商数为个位数，需在商数左边加"0"
≥500 以及 22，28，32	用公称内径毫米数直接表示，但在与尺寸系列之间用"/"分开

轴承后置代号主要表示轴承的内部结构；轴承的密封件、防尘盖与外部形状；保持架结构、材料；公差等级等。轴承的前置代号、后置代号是在轴承的结构、尺寸、公差及技术要求发生改变时，需要在轴承的基本代号前后添加的相应的补充代号，其排列的顺序及含义见表 5-9。

表 5-9　滚动轴承前置、后置代号排列及含义

轴承代号										
前置代号	基本代号	后置代号								
		1	2	3	4	5	6	7	8	9
成套轴承部件		内部结构	密封防尘与外部形状	保持架及其材料	轴承零件材料	公差等级	游隙	配置	振动及噪声	其他

前文所述的轴承的类型、应用场所和特点等内容，为我们选择轴承提供了帮助。在选用轴承时，我们还要考虑以下因素：承受载荷的大小、方向和性质；轴承的转速；一些特定场合的特殊要求；经济性等。只有全面地考虑各种因素，才能更好地进行选型、设计。

③ 滚动轴承在运行过程中常见的失效形式主要有疲劳剥落、磨损、裂纹、断裂、电流腐蚀、压痕、锈蚀和保持架断裂等，如图 5-13 所示。

a) 疲劳剥落　　　　　　　　　　　b) 裂纹、断裂

c) 磨损　　　　　　　　　　　d) 电流腐蚀

e) 压痕　　　　f) 锈蚀　　　　g) 保持架断裂

图 5-13　常见滚动轴承失效形式（见彩插）

滚动轴承在安装、配合、润滑、密封和正常的设备维护保养过程中都会产生损伤，而使轴承精度丧失不能工作。轴承的疲劳和磨损属于正常现象，只能通过不断地保养维护来减轻，以增加使用寿命。一般从以下几个方面来提高轴承的使用寿命：安装拆卸轴承时使用专用工具（如轴承拉卸器、压盘、轴承加热器等），使用合适的润滑油（尽量采用氟素润滑脂、循环散热油等润滑）。现在工厂一般使用振动仪来定期检测轴承，绘制中长期数据曲线来分析轴承状态，为维修和保养轴承提供更详细的数据。

④ 汽车轴承概述。汽车上的轴承多种多样，主要可以分为发动机轴承、传动系统轴承、转向系统轴承、空调系统轴承等，根据使用部位和功能的不同而不同，如图 5-14 和图 5-15 所示。

汽车水泵的作用是使冷却液在发动机水套和散热器之间进行有效的循环，使热量能够通过散热器和冷却风扇快速散发，保证发动机在一定的温度范围内正常工作。水泵轴承可以分为普通水泵轴承和水泵轴联轴承。水泵轴联轴承如图 5-16 所示。

发动机轴承 →　发电机轴承、通风器轴承、水泵轴承、张紧轮轴承、增压器轴承

传动系统轴承 →　离合器轴承、变速器轴承、传动轴支撑轴承、主减速器轴承、轮毂轴承、万向联轴器轴承

转向系统轴承 →　转向轴轴承、转向器轴承

空调系统轴承 →　压缩机轴承、电磁离合器轴承

图 5-14　汽车轴承分类

a) 发动机轴承

b) 张紧轮轴承

c) 水泵轴承

d) 轮毂轴承

图 5-15　汽车轴承示意图

　　轮毂轴承的主要作用是承载质量，并为轮毂的转动提供引导作用，目前主要有深沟球轴承、角接触球轴承、圆柱滚子轴承和圆锥滚子轴承等多种结构形式并存。其中深沟球轴承在

微型、小型汽车上比较常见；圆锥滚子轴承广泛使用于各类汽车中。不同轴承在轮毂上的使用如图 5-17 所示。

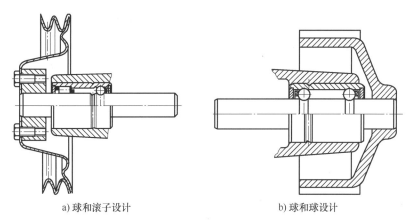

a) 球和滚子设计　　　　　　　　b) 球和球设计

图 5-16　水泵轴联轴承

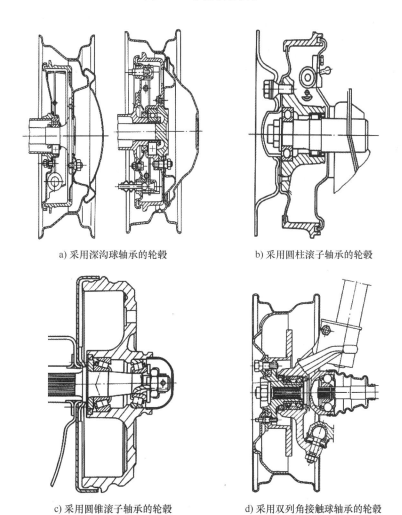

a) 采用深沟球轴承的轮毂　　　　　b) 采用圆柱滚子轴承的轮毂

c) 采用圆锥滚子轴承的轮毂　　　　d) 采用双列角接触球轴承的轮毂

图 5-17　轴承在轮毂上的使用

随着混合动力、纯电动、氢能源等汽车能源形式的不断革新及对汽车内部安静性要求的不断提升，汽车需要采用更低噪声、更高承载能力、更耐冲击力的轴承，市场对轴承材质及技术的要求也在不断更新。

第二节　设备保养与精度检测

一、设备的保养

设备保养的目的在于及时发现和消除设备在运行过程中因疲劳、正常损耗等而产生的微小缺陷，避免设备部件的恶性损伤，从而降低维修费用支出以及生产停机损失，并能够最大程度地延长设备的使用寿命。

随着设备技术的不断发展，设备复杂程度越来越高，设备零部件的数量成倍增加，故障造成的生产中断也逐渐成为生产中不可忽视的问题，因此，做好设备保养已成为当今企业降低设备使用综合成本的共识。

而提到设备保养，就要先了解设备部件从正常运行到失去功能的全过程，即针对零部件故障过程进行研究。任何零部件的失效都不是一瞬间形成的，而是经过了一个缺陷从小到大的成长期，这个成长期如同图 5-18 所示。

微小缺陷：指现在对设备运行、产品品质等的影响较为细微，很难通过仪器仪表等量化判断手段检测发现，但将来会逐步扩大，最终发展成为"中缺陷"乃至"故障"，引起设备故障或产品品质损失的潜在异常。

中缺陷："微小缺陷"经过时间的积累，其异常逐步扩大至对零部件整体性能产生影响（通常能够通过某些检测手段发现），但还未对设备运行或产品品质造成严重影响，此阶段的异常被称为"中缺陷"。

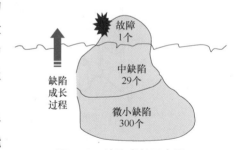

图 5-18　缺陷成长示意图

故障（大缺陷）：当"中缺陷"经过一段时间的发展，其异常点开始对设备本身或产品质量产生直接影响，出现设备运行中断或产品质量不合格等使生产无法持续进行的问题，此类异常通常称为"故障"（大缺陷）。

从缺陷成长的图片可以看出，"故障"如同漂浮在海中的冰山一角，仅仅是问题最容易被人注意的一小部分，而在可见的故障之下，还隐藏着众多的"中缺陷"和"微小缺陷"，比如脏污、废屑、润滑不良、腐蚀、变形、划伤、松动、噪声等，正是这些缺陷最终导致了故障的发生（图 5-19）。因此，消除故障本身并不能从根本上解决设备停机问题，必须持续检查并消除"微小缺陷"，及时排查整改"中缺陷"，当所有的"微小缺陷"和"中缺陷"

都被发现和解决后，故障就没有了容身之地。

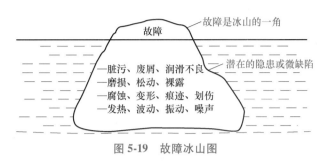

图 5-19　故障冰山图

了解了"故障"的成长历程之后，我们知道想要完全避免故障的出现，关键在于如何有效消除它的生长过程因子："缺陷"。

经过多年的设备缺陷研究与实践，制造行业内逐渐形成"预防为主"的设备管理思想，并在日本得到广泛应用和总结，最终产生名为全员生产保养（Total Productive Maintenance，TPM）的设备保全体系，伴随日本汽车企业在全球的成功而扩散到众多生产制造企业中，成为应用最为广泛的设备管理方法。

TPM 管理体系中，设备保养被归纳总结为一系列标准可行的活动，而其中的"自主保全"活动正是针对微小缺陷的发现和消除，下面我们对"自主保全"的基础内容，即"设备点检""设备清扫""设备紧固""设备润滑"进行具体讲解与实例说明。

1. 设备点检

（1）设备点检的概念

设备点检通常是指通过人的五感（视、听、嗅、味、触）或者借助工具、仪器，按照预先设定的周期和方法，对设备上的规定部位（点）有无异常进行检查与判断，以使设备的隐患和缺陷能够被早期发现、早期预防、早期处理。

（2）设备点检的"六定"

设备点检属于标准作业，因此，作业的全过程都经过专门的设计和审核，以确保作业过程中的安全、高效并保障作业质量。根据经验总结，点检工作在作业时通常要遵循以下六个基本要求。

1）定点：明确设备的点检部位、点检内容、点检项。

2）定人：明确点检的作业人员，通常为本设备的操作人员或熟悉设备的维修人员，以保证作业人员具备作业资格和能力。

3）定周期：明确每一个点检部位的检定周期，其周期单位可以为时间，也可以为作业的频次，如"加工工件的数量"等。

4）定标准：明确点检部位的状态判定标准，即明确所检查部位"正常"或"异常"的依据。

5）定方法：明确点检的方法，包括设备的运转状态、作业过程的实施要求等，以确保重复进行点检作业能够得到具有一致性的检查结果。

6）定路线：明确各点检部位的先后顺序以及人员在两个点检部位之间的移动路线，以避免发生点检项目的遗漏和重复，保证点检效率。

（3）设备点检的内容来源

设备点检的项目内容输入可分为"正向输入"和"反向输入"两类。

正向输入的主要来源为设备购买时由设备供应商提供的"设备保养手册""设备使用说明书"等技术资料以及部分设备零部件厂商所提供的技术手册，此类内容通常是设备及零部件厂商的售后经验积累或试验数据总结，具有很强的指导意义，可类比中医"治未病"的思路，是设备可以正常使用的基础保障。

反向输入的主要来源为设备在使用过程中所出现故障的分析总结，此部分内容的制定与补充通常由专职的维修人员完成，是设备持续稳定运行的关键，同时也是评价维修人员技术水平的重要环节。

（4）设备点检的实例说明

设备点检常用的标准文件包括"设备点检标准卡""设备点检记录表"等，其中"设备点检标准卡"重点体现了点检"六定"，而"设备点检记录表"则是点检作业的结果记录，它通常包括结果的记录，以及点检所发现问题的描述和处理计划等，下面通过工厂的实例进行更加直观的说明，如图5-20所示。

设备点检标准卡									
点检简图	NO	部位	负责人	标准	要点	方法	周期	时间	目的明确化
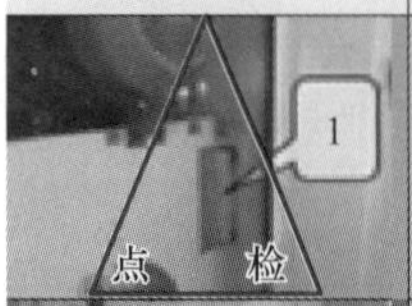 点　检	1	液压系统油位	操作者	油位在上下限之间	如异常应通知加油人员	目视确认	每班班前	10s	保证液压系统正常工作
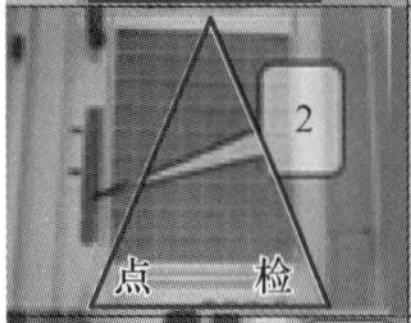 点　检	2	水冷装置液位	操作者	液位在上下限之间	如异常应通知维护人员	目视确认	每班班前	10s	保证冷却系统正常工作
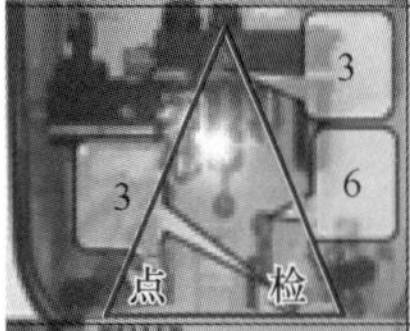 点　检	3 6	气动区域空气压力、气动区域是否漏气	操作者	是否与标准值一致、无漏气响声	如异常应通知维护人员	目视确认、听觉、触觉确认	每班班前	20s	保证气动系统正常工作
 点　检	4	操作面板	操作者	操作面板无故障警告信息	如异常应通知维护人员	目视确认	每班班前	10s	确认区域防护等是否安全有效，自动监测的效值是否正常

图5-20　"设备点检标准卡"样例（见彩插）

一般来说，不同工厂的"设备点检标准卡"样式都不尽相同，但均以"六定"作为编制的核心内容，如图 5-21 所示。

保全项目	序号	保全内容	点检日期(左)	
			1	2
点检	1	检查液压站油位不低于油窗的三分之一，区域无泄漏。		
	2	检查2个润滑油箱油位不低于油窗的三分之一，区域无泄漏。		
	3	检查主轴和电气柜冷却装置液位不低于液窗的三分之一。		
	4	检查供液、排屑区域阀门打开，区域无泄漏。		
	5	检查加工区清扫彻底，工装及管路无泄漏。		
	6	检查设备运行中无异常噪声、振动、气味。　　　　　(班中)		
	7	检查保养区域油、气、液管路无泄漏；电缆保护链无变形，无异常。　　　　　　　　　　　　　　　　(周一班前)		
润滑	1	检查保养区主轴油位不低于油窗的三分之一 (周一班前)		
	2	检查加工区B轴油位不低于油窗的三分之一　　(周一班前)		
清扫	1	清扫工作台及工装、主轴头保持洁净。　　　　(每班班后)		
	2	清扫润滑、液压、气动区域，各管路、螺栓，保证漆标正常，无松动泄漏。　　　　　　　　　　　每月2、17日班中		
	3	清扫供液、排屑区域各管路、螺栓，保证漆标正常，无松动泄漏。　　　　　　　　　　　　　每月2、17日班中		

图 5-21　设备点检记录表典型样例

2. 设备清扫

（1）设备清扫的概念

设备清扫与日常的打扫不同，其一方面要求作业人员将设备加工产生的废屑、油泥等清扫干净，使设备保持清洁，另一方面要求作业人员在清扫过程中与设备充分接触，通过五感查找设备存在的各种微小缺陷，如划伤、磨损、松动、腐蚀、生锈等问题。相比于点检，设备清扫的覆盖面更广，可以通过周期性的清扫活动使日常不被关注的部位得到有效检查，可以说设备清扫的过程实际上就是一个发现问题的过程。

（2）设备清扫的要求

做设备清扫工作时，要注意观察设备是否存在以下几类问题。

1）微小缺陷：裂纹、锈蚀、变形、磨损、划伤。

2）使用条件问题：润滑不良（活动部位干涩）、紧固件松动。

3）泄漏污染源："跑、冒、滴、漏"现象，包括漏水、漏油、漏电、漏气，以及各种生产用介质等的泄漏。

4）清扫困难源：空间狭窄、污染频繁无法随时清扫的部位，高空、高温等人员难以接触的区域。消除清扫困难源的方法包括控制源头，采取措施，使其不被污染，以及设计开发专门的清扫工具等。

（3）设备清扫的典型案例

某班组在生产线上进行设备清扫时，发现有 21 项不正常现象，其中最主要的有 5 项，见表 5-10。

假设不事先发现上述不正常现象并加以处置的话，那么可能发生停线或造成产品不合格，其损失金额将达十余万元。

表 5-10　生产线设备清扫问题汇总

序号	问题描述	照片	潜在风险	处理策略
1	输送辊道上因磨损出现毛刺		造成在制产品的外观划伤	磨损部位进行抛光处理
2	机床导轨面润滑油膜覆盖不均匀，部分区域出现锈迹		活动部位非正常磨损导致寿命缩短	采用手动润滑方式及时解决问题，同时检查集中润滑系统在此处的终端润滑状态
3	防护铠甲片出现开裂，防护存在缝隙		加工中的铁屑和切屑液等污染源进入机械传动区域，造成机械部件的永久性损伤	更换磨损的铠甲片
4	旋转轴上的紧定螺钉松动脱出	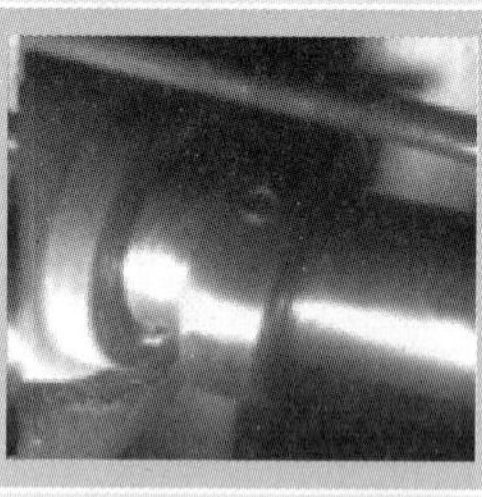	运动时旋转轴会发生轴向位移，可能会产生批量不合格品	重新紧固紧定螺钉并制订周期检查计划
5	光栅尺外壳出现磕碰痕迹，经检查为脱落螺栓挤压造成		光栅尺故障造成生产线停线 4h	更换光栅尺，对问题光栅尺进行损伤评估与修复

3. 设备紧固

（1）设备紧固的概念

设备紧固是指对于重要部位的螺栓等连接件进行周期性检查、强制紧固或强制更换。

（2）螺栓的常见分类

螺栓是使用最为广泛的紧固连接件，下面列举螺栓的常见分类，通过这些分类的差异可以了解螺栓的不同特性。

1）按头部形状分类：包括六角、圆形、方形、沉头等。

2）按螺纹长度分类：包括全螺纹、半螺纹。

3）按螺纹牙型分类：包括三角形、梯形、管螺纹等，如图 5-22a 所示。

4）按螺纹旋向分类：包括右旋和左旋，如图 5-22b 所示。

5）按螺纹螺距分类：包括粗牙螺纹和细牙螺纹。

6）按性能等级分类：包括3.6、4.6、4.8、5.6、6.8、8.8、9.8、10.9、12.9 等 10 余个等级。

（3）设备紧固的要求

通常设备紧固的保全检查主要针对零部件的关键连接点、质量控制点（如工装、夹具）等位置。连接件的失效往往会带来严重的机械损伤，因此，设备紧固是一项重要的日常保养活动，下面主要讲解开展设备紧固时的几个需要注意的要点。

1）拧紧力矩要求：螺栓拧紧并不是力量越大越好，而是达到螺栓设计的预紧力，具体数据应该遵循螺栓拧紧力矩的国家标准。

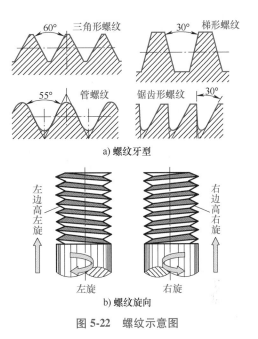

图 5-22　螺纹示意图

2）螺栓紧固顺序：遇到多个螺栓同步紧固的情况时，需要考虑螺栓的紧固顺序，通常的紧固顺序为先中间、后两边，对角紧固，顺时针旋转，分2步或3步紧固（第一步50%力矩，第二次100%力矩），如图5-23所示。

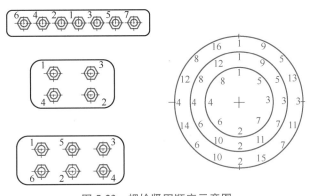

图 5-23　螺栓紧固顺序示意图

4. 设备润滑

（1）设备润滑的概念

润滑是相互运动类机械设备采用的减少接触面之间摩擦和发热，降低噪声、振动和能量损耗，有效延长机械配合部位使用寿命的方法。

润滑剂涂抹在摩擦的表面后会形成一层油膜并紧紧吸附，使两个摩擦面被油膜分隔开，最终将机械摩擦变为润滑剂内部分子摩擦。

（2）设备润滑的常见形式

设备润滑的形式多种多样，常见的润滑形式有以下几种。

1）手动润滑。手动润滑是一种最普遍、最简单的方法，一般是由设备油枪向油孔、油嘴加油，适用于低速、轻负荷和间歇工作的部件和部位。

2）滴油润滑。滴油润滑依靠油的自重通过装在润滑点上的油杯中的针阀或油绳滴油进行润滑。滴油润滑结构简单，使用方便，但给油量不容易控制，振动、温度的变化及油面的高低，都会影响给油量，不宜使用高黏度的油，避免针阀堵塞失效。

3）飞溅润滑。飞溅润滑是通过浸泡在油池中的零件本身或附装在轴上的甩油环将油搅动，使之飞溅在摩擦面上。它是闭式箱体中的滚动轴承、齿轮传动、蜗杆传动，链传动、凸轮等广泛应用的润滑方式。

4）油绳与油垫润滑。油绳与油垫润滑一般是通过与摩擦表面接触的毛毡垫或油绳从油中吸油，然后将油涂在工作表面上。该方式主要应用于小型或轻载滑动轴承，适合多尘的场合。但由于油量小，不适用于大型和高速轴承。

5）集中润滑。集中润滑由一个中心油箱在压力泵的作用下通过管路向数个润滑部位供油。它主要用于有大量润滑点的机械设备甚至整个车间或工厂。这种方式既可以手工操作，也可利用控制装置实现自动定时、定量打压，在机床中应用普遍。

（3）设备润滑的管理要点

一个工厂或一条生产线往往有数十、上百甚至几百台设备，正确地做好润滑工作需要一整套流程制度进行保障，其中最重要的要求为润滑"三过滤"和润滑"五定"。

1）润滑"三过滤"。润滑剂最常见的污染形式为灰尘、颗粒物等的混入，在使用过程中成为研磨剂加速连接件的磨损。而"三过滤"主要目的就是减少油液中的杂质含量，防止尘屑等杂质随油进入设备。

① 入库过滤：即油液（散装油）经运输入库、经泵入油罐储存时要进行过滤。

② 发放过滤：即油液（散装油）发放注入润滑容器时要经过过滤。

③ 加油过滤：即油液加入设备贮油部位时要经过过滤。

2）润滑"五定"。"五定"管理是润滑管理的核心，严格遵循"五定"管理的要求开展润滑工作是高效、防错作业的关键。

① 定点：确定每台设备的润滑部位和润滑点，用润滑图表形式和着色标志，把每台设备应在什么地方加油、换油进行具体规定。

② 定质：按润滑图表规定的部位和润滑点加（换）规定牌号的润滑油脂、润滑剂。润滑装置和加油器具保持专用、清洁、完整。对设备的润滑状态要进行日常检查，润滑装置要进行观察，对润滑设备的漏油、渗油要进行分析、处理。

③ 定量：在保证良好润滑的基础上，实行日常耗油量定额和定量加油，做好废油回收退库。治理设备漏油，既要保证设备得到足够的润滑，又要避免造成浪费。

④ 定期：按照润滑图表或卡片规定的周期加油、添油和清洗换油，保证设备得到良好的润滑。对贮油量大的油箱按时采样化验，设备换油周期必须根据采样化验结果、设备实际使用情况和润滑剂在使用过程中的失效速度，合理地加以确定或调整。

⑤ 定人：按润滑图表的规定，明确操作工（润滑工）、维修工，对设备日常加油、添油

和清洗换油，每台设备要有专人负责。必须建立明确的分工负责的润滑工作责任制。

5. 设备保养案例介绍

下面以"加工中心压缩空气预过滤器的滤芯清扫"为例，介绍整个保养过程及注意事项。

（1）安全措施

设备断电、断气并悬挂安全警示牌。

（2）动火等级

不动火。

（3）作业涉及的危险源

压缩空气压力，需要提前关断压缩空气。

（4）工具

6号内六角扳手、活扳手、抹布、浓皂液，高压风枪。

（5）保养标准用时

15min。

（6）保养作业流程

保养作业流程介绍见表5-11。

表5-11 保养作业流程

序号	说明	图示
1	通过总电源开关断开机床，悬挂安全警示牌，并防止重新上电  	
2	通过设备的气源总开关将设备的气源断开，并防止重新通气 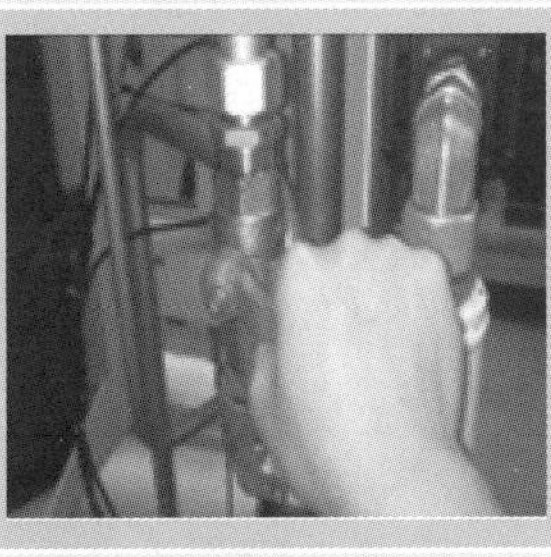 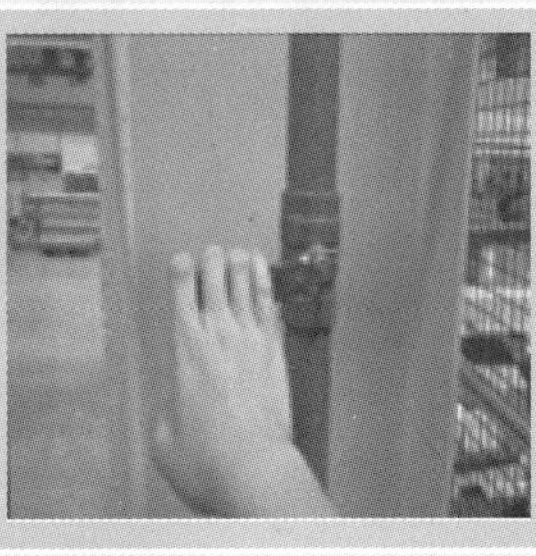	
3	将气动区域的气源截止阀旋转到另一位置，将元件内部的气体排出，并观察设备压缩空气过滤器表头示数，应由6bar减小到0bar 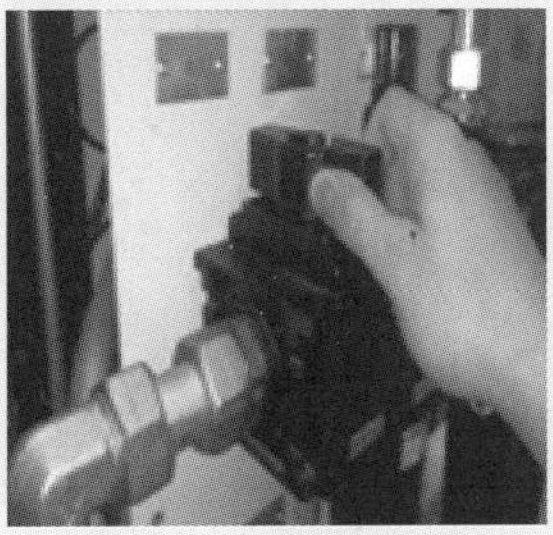 	

（续）

序号	说明	图示
4	沿顺时针拧松并取下过滤器容器，要注意不要把密封圈碰掉	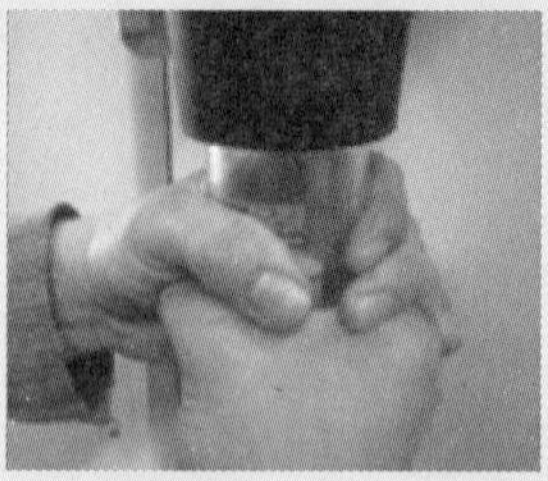 
5	将过滤器容器内的粉尘、油液排空	 
6	用6号内六角扳手和活扳手拧下内六角螺母，并取出自动排放装置	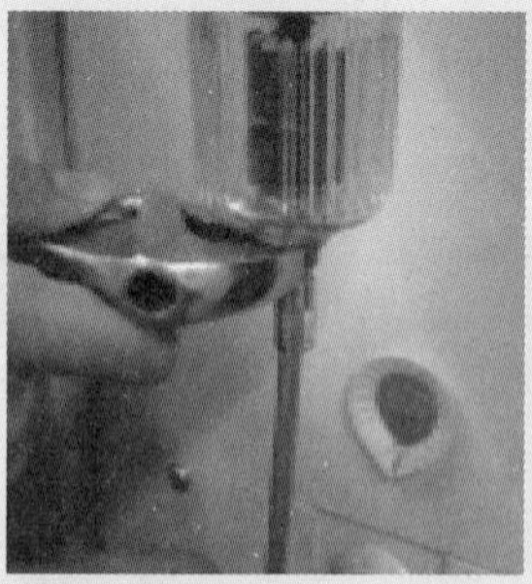 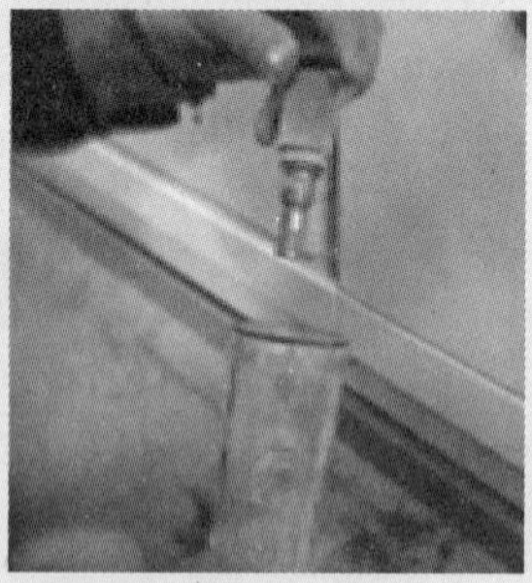
7	拆分自动排放装置，准备清洁	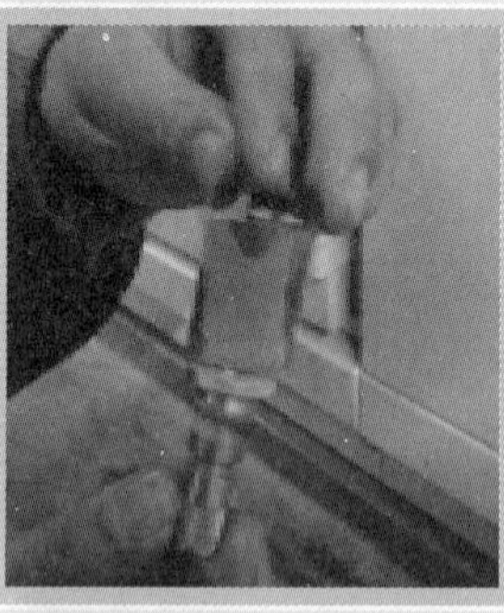 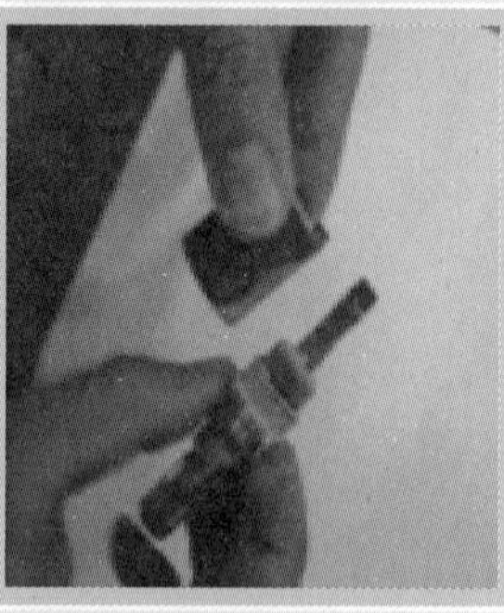
8	用浓皂液清洗过滤器容器，并用高压风枪吹净，若过滤器容器不是很脏，可用抹布擦净	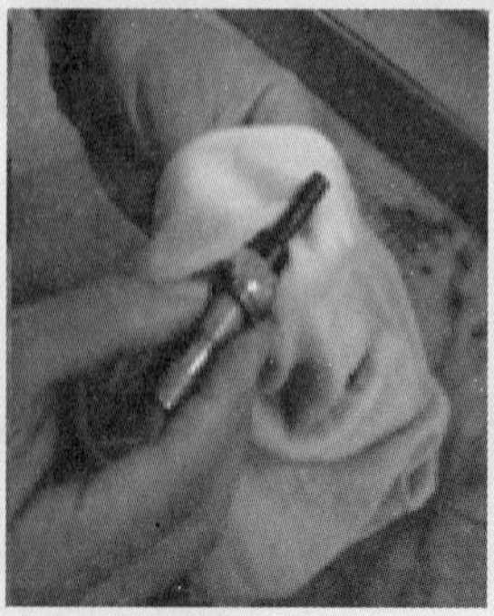 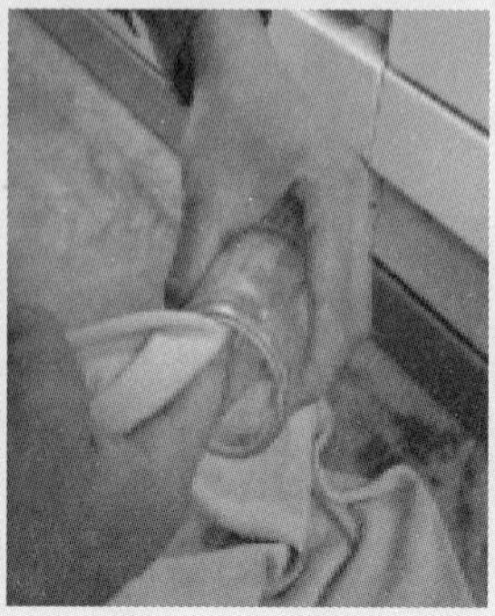

（续）

序号	说明	图示
9	待过滤器容器清理完毕之后，组装自动排放装置	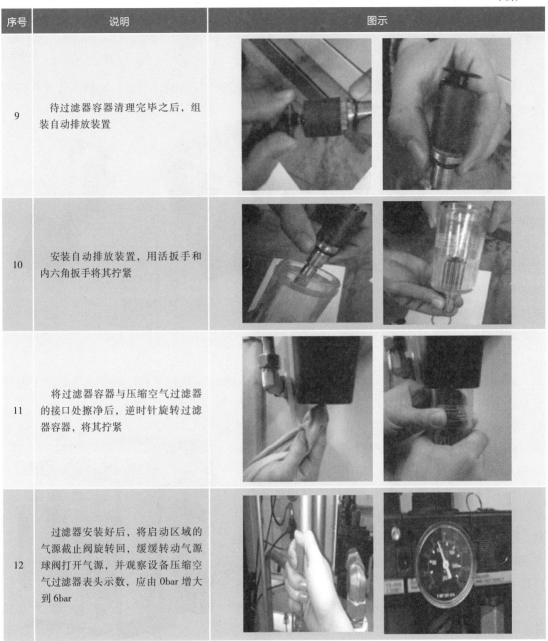
10	安装自动排放装置，用活扳手和内六角扳手将其拧紧	
11	将过滤器容器与压缩空气过滤器的接口处擦净后，逆时针旋转过滤器容器，将其拧紧	
12	过滤器安装好后，将启动区域的气源截止阀旋转回，缓缓转动气源球阀打开气源，并观察设备压缩空气过滤器表头示数，应由0bar增大到6bar	

注：$1bar = 10^5 Pa$。

6. 常见电气元件的检查与维护

通常设备的电气系统可以划分为主电路和控制电路两大部分，其中，主电路与厂房供电母线直接连接，用于驱动执行元件，控制电路主要用于逻辑控制，比如设备的启停、运行位置判断、工步切换等。

不同的功能决定了这两类电路的输入电流有较大区别，主电路电流大发热多，控制电路电流小发热低，因此，电气元件的故障多发生在主电路中，控制电路本身故障较少，即使有时出现硬件类报警，大多数也是传感器件等外围元器件损坏导致的，而非自身故障，因此，本部分主要介绍主电路中常用电气元件，如熔断器、低压接触器、三相异步电动机等的检查与日常维护。

（1）熔断器

熔断器是最常见的电气元件之一，通常位于主电路的最前端，与设备的馈入开关直接相连，主要用于过电流保护，如图 5-24 所示。

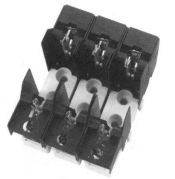

熔断器在使用中最常见的故障点就是接口部位，会出现接口弹片松动，接触点烧结、生锈等问题，造成接触不良或频繁熔断的情况。因此，接口弹片也是日常保养维护的重点，定期检查弹片夹紧力、定期对弹片的接触位置进行打磨除锈，可以有效解决熔断器的故障隐患，使其长期稳定可靠地工作。

图 5-24　熔断器

（2）低压接触器

接触器是主电路最关键的部件，它与控制电路一起完成执行元件的启停动作，是主电路中开闭最频繁的元器件，因此也是故障率最高的元器件，如图 5-25 所示。

接触器主触点的接通与断开主要由线圈是否通电来控制，因此，接触器的故障模式主要有接触器不动作和主触点接触不良或缺相。

1）接触器不动作的情况主要检查其机械连接件是否存在断裂、变形卡滞或控制动作的线圈是否正常。线圈的控制原理为电磁转换，因此，在排除机械卡滞问题后，只要测量其线圈是否存在断路或接线不良即可快速发现故障原因。

2）主触点接触不良或缺相主要是由于触点的弹片不能有效贴合或触点出现烧蚀、锈蚀问题产生绝缘，影响电流的正常通过，此时需要拆卸接触器对触点部分进行检查或更换。

图 5-25　低压交流接触器

常见的低压交流接触器日常并不需要专门的保养维护，但随着技术的进步，对于接触器的检查手段也逐渐丰富，如今利用红外热成像仪，通过各相的发热均匀程度可以很高效地发现接触器的初期不良，是非常有效且快速的检测方式，如图 5-26 所示。

（3）三相异步电动机

三相异步电动机是最常用的电气执行元件，它的稳定与否对整个设备运行有着决定性作用，因此对于三相异步电动机的维护保养也是工厂日常工作中的重要一环。三相异步电动机爆炸图如图 5-27 所示。

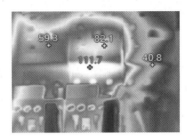

a) 可见光视角　　　　　　　　　　b) 红外视角

图 5-26　红外热成像仪检测图（见彩插）

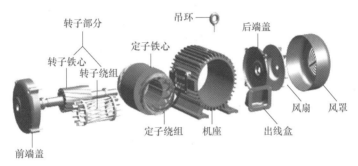

图 5-27　三相异步电动机爆炸图

通过上图可以发现，三相异步电动机的结构并不复杂，定子和转子配合产生旋转的驱动力，两端盖的轴承保证其可靠稳定的机械旋转动作，风扇和机座上的导流槽起到散热的作用。因此，对于三相异步电动机的日常维护和检查也主要跟上述几个部位有关。

1）绕组的检查。通常，绕组并不需要进行例行的维护检查，但当电动机运行出现异常需要进行故障判断时，就需要对绕组进行检查以确认其状态，常用的绕组检查工具为万用表和绝缘电阻表（摇表）。

万用表主要定性检查绕组线圈的通断，检查内容包括①U、V、W 绕组线圈自身的通断（通为正常）；②U、V、W 绕组线圈之间的通断（断为正常）；③U、V、W 绕组线圈与地线之间的通断（断为正常）。

绝缘电阻表主要通过量化的方式检查各绕组线圈的电阻值是否一致，以确定某一绕组线圈绝缘层是否存在老化不良等情况。

2）电动机轴承的检查。电动机轴承的检查方法很多，常用的有噪声检查、温度测量、振动测量等，噪声检查是最简便和常用的方法，不需要工具辅助，靠人的听觉即可发现，但噪声的出现往往代表着轴承已处于其寿命的末期，很难通过干预得以恢复。温度测量、振动测量等量化的检测方式，通过定期的检测可以获知轴承劣化的程度和趋势，经过及时地干预能够有效延长其使用时间，但缺点是需要专业工具和人员投入。

3）电动机的散热。电动机是主要的执行元件，担负着将电能转化为机械能的功能，因此也是整个系统中发热量最大的部件，需要专门的散热装置对其进行持续冷却，即风扇和机座的导流槽，因此，对风扇和导流槽的日常维护就成为电动机维护保养中最重要的工作。电动机导流槽如图 5-28 所示。

流动方向

图 5-28　电动机导流槽及流向示意图

清理风扇和机座导流槽中的脏污是电动机维护保养的重要工作，在实际的工厂管理中，也都会将此项工作内容纳入保养计划，进行周期性的检查和作业。

二、设备的精度检测

每台设备在出厂时都有既定的设计精度要求和功能要求，用于匹配所生产的产品，而随着设备的运行时间增加、零部件的磨损，以及各种微小缺陷的积累，最终会出现设备功能丧失、出厂精度超出范围等情况。为避免这些问题，除开展必要的自主保全活动外，还需要通过更专业的设备维护手段，来使设备功能与精度得到长期保持。

不同用途的设备，其功能也千差万别，但不论设备类型如何，其在出厂时都有着相同的精度测量方式，当设备的实际精度低于出厂精度标准时，就会产生设备运行和加工质量的不稳定。因此，设备精度的测量与调整是设备维护工作中最基础和重要的一环。下文重点介绍一下机床调试中常见的静态、动态精度类型和测量方式。

1. 机床静态精度

静态精度是指在机床空载条件下进行检测的精度，主要包括几何精度、传动精度、定位精度等。

（1）几何精度

机床的几何精度是指机床某些基础零件工作面的几何精度，它指的是机床在不运动（如主轴不转、工作台不移动）或运动速度较低时的精度。

几何精度规定了决定加工精度的各主要零部件间以及这些零部件的运动轨迹之间的相对位置允许值。例如，床身导轨的直线度、工作台面的平面度、主轴的回转精度、刀架溜板移动方向与主轴轴线的平行度等。

在机床上加工的工件表面形状，是由刀具和工件之间的相对运动轨迹决定的，而刀具和工件是由机床的执行件直接带动的，所以机床的几何精度是加工精度最基本保障。

机床的几何精度坐标系的定义符合右手定则：右手拇指代表 x 轴，食指代表 y 轴，中指为 z 轴，指尖所指的方向为各坐标轴的正方向（图 5-29）。

（2）传动精度

机床的传动精度是指机床从驱动侧到传动终端整个传动链之间的相对运动精度，而这个误差称为该传动链的传动误差。

例如车床在车削螺纹时，主轴每转一圈，刀架的移动量应等于螺纹的导程。但是，实际上由于主轴与刀架之间的传动链中，齿轮、丝杠及轴承等均存在着误差，使得刀架的实际移动距离与理论要求的移动距离之间有了误差，这个误差将直接造成工件的螺距误差。因此，为了保证工件的加工精度，不仅要求机床有必要的几何精度，还要求传动链有较高的传动精度，如图 5-30 所示。

（3）定位精度

机床定位精度是指机床主要部件在运动终点所达到的实际位置的精度，而实际位置与预期位置之间的误差称为定位误差。

对于主要通过试切和测量工件尺寸来确定运动部件定位位置的机床，如卧式车床、万能

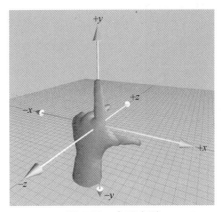

图 5-29　右手定则

升降台铣床等普通机床，对定位精度的要求并不太高。但对于依靠机床本身的测量装置、定位装置或自动控制系统来确定运动部件定位位置的机床，如各种自动化机床、数控机床、坐标测量机等，对定位精度必须有很高的要求。

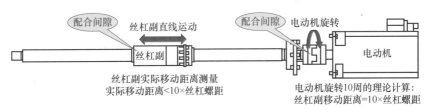

图 5-30　传动误差

机床的几何精度、传动精度和定位精度通常是在没有切削载荷以及机床不运动或运动速度较低的情况下检测的，故一般称之为机床的静态精度。

静态精度主要决定于机床上主要零部件，如主轴及其轴承、丝杠螺母、齿轮及床身等的制造精度以及它们的装配精度。

2. 静态精度的测量

一台机床静态精度的出厂标准往往与其生产的产品有关，通常出厂精度标准越高，设备维护成本也越高，因此，机床的静态精度并非越高越好，而是由产品需求来决定的。

下文逐一介绍静态精度的测量方法。

（1）几何精度的测量方法

机床几何精度是指机床在未受外载荷、静止或运动速度很低时的原始精度，它包括各主要零部件间相互位置与相对运动轨迹的精度和主要零件的几何精度，几何精度主要取决于机床零部件的加工和装配质量。

以最常见的车床为例，按 GB/T 4020—1997《卧式车床　精度检验》规定，几何精度的测量主要有以下的测量内容，见表 5-12。

表 5-12　几何精度的测量标准

序号	简图	检验项目	允差[①]/mm			检验工具	检验方法
			精密级	普通级			
			$D_a \leqslant 500$ 和 $DC \leqslant 1500$	$D_a \leqslant 800$	$800 < D_a \leqslant 1600$		
G1	a)　　b)	A—床身导轨调平 a) 纵向：导轨在垂直平面内的直线度 b) 横向：导轨应在同一平面内	$DC \leqslant 500$ 0.01（凸） $500 < DC \leqslant 1000$ 0.015（凸） 局部公差 任意 250 测量长度上为 0.005 $1000 < DC \leqslant 1500$ 0.02（凸） 局部公差 任意 250 测量长度上为 0.005 b) 水平仪的变化 0.03/1000	$DC \leqslant 500$ 0.01（凸） $500 < DC \leqslant 1000$ 0.02（凸） 局部公差 任意 250 测量长度上为 0.0075 $DC > 1000$ 最大工件长度每增加 1000 允差增加：0.01 局部公差 任意 500 测量长度上为 0.015 b) 水平仪的变化 0.04/1000	$DC \leqslant 500$ 0.015（凸） 0.03（凸） 0.01 0.02 0.02	精密水平仪，光学仪器或其他方法 精密水平仪	a) 应沿导轨全长在等距离各位置上检验 水平仪可以放在横向滑板上 当导轨不是水平面时，则用一个特殊平尺 b) 水平仪应横放在导轨上，并沿导轨全长在等距离各位置上进行检验 在任何位置上水平仪的变化均不得超过允差值

（续）

序号	简图	检验项目	允差①/mm 精密级 Da≤500 和 DC≤1500	允差①/mm 普通级 Da≤800	允差①/mm 普通级 800<Da≤1600	检验工具	检验方法
G2	a) b)（溜板直线度简图，钢丝、偏差）	B—溜板 溜板移动在水平面内的直线度 a) 在两顶尖轴线和刀尖所确定的平面内检验	DC≤500: 0.01 500<DC≤1000: 0.015 1000<DC≤1500: 0.02	DC≤500: 0.015 500<DC≤1000: 0.02 DC>1000: 最大工作长度每增加1000允差增加0.005 最大允差 0.03	DC≤500: 0.02 500<DC≤1000: 0.025 0.05	a) 对于DC≤2000mm: 指示器和两顶尖的检验棒和平尺 b) 不管DC为任何值: 钢丝和显微镜或光学方法	a) 指示器测头触及检验棒的正面母线（可以用具有两平行面的平尺代替检验棒） b) 顶尖间检验的长度应尽可能等于DC值
G3	a) b)（尾座平行度简图，L=常数）	尾座移动对溜板移动的平行度: a) 在水平面内 b) 在垂直平面内	a) 0.02 局部公差 任意500测量长度上为0.01 b) 0.03 局部公差 任意500测量长度上为0.02	DC≤1500: a) 和b) 0.03 DC>1500: a) 和b) 0.04 局部公差 任意500测量长度上为0.03 局部公差 任意500测量长度上为0.02	DC≤1500: a) 和b) 0.04	指示器	尾座尽可能靠近溜板，在二者一起移动时测取读数。保持尾座套筒锁紧，使固定在溜板上的指示器的测头始终触及同一点
G4	a) b)（主轴简图，F②）	C—主轴 a) 主轴轴向窜动 b) 主轴轴肩支承面的跳动	a) 0.005 b) 0.01 包括轴向窜动	a) 0.01 b) 0.02 包括轴向窜动	a) 0.015 b) 0.02	指示器和专用检具	检验a) 和b) 时施加力F的数值由制造厂规定

233

汽车机电维修工（初级工）

（续）

序号	简图	检验项目	允差①/mm			检验工具	检验方法
			精密级 $D_a \le 500$ 和 $DC \le 1500$	普通级 $D_a \le 800$	普通级 $800 < D_a \le 1600$		
G5	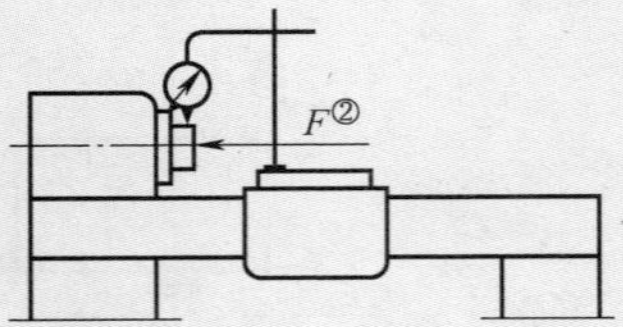	主轴定心轴颈的径向跳动	0.007	0.01	0.015	指示器	施加力 F 的数值由制造厂规定 如主轴端部是锥体，则指示器测头应垂直于锥体母线安装装置
G6	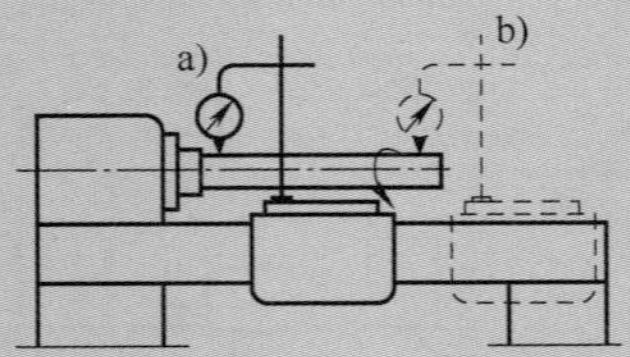	主轴轴线的径向跳动: a) 靠近主轴端面 b) 距主轴端面 $D_a/2$ 或不超过 300mm	a) 0.005 b) 0.015 在300 测量长度上 在200 测量长度上为0.01 在100 测量长度上为0.005	a) 0.01 b) 在300测量长度上为0.02	a) 0.015 b) 在500 测量长度上为0.05	指示器和检验棒	注：对于 $D_a >$ 800mm 的车床，其测量长度可增加至500mm
G7	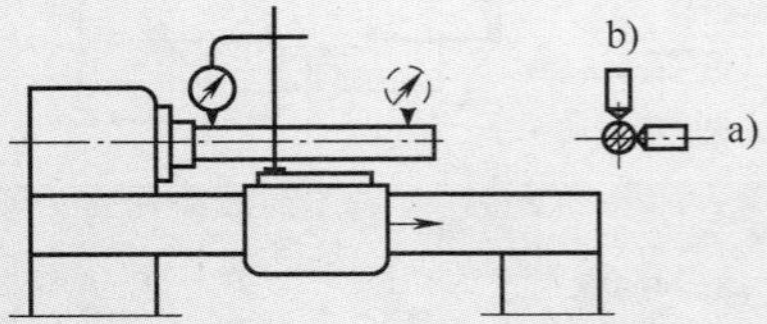	主轴轴线对溜板纵向移动的平行度。测量长度 $D_a/2$ 或不超过 300mm a) 在水平面内; b) 在垂直平面内	a) 在300测量长度上 0.01 向前 b) 在300 测量长度上 0.02 向上	a) 在300测量长度上为0.015 向前 b) 在300测量长度上为0.02 向上	a) 在500 测量长度上为0.03 向前 b) 在500 测量长度上为0.04 向上	指示器和检验棒	注：对于 $D_a >$ 800mm 的车床，其测量长度可增加至500mm

234

（续）

序号	简图	检验项目	允差[①]/mm			检验工具	检验方法
			精密级 D_a≤500 和 DC≤1500	普通级			
				D_a≤800	800<D_a≤1600		
G8	F[②]	主轴顶尖的径向跳动	0.01	0.015	0.02	指示器	指示器顶垂直于主轴顶尖锥面上。因为主轴顶尖是在与平面内的公差是在与平主轴轴线是在与平面内的，所以读数应除以 $\cos\alpha$，α 为锥体的半锥角。施加力 F 的数值应由制造厂规定
G9	a) b)	D—尾座 尾座套筒轴线对溜板移动的平行度；a) 在水平面内；b) 在垂直平面内	a) 在100测量长度上为0.01 向前 b) 在100测量长度上为0.015 向上	a) 在100测量长度上为0.015 向前 b) 在100测量长度上为0.02 向上	a) 在100测量长度上为0.02 向前 b) 在100测量长度上为0.03 向上	指示器	尾座套筒伸出定长度后，应按正常工作状态锁紧
G10	a) b)	尾座套筒锥孔轴线对溜板移动的平行度；测量长度不超过 D_a/4 或不超过300mm a) 在水平面内；b) 在垂直平面内	a) 在300测量长度上为0.02 向前 b) 在300测量长度上为0.02 向上	a) 在300测量长度上为0.03 向前 b) 在300测量长度上为0.03 向上	a) 在500测量长度上为0.05 向前 b) 在500测量长度上为0.05 向上	指示器和检验棒	尾座套筒按正常工作状况锁紧 注：对于 D_a>800mm 的车床，其测量长度可增加至500mm

（续）

序号	简图	检验项目	允差[①]/mm			检验工具	检验方法
			精密级 $D_a \leq 500$ 和 $DC \leq 1500$	普通级 $D_a \leq 800$	普通级 $800 < D_a \leq 1600$		
G11		E—顶尖 主轴和尾座两顶尖的等高度	0.02 尾座顶尖高于主轴顶尖	0.04 尾座顶尖高于主轴顶尖	0.06 尾座顶尖高于主轴顶尖	指示器和检验棒	指示器测头接触及检验棒上母线。尾座和尾座套筒按正常工作状况锁紧，在检验棒两末端位置测取读数
G12		F—小刀架 小刀架纵向移动对主轴线的平行度	在150测量长度上为0.015	在300测量长度上为0.04		指示器和检验棒	调整好小刀架轴线在水平面内的平行之后，在垂直平面内检验（仅在小刀架的工作位置内）
G13		G—横刀架 横刀架横向移动对主轴线的垂直度	0.01/300 偏差方向 $\alpha \geq 90°$	0.02/300 偏差方向 $\alpha \geq 90°$		指示器和平尺或平盘	—
G14		H—丝杠 丝杠的轴向窜动	0.01	0.015	0.02	指示器	如果进行P3工作精度检验，则此项可以删除

（续）

序号	简图	检验项目	允差[①]/mm			检验工具	检验方法
			精密级	普通级			
			$D_a \leq 500$ 和 $DC \leq 1500$	$D_a \leq 800$	$800 < D_a \leq 1600$		
G15		由丝杠所产生的螺距累积误差	a) 任意 300 测量长度上为 0.03 b) 任意 60 测量长度上为 0.01	a) 在 300 测量长度上为 $DC \leq 2000$　0.04 $DC > 2000$ 最大工作长度每增加 1000 允差增加 0.005 最大允差 0.05 b) 任意 60 测量长度 0.015		电传感器、标准丝杠、长度规和指示器	螺距精度用电传感器和两根顶尖顶紧一根长度 300mm 的标准丝杠，测头触及螺纹的侧面检验。普通级车床还可用长度规和指示器一起使用，以便比较主轴转过几周后溜板移动的相应长度 对于这两种车床来说，丝杠精度记录均应符合规定（在指定长度上每变换 90° 的 4 条母线向前检查） 注：测量方法和允差由制造厂和用户协商，误差可以在 300mm 范围内检查

① DC＝最大工作长度，D_a＝床身上最大回转直径。

② F 为消除主轴轴承的轴向游隙而施加的恒定力。

237

（2）传动精度的测量方法

传动精度的测量，通常采用传动终端打表对照的方式（图5-31）。在传动链的终端位置安装百分表，操作机床按照给定的行程（如0.1mm）进行进给，进给完成后查看百分表读数的变化，其差值即为传动误差。

（3）定位精度的测量方法

广义的定位精度包含定位精度与重复定位精度两个内容。

1）定位精度是指数控机床各移动轴在确定的终点所能达到的实际位置精度，其误差称为定位误差。定位误差包括伺服系统、检测系统、进给系统等的误差，还包括移动部件导轨的几何误差等。它将直接影响零件加工的精度。

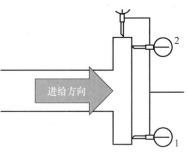

图5-31　传动精度测量示意图

2）重复定位精度是指在机床上反复运行同一动作，所得到的位置精度的一致程度。重复定位精度受电气系统特性、进给传动环节的间隙与刚性以及摩擦特性等因素的影响。一般情况下，重复定位精度是呈正态分布的偶然性误差，它影响一批零件加工的一致性，是一项非常重要的精度指标。

定位精度的测量也可通过百分表手动测量获得，但为获得全工作行程范围内高准确率的定位精度测量结果，通常采用测量精度等级更高的外置测量系统，如激光干涉仪等仪器进行，如图5-32所示。

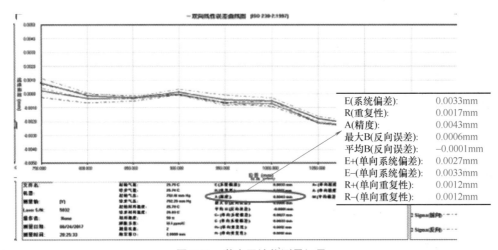

图5-32　激光干涉仪测量记录

外置的测量系统类似于一把放在机床旁的高精度尺子，在机床进行往复或回转运动时定距测量其实际的位置，同时与设备系统显示的位置（理论位置）进行同步比对计算，得到的差异数值即为定位精度的误差数据。

实际上，除了进行定位精度的测量，激光干涉仪通过不同光学镜组的组合可实现直线度、垂直度、轴扭转角度等的测量，是机床精度检测的重要工具。

3. 机床动态精度

机床在实际工作状态下，会被一系列的因素影响到加工精度，例如：

① 在切削力、夹紧力的作用下，机床的零部件会产生弹性变形。

② 在机床内部热源（如电动机、液压传动装置的发热，轴承、齿轮等零件的摩擦发热等）以及环境温度变化的影响下，机床零部件将产生热变形。

③ 由于切削力和运动速度的影响，机床会产生振动。

④ 机床运动部件以工作速度运动时，由于相对滑动面之间的油膜以及其他因素的影响，其运动精度也与低速下测得的精度不同。

以上这些因素都将引起机床静态精度的变化，最终影响工件的加工精度。因此，机床在外载荷、温升及振动等工作环境作用下最终呈现的精度，称为机床的动态精度。

4. 动态精度的测量

动态精度除与静态精度有密切关系外，还在很大程度上取决于机床的刚度、抗振性和热稳定性等。目前，生产中一般通过切削加工出的工件精度来考核机床的综合动态精度，也称为机床的工作精度，它是各种因素对加工精度影响的综合反映。

目前对于动态精度的测量尚无统一标准，主要通过切削加工典型零件所达到的精度间接对机床动态精度做综合评价。

第三节　机械设备通用修理技术

一、修理前准备

1. 维修前检查工作

首先查阅所需修理设备的档案，了解设备技术状况的历史和现状，同步查阅设备使用说明书，进一步了解与熟悉设备的性能与结构。其次，通过向设备操作者及相关维修人员了解设备的技术状况和使用情况，如设备加工精度和设备几何精度情况，气、液动系统及润滑系统是否正常和有无泄漏，设备历史故障的部位、原因及故障发生频次，定期检查及诊断出的设备隐患信息，安全保护装置是否灵敏可靠等。

（1）检查内容

1）设备外观检查内容：

检查设备外露传动件、附件等零部件的磨损、缺损等情况。

2）设备运转检查内容：

① 空载运转。空载运转检查应从低速开始进行，逐步增加转速。通过设备的空载运转，初步了解设备内部存在的问题，再结合设备操作者反映的使用情况，有重点地进行检查，并且对检查中发现的现象应详细记载，例如：

a）选择某一级转速运行，发现齿轮箱有异常噪声，此情况可能是这一级转速相关的零部件存在磨损或缺损等，需要打开齿轮箱进行详细排查，检查啮合齿轮有无失效现象，齿隙是否合格，轴承是否失效，拨叉是否磨损等。

b）高速运转时，如果轴瓦部位过热，主要是由于轴瓦或轴颈表面粗糙度过大，导致摩擦阻力大产生过热。

c）滚动轴承发热，主要是轴承游隙过小，润滑不当引起的。在空载运转中，特别应注意高速时的振动及运动平稳性。机床的异常振动，多数情况下是旋转零件不平衡、零部件松动、传动带质量不好、移动件接触不良等原因造成。

d）空载运行过程中检查设备泄漏情况，查找出漏油部位，进而分析漏油的原因。漏油有的是零件出现裂纹引起的，有的是密封件不合格引起的，还有的是操作使用不当及维修不符合要求而造成的。

② 负载运转。空载运转检查完毕，根据机床规格，选择适当试件、刀具，以较低的速度进行负载运转检查。观察切削是否正常，有无中断现象，在切削过程中振动、温升、噪声、功能丧失的加剧程度。把这些现象详细记载，以便进一步分析设备存在问题的原因。

3）几何精度检查内容：

检查机床运动部件主要几何精度，它反映了机床的加工性能。同时还应检查加工工艺需要的几何精度。

4）安全防护装置检查内容：

指示仪表等显示是否正常，安全联锁装置、限位装置等是否灵敏可靠，防护罩、防护板、防护板有无损坏。

5）电器部分检查内容：

了解信号和控制系统的技术状态。

6）部分解体检查内容：

进一步了解内部零部件的磨损情况，以确定更换件及修复件。

（2）检查要求

1）全面地掌握机床的磨损情况。

2）确定修换件，一次提出的齐全率应到75%~80%，大型复杂的铸锻件、外购件、关键件不漏提。

3）技术状况的检查一般可在修前2~8个月进行。中小型机床为修前2~4个月，大型机床为修前6~8个月。如果有要更换的大型铸件或锻件，则周期更长。对于关键重点机床的大修和小修，还应在修前做一次复检。

2. 零部件修换原则

确定磨损零部件是否需要修换是一项很重要的工作。如果修换不当，该换的零部件不换，该修的零部件不修，不仅会影响设备使用精度和性能，还可能提高设备故障率和设备维修工作量。相反，如果对可继续使用的零件提前修换，也会造成浪费，增加设备维护成本。

同类零件在不同的使用部位有不同的技术要求，在实际工作中不能单纯以零件的尺寸精度、表面粗糙度及表面相互位置精度为依据，必须具体情况具体分析。

（1）对设备工作精度的影响

设备主轴轴承、导轨等基础零部件产生磨损，会引起加工零部件几何精度超差，同时也会引起与其相配合的零部件间隙增大，接触刚度降低，设备振动随之增大，又影响被加工零部件的表面粗糙度值，此时需要对磨损零部件进行评估，选择更换或修复。

（2）对实现规定功能的影响

由于零件磨损导致不能实现规定的功能时，应修复或更换磨损零件。例如，叶片泵内部叶片磨损导致油泵无法达到额定的出油压力时，会影响设备正常运行。

（3）对设备性能的影响

例如车床刀架溜板燕尾槽产生磨损，通过调整斜镶条来保证溜板间隙，由于燕尾槽磨损导致溜板产生位移，导致丝杠和螺母副作用力加大，使用过程中费力，影响工作效率。

（4）对安全、环境保护的影响

起重机升降机构制动瓦严重磨损，制动力矩降低，会造成工件坠落事故；输送有害气体的管道阀门阀芯、密封件磨损，会泄漏有害气体。

（5）对零件强度的影响

相互啮合的齿轮磨损严重或出现断齿等现象时，齿隙加大，严重影响齿轮强度。齿轮箱换档拨叉两侧磨损严重，会使换档时间隙过大，且拨叉强度降低会断裂。

（6）磨损零件是否接近或达到急剧磨损阶段

零部件在接近或达到急剧磨损阶段时，摩擦表面急剧发热，出现摩擦面间咬焊拉伤等现象，继续使用会引起剧烈磨损，必须进行更换。

以上 6 个因素中，前 4 个因素考虑的是对整机的影响，后 2 个因素考虑的是零件本身是否能继续工作。首先分析后 2 个因素，在作出肯定结论后，再考虑分析前 4 个因素。

3. 零部件修换选择

磨损的零件大部分可以通过各种各样的方法修复后重新使用。对于已磨损的零件进行修复还是更换应具体分析，区别对待。

1）根据修换的经济性决定是否修复，若修复旧件成本低于更换新件成本，可进行修复，否则应更换，即

$$S_t/T_t < S_n/T_n$$

式中　S_t——修复旧件的费用（元）；

　　　T_t——修复零件的使用期（月）；

　　　S_n——更换新件的费用（元）；

　　　T_n——新件的使用期（月）。

确定零件修复后的使用时间与更换新件后的使用时间时，一般可根据旧件的使用时间和磨损情况进行比照估计。

2）选择修复的磨损零件，在修理后应能保持或恢复零件原有几何公差、表面粗糙度及硬度等技术要求。通常，机床的基础零件，如床身导轨等经过修复以后都能达到原有的技术

要求。但是磨损严重的滚动轴承、齿轮等零件经过修理后很难达到原有的技术要求，在修理中都应更换新件。

3）修复后的强度、刚度满足使用要求。例如，轴类零件经修磨后轴径变细，若能满足强度和刚度的使用要求，则可以进行修磨，否则就必须进行更换。

4）零件修复后的耐用度能维持一个修理间隔期可以进行修复。属于小修范围的零件，修理后要能维持一个小修期；属于大修范围的零件，修理后要能维持一个大修期。

此外，对磨损的零件修复，还应当考虑现有的修理条件对修理周期的影响等因素。表5-13为零部件修换一般原则。

表5-13　零部件修换一般原则

名称	类别	状态	修换工艺	
			修复	更换
铸件	—	① 机床导轨面磨损或拉伤后，影响到机床精度时 ② 床身、箱体等有裂纹或漏油等缺陷，在不影响机床性能、精度的情况下 ③ 箱体上有配合关系的孔，其圆度、圆柱度超过孔的公差时	√	
轴类	—	① 有裂纹或弯曲塑性变形超过设计要求值，难以修复时 ② 定心轴颈的表面粗糙度 Ra 值大于 1.6μm，配合精度超过次一级配合，或键侧隙大于 0.08mm 时		√
		① 圆度及圆柱度超过直径公差的 40% ② 轴上装齿轮、带轮及滚动轴承处磨损时 ③ 轴上键槽磨损最大不超过标准中规定的上一级尺寸	√	
轴承	滚动轴承	① 保持架变形损坏 ② 内外滚道磨损，有点蚀现象 ③ 滚动体磨损，有点蚀及其他缺陷 ④ 快速转动时，有显著的周期性噪声 ⑤ 高精度滚动轴承，当精度超过规定的允差时		√
	滑动轴承	箱体孔与外圆柱面间的配合出现间隙、松动等现象，以及外圆的圆度误差超过设计规定时		√
		① 外圆锥面与箱体孔接触率低于 70% 时，内孔尚有刮研调整余量时 ② 内孔表面粗糙度 Ra 值大于 1.6μm，且有划伤，通过修刮后与轴颈的配合间隙不超过设计规定的次一级配合精度时	√	
齿轮	—	① 齿部发生塑性变形及出现裂纹 ② 齿面出现严重疲劳点蚀现象，约占齿长的 1/3，高度占 1/2 以上，且齿面有严重的凹痕擦伤时		√
		① 齿的端部倒角损伤，其长度不超过齿宽的 5% 时 ② 在齿面磨损均匀的情况下，弦齿厚的磨损量主动传动齿轮允许值为 6%，进给传动齿轮允许值为 8%，辅助传动齿轮允许值为 10% ③ 对于大模数（m≥10mm）齿轮，当齿厚磨损量超过上述值时，可用高度变位法修复大齿轮，并配置变位小齿轮	√	

（续）

名称	类别	状态	修换工艺	
			修复	更换
丝杠	—	① 螺纹厚度减薄量超过原来厚度的 1/5 ② 螺距误差超过设计要求应更换 ③ 弯曲变形超过设计要求，不允许校直		√
		① 弯曲变形超过 0.1mm/m 且不超出设计要求的 ② 螺纹表面粗糙度 Ra 值大于 0.8μm，或有擦伤	√	
离合器	爪形离合器	① 爪部有裂纹或端面磨损倒角大于齿高的 1/4 时 ② 爪厚磨损减薄量超过原厚度的 1/10 时		√
		爪部工作面出现压痕时允许修磨面，但齿厚减薄量不超过齿厚的 5%	√	
	片式离合器	摩擦片平行度误差超过 0.1mm 或出现不均匀的光秃斑点时，应更换		√
		摩擦片有轻微伤痕时可磨削修复，但修后厚度减薄量应不超过原厚度的 1/5	√	
	锥形摩擦离合器	锥体接触面积小于 70% 和锥面径向跳动大于 0.05mm 时允许修磨锥面	√	
带轮	—	① 平带轮的工作表面粗糙度 Ra 值大于 3.2μm 或表面局部凹凸不平，允许修复 ② 带轮的 V 形槽底与 V 带底面间隙小于标准间隙的 1/2 时，可车削达到设计要求 ③ 带轮径向圆跳动和端面圆跳动超过 0.2mm 时应修复	√	
		① 带轮的 V 形槽边缘损坏，有可能导致 V 带越出槽外时 ② 高速（5000r/min 以上）带轮的径向和端面圆跳动超过设计规定时		√

二、机械设备的拆卸

拆卸是设备维修工作的重要步骤之一。因零部件损坏而导致设备不能正常运转时，首先要进行拆卸工作，查找设备故障，然后确定修理方案。

1. 常用简易拆卸工具

（1）GX-1000S 型拉卸器

GX-1000S 型拉卸器原理是通过手柄（可拆卸）转动双头丝杠（一端左旋，另一端右旋），利用杠杆原理，产生拉卸动作，将被拆零件拉卸移出，如图 5-33 所示。当操作转矩为 50N·m 时，拉力可达 100kN。

（2）轴用顶具

图 5-34 为轴用顶具的结构图。弓形架的上板钻孔，与螺母焊接，下板开 U 形槽，槽宽 B 由轴颈确定。弓形架两边各焊一根加强板。并可配制数块槽宽为 b（b<B）

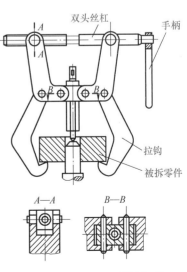

图 5-33　GX-1000S 型拉卸器

的系列多用平板，使用时按轴径大小选择相应的槽口，交叉叠放于弓形架的 U 形槽上，这样可使一副弓形架适应多种不同轴径的需要。旋转尖顶螺栓，就能顶出轴上零件。

（3）孔用拉具

孔用拉具的原理：膨胀套下端十字交叉开口直径小于被拆卸零件内径，旋转螺母时，安装在支架上的锥头螺杆上升，膨胀套胀开，勾住被拆卸零件，再旋转螺母，便能拉出孔内零件，如图 5-35 所示。

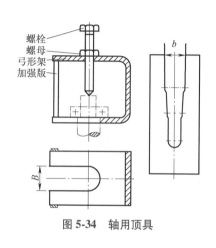

图 5-34　轴用顶具

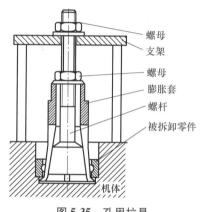

图 5-35　孔用拉具

（4）圆锥滚子轴承拉具

圆锥滚子轴承拉具原理：哈夫抱箍为在整体加工后沿中心线切开的两半件（当花键轴花键部分的外径与轴承内圈的外径相同时，为使卡箍抓轴承内圈更牢固些，也可把哈夫抱箍内孔加工成花键的形式。），使用圆锥滚子轴承拉具时，将哈夫抱箍卡住被拉圆锥滚子轴承，套上外卡箍，用销轴连接拉杆与哈夫抱箍，用撞块向后撞击拉杆台阶，即可将圆锥滚子轴承拉出，如图 5-36 所示。

（5）盲孔轴承拉具

盲孔轴承拉具如图 5-37 所示。弧形拉钩与筒管用螺钉紧固成一体，螺栓旋入筒管的螺孔中，拉卸轴承时，把两件对称的弧形拉钩放入轴承孔座内，并把筒管伸入两拉钩之间，用扳手旋进螺栓，便可将轴承从装油箱箱体上的轴承座盲孔中取出。若螺栓长度不够时，可在筒管头端垫入一直径略小于筒管孔径的接长轴。

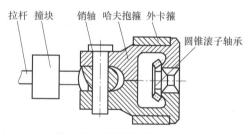

图 5-36　圆锥滚子轴承拉具

（6）盲孔取衬套拉具

盲孔取衬套拉具如图 5-38 所示，衬套内孔与 d_1 为间隙配合，d_2 比 d_1 大 2.5~4mm，L 大于衬套长度 20~40mm。使用时，用手使弹性勾爪螺母做径向收缩后插入衬套内径中，并使其四勾爪正好勾在衬套的内端面上。这时一手握止动扳手，另一只手握旋转扳手，沿顺时针方向转动，当螺栓顶杆顶到盲孔底部时，衬套便随同弹性勾爪螺母一起被拉出。

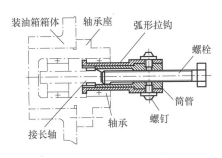

图 5-37　盲孔轴承拉具

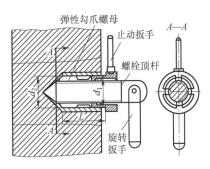

图 5-38　盲孔取衬套拉具

（7）螺钉取出器

螺钉取出器是取出断头螺钉的专用工具，外形与锥度铰刀类似，A 为刃部，外形为带锥度的螺旋形（左旋），螺旋线线数一般是 4 线；B 为圆柄部；C 为方头。从法向断面图看，曲率较小，工作时 G 处起挤压作用，如图 5-39 所示。刃部硬度为 50HRC 左右，柄部硬度为 220HRC 左右。使用时，先在断螺钉的中心处钻一个小孔，能使刃部插入 1/2 即可。然后将铰杠套在方头 C 处（或用活扳手），逆时针拧转，螺钉便可取出。

2. 拆卸原则

1）拆卸前必须熟悉和了解被拆卸设备或部件的装配图纸，掌握各个零部件的结构特点、装配关系以及各部件拆卸方向，以便正确进行拆卸。

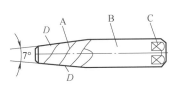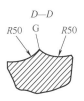

图 5-39　螺钉取出器

2）机床的拆卸顺序与装配顺序是相反的。拆卸作业前切断设备电源，由外向内拆卸零部件，拆卸下的零部件分类按序摆放，精密、微小零件需要单独存放，丝杠等大型轴类零件应悬挂存放，以免变形。

3）拆卸过程中选择合适的拆卸工具及方法，需要采用敲击拆卸时，零件敲击表面应做好防护，以免损伤零部件。拆卸轴孔装配件时，坚持装配力矩与拆卸力矩一致的原则，过程中出现异常情况，应立即终止拆卸，待查找出原因，以免造成零件拉伤。尽可能避免采用破坏性拆卸，特殊情况下需要采用破坏性拆卸时，必须对相关联零部件做好防护措施，确保其他零件不受损坏。

4）拆卸大型零件时，分离零部件前需要检查锁紧螺钉、压板等是否已经完全拆除或脱离。起吊作业过程中注意零件的重心位置，以防止零件摇晃导致吊挂绳索脱开或折断等事故发生。

5）对影响装配精度的零部件，确保装配后保持原有的装配关系及配合位置，在不影响零件表面完整性的前提下，拆前应对零部件做好识别标记。

6）拆卸精密、核心零部件时需要谨慎。在日常维护保养中尽可能不拆卸，尤其是光学、编码器等精密核心部件。

7）坚持拆卸服务于装配的原则，拆卸过程做好记录，装配遵照"先拆后装"的原则。

3. 轴与其配合件的拆卸

拆卸比较复杂的轴类部件时，首先需要详细分析装配图，了解轴及其配合件的结构，以及这些配合件在部件中所起的作用，从而决定零件拆卸顺序及移出方向。首先应拆去轴两端的轴盖和轴向定位零件，如弹簧挡圈、紧固螺钉、圆螺母等。接着松开装在轴上的齿轮等不能穿过轴盖孔的零件的轴向紧固件，注意轴上的键能随轴通过各孔，然后才能把轴卸出。

（1）轴端零件的拆卸

利用各种拉卸器拆卸装于轴端的带轮、齿轮以及轴承等零件，如图5-41所示。拉卸时，首先将拉卸器拉钩扣紧被拆卸零件端面，拉卸器螺杆顶在轴端面上，然后手柄旋转带动螺杆旋转使带内螺纹的支臂沿轴向移动，从而带动拉钩移动而将轴端的带轮、齿轮以及轴承等零件拆卸下来。拉卸过程中，拉卸器拉钩与拉卸件接触面要平整，各拉钩之间应保持平行，不然容易打滑（图5-40a和图5-40b）。为了防止打滑，也可以用具有防滑装置的拉卸器（图5-40c）。拉卸器的螺纹套内孔与螺杆空套。使用时，将螺纹套退出几圈，旋转螺杆带动螺母外移，通过防滑板使拉钩将轴承扣紧后，再将螺纹套旋转抵住螺母端面，转动螺杆便可将轴承拉出。

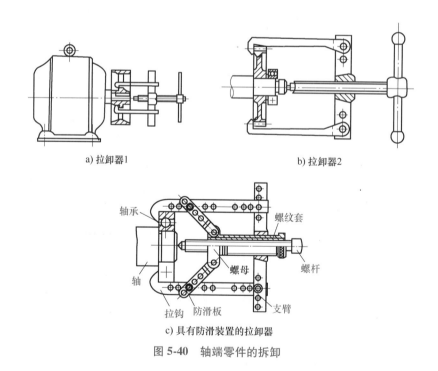

a) 拉卸器1　　　　　　　　　　b) 拉卸器2

c) 具有防滑装置的拉卸器

图5-40　轴端零件的拆卸

（2）主轴拆卸

使用专用拉具拆卸主轴时，将有外螺纹的拉杆穿过被拆卸主轴内孔，顺时针旋紧螺母，转动手把，其上的内螺纹与拉杆外螺纹相对转动，就可将主轴拉出，如图5-41所示。

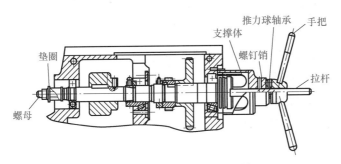

图 5-41　使用专用拉具拆卸主轴

（3）套的拉卸

套的拉卸需用一种特殊的拉具，可以拉卸一般套，也可拉卸两端孔径不相等的套。

4. 轴承的拆卸

（1）敲击法

敲击法拆卸轴末端的滚动轴承时，可用垫块垫在轴承内圈，用小于轴承内径的铜棒或其他硬度较低的有色金属棒料支撑轴端，然后用手锤轻轻敲击垫块即可拆卸（敲击时沿着圆周不断变化敲击点用力）。

轴承距离轴端较远时，可将焊接铁圈作支点的衬套套在轴承内圈上，用平头凿子抵住铁圈，沿着铁圈对称地施加敲击力，如图 5-42 所示。

（2）拉出法

拉出法拆卸时，调整拉卸器中心螺杆的长度，将中心螺杆的前端顶在轴的端面上，使拉卸器中心螺杆与轴同轴，将拉钩钩住环形件，紧压滚动轴承内圈，然后缓慢旋转顶杆螺钉进行拆卸，如图 5-43 所示。拉卸器拉钩开档距离可随滚动轴承直径大小调整。

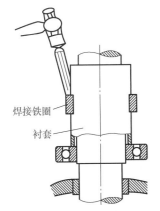

图 5-42　敲击法拆卸滚动轴承

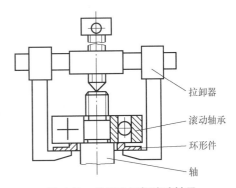

图 5-43　拉出法拆卸滚动轴承

（3）推压法

从轴承组合件上拆卸过盈配合的轴承时可用压力机压出，即推压法。过盈量不大时可用改制的液压千斤顶代用。芯棒作用在轴端头，芯棒轴径小于滚动轴承内孔，衬垫一端支撑在滚动轴承内圈，另一端支撑在搁架上，压力机压头顶在芯棒端面上施压即可拆卸出滚动轴承，如图 5-44 所示。

（4）热拆法

拆卸尺寸较大的过盈配合轴承，通常需要对轴承内圈用热油加热进行拆卸，即热拆法。加热前，用石棉将轴靠近轴承的部分隔开，防止轴受热后胀大，并用拉卸器卡爪钩住滚动轴承内圈，给轴承施加一定预紧拉力。然后迅速将加热到 100℃ 左右的热油浇注在滚动轴承内圈上，待轴承套圈受热膨胀后，即可用拉卸器将轴承拉出，如图 5-45 所示。从轴承箱壳内拆卸轴承时，要加热轴承箱壳孔，不能加热轴承。

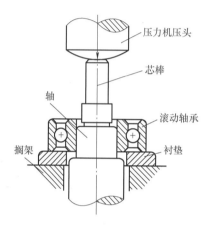

图 5-44　压力机推压法拆卸滚动轴承

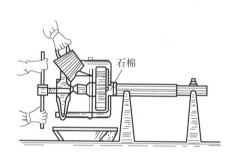

图 5-45　热拆法拆卸滚动轴承

5. 锈蚀、断裂螺钉的拆卸

（1）拆卸锈蚀螺钉

1）用手锤敲击螺母，以振散锈层。

2）将螺母拧紧 1/4 圈，再退回来，反复进行，逐步拧出。

3）在煤油里浸泡数十分钟后再进行拆卸。

4）使用螺栓松动剂，将液体喷在锈蚀螺钉上，约 10min 后即可渗入锈层，松脱组件。

（2）拆卸断头螺钉

1）在螺钉断面上钻孔，楔入一根多棱角的钢杆，转动钢杆，即可拧出。

2）在螺钉断面上钻孔，并攻螺纹（与断头螺钉相反螺纹），借助反向螺旋力拧出断头螺钉。

3）在螺钉断面上钻孔，利用螺钉取出器取出断头螺钉。

4）当断头螺钉凹入表面 5mm 以内时，可将一个内径小于断头螺钉头外径的六边形螺母放在断头螺钉头上，将螺母与断头螺钉焊接为一体，待冷却后用扳手拧动螺母，便可取出断头螺钉。

5）当断头螺钉头露出零件表面时，用适当的垫圈套在螺钉头上面，然后在断头上倾斜焊接一根圆棒，扳动圆棒将螺钉拧出。

6）断头螺钉较粗时，可用扁錾沿着螺钉圆周剔出螺钉。

7）在允许的情况下，可用直径大于断头螺钉大径的钻头把断头螺钉钻掉，重新攻螺纹。

6. 连接键的拆卸

（1）平键

配合较松的平键一般采用錾子敲击平键的后端，然后移出平键。配合较紧的键可在键上钻孔、攻螺纹，用拔销器拔出平键。

（2）楔键

采用手锤、冲子等工具敲击楔键的小端，克服楔键两个接触面间的摩擦力，即可拆卸下楔键。

（3）钩头键

钩头键可采用钩头键拉拔器钩出，对不带钩且配合紧密的钩头键，可在其大端钻孔、攻螺纹，然后用拔销器将其拔出。

7. 销连接的拆卸

1）通孔销连接可用小于其直径的冲子敲击销子的一端拆出（锥销应敲击小径端）。

2）孔销连接，带内螺纹的销可用专用拔销器或螺钉拔出，带外螺纹的销可用螺母或拔销器拔出。

3）对于配合紧密无法拆卸的，可采用加热法或钻头将其销钻掉，但不可破坏销孔。

三、机械设备的润滑

1. 润滑类型

（1）流体润滑

流体润滑是在两相互摩擦的表面之间加入黏性流体，产生一定厚度（一般为 $1.5 \sim 2 \mu m$）和强度的润滑膜，使两个摩擦表面完全分开，由流体压力平衡外载荷，运动时只是在润滑膜内部的流体分子间产生摩擦的一种润滑状态。流体润滑的摩擦系数很低（小于0.01），摩擦阻力小，可以改善摩擦副的动态性能，有效地降低磨损。因此，机床润滑的主要要求是在允许的条件下，最大限度地在摩擦表面形成流体润滑。

1）流体动压润滑是利用摩擦表面的几何形状和相对运动，由黏性流体的动力作用产生压力，对抗外载荷，以分离摩擦表面的润滑状态。由于两摩擦面不直接接触，表面相互滑动时只在流体分子之间发生摩擦，因此，流体动压润滑的摩擦性质完全决定于流体的黏性，与摩擦表面材料无关。流体动压润滑的主要优点是摩擦力小，可以缓和振动与冲击。所用的黏性流体可以是液体，如水、润滑油，或是气体，如空气、氢气等，相应地称为液体动压润滑和气体动压润滑。常见的滑动轴承以及在导轨接触面上开有油槽的动压导轨等，就应用了液体动压润滑的原理。

2）流体静压润滑是靠泵（或其他压力流体源）将加压后的流体送入摩擦副内，靠流体的静压力平衡外载荷。静压轴承、静压导轨等都应用了流体静压润滑原理。

（2）边界润滑

相互摩擦两个表面之间仅存在着一层薄膜（边界膜）时的润滑状态。它是一种处于流体润滑和干摩擦之间的边界状态。当外载荷加大或改变运动速度时，边界润滑便遭到破坏，发生干摩擦。这种现象通常出现在机床起动或停车时，合理地选择摩擦副材料和润滑剂，降低表面粗糙度，是提高边界膜强度的有效措施。简单易行的办法是在润滑剂中添加一定量的油性添加剂或极压添加剂。

（3）混合润滑

介于流体润滑与边界润滑之间的润滑状态称为混合润滑。因此，混合润滑的特性乃是流体润滑和边界润滑两种特性的综合反映。混合润滑存在于导轨、齿轮、轴承等摩擦副之中，并随着润滑剂的性能、工作条件等因素而变化。为了避免出现混合润滑状态，流体膜和边界膜的总厚度必须超过表面轮廓算术平均偏差的 5 倍。

（4）固体润滑

在两接触的表面间加入固体润滑剂进行润滑，以防止两相对运动表面咬粘，降低摩擦系数，减小磨损。

2. 润滑方法

机床的润滑方法主要是根据机床结构和运行的特点及对润滑的要求选用的。常用的润滑方法及其特点见表5-14。

表 5-14 润滑方法及其特点

润滑方法	供油质量	可靠性	冷却能力	耗油量	装置复杂性	维护工作量	能否回收油液	速度限制	应用举例
手工加脂润滑	中	中	差	中	低	中	不能	无	滚动轴承、低速滑动轴承、导轨
集中压力供脂润滑	好	好	差	中	高	小	不能	无	滚动轴承、导轨
手工加油润滑	差	差	差	大	低	大	不能	无	轻载滑动轴承、导轨、齿轮传动
滴油润滑	中	中	差	大	中	中	不能	无	轴承、导轨、气缸、齿轮传动
油杯或油链润滑	好	好	中	小	中	小	能	有	一般滑动轴承
油绳、油垫润滑	中	中	差	中	中	小	不能	无	一般滑动轴承、导轨
飞溅润滑	好	好	好	小	中	中	能	无	重要轴承、导轨、封闭齿轮箱
油雾润滑	好	好	好	小	高	小	不能	无	高速滚动轴承、封闭齿轮箱
压力循环润滑	好	好	好	中	高	中	能	无	主要轴承、封闭齿轮箱、导轨

3. 典型零部件的润滑

（1）滑动轴承的润滑

滑动轴承的润滑剂一般采用普通矿物润滑油和润滑脂，在特殊情况下（如高温系统）

可用合成油、水或其他液体。在低速、环境温度超过液体润滑剂适用范围，对冷却作用无要求的场合，也可用固体润滑剂。

1）选用润滑油润滑时，油的黏度等级选择与轴颈线速度及轴承单位面积上的负荷大小有关。在常用普通机床上的滑动轴承中，单位面积载荷在 0.49MPa 以下时，可选用 15、22、32 黏度等级的机械油进行润滑。单位面积载荷在 0.49~6.37MPa 时，宜选用 32、46、68 黏度等级的油进行润滑。轴颈线速度大的轴承，用油黏度可选得低一点，线速度小的轴承，用油黏度要适当高一点。

2）选用润滑脂润滑时，可参考表 5-15，按其载荷、速度与工作温度选用润滑脂。

表 5-15　滑动轴承中润滑脂的选择

载荷/MPa	<1			1~6.5			>6.5
速度/（m/s）	≤1	0.5~5	≤0.5	0.5~5	≤0.5	≤1	0.5
最高工作温度/℃	75	55	75	120	110	50~100	60
选用润滑脂	钙基脂 3号	钙基脂 2号	钙基脂 3号	2号 钙基脂	1号 钙基脂	2号 锂基脂	2号 压延机脂

润滑脂润滑的滑动轴承加脂周期参考表 5-16。

表 5-16　滑动轴承润滑脂的加脂周期

工作条件	工作环境	偶尔工作的 不重要的轴承		间断工作		连续工作			
						工作温度< 40℃		工作温度为40~ 100℃	
	转速/（r/min）	< 200	> 200	< 200	> 200	< 200	> 200	< 200	> 200
	加脂周期	5天1次	3天1次	2天1次	1天1次	1天1次	每班1次	每班1次	每班2次

不同的针入度适用的加脂方法参考表 5-17。

表 5-17　润滑脂的加脂方法选择

润滑脂牌号	0~2	0~3	0~5	0~2	0~1	0~3	0~6
针入度	>625	>220	>130	>265	>310	>220	>85
加脂方法	空气压送	脂枪	压注油杯	集中润滑 阀分配系统	集中润滑 间接供脂系统	集中润滑 分支系统	油池润滑

（2）滚动轴承的润滑

滚动轴承采用的润滑剂主要是润滑脂和润滑油，只有在特殊的环境，如高温、高真空、超低温（-200℃以下）时，才使用固体润滑剂。

1）选用滚动轴承润滑脂考虑的主要因素是速度、载荷、环境和供脂方法。

根据温度与环境选用润滑脂时，可参考表 5-18。

表 5-18　润滑脂适宜的温度与环境

润滑脂品种	牌号及工作锥入度/0.1mm	环境	工作温度/℃		基础油黏度近似值/（mm²/s）	备注
			最高	最低		
锂基润滑脂	2 号 265~295	湿或干	135	-25	140（40℃）	不宜用于 $d>65$mm 的轴承和在最高速度、最高温度下的主轴轴承
	3 号 220~250	湿或干	135	-25	140（40℃）	建议用在有振动载荷的最高速度下
极压锂基润滑脂	1 号 310~340	湿或干	90	-15	14（100℃）	推荐用于轧辊轴承和重载圆锥滚子轴承
	2 号 265~295		90	-5		
钙基润滑脂	1 号~3 号 220~340	湿或干	60	-10	140（40℃）	—
极压钙基润滑脂	2 号~3 号 220~295	湿或干	60	-5	14（100℃）	—
钠基润滑脂	3 号 220~250	干	80	-30	300（40℃）	有时加 20% 钙基润滑脂
膨润土润滑脂	—	湿或干	200	10	550（40℃）	
			135	-30	140（40℃）	
			120	-55	120（40℃）	合成酯基
硅油锂基润滑脂	—	湿或干	200	-40	150（25℃）	不要用于高速和重载荷下有滑动的地方

　　滚动轴承通常采用手工加脂或集中供脂润滑，有时是在装配时填入润滑脂。填润滑脂时，轴承里面要填满。对于水平放置的轴，外轴承盖的空隙只留 1/4~1/2；对竖直放置的轴，上轴承盖留 1/2 空隙，下轴承盖留 1/4 空隙。在脏的环境中工作的中、低速轴承，应把轴承与轴承盖全部填满。

　　2）选用滚动轴承润滑油时，考虑的因素有轴承型号、转速、载荷、工作温度与使用环境。

　　在中、低速及常温条件下，使用机械油的滚动轴承及圆柱滚子轴承，一般选用 32、46 黏度等级的油。转速高、内径大的轴承，可选用黏度低一点的油，反之，可选用黏度略高的油。

圆锥滚子轴承、调心滚子轴承和推力滚子轴承，工作时同时受到径向和轴向载荷，在同样条件下，要选用黏度较高的油。滚针轴承具有较大的滑动摩擦，在同等情况下，用油黏度应比其他类型的轴承选得低一点。

滚动轴承的润滑方法见表5-19。

表5-19　滚动轴承的润滑方法

润滑方法	适用条件	油面高度或流量	备注
油绳	用于高速	水平轴油绳可由浸有油的毡垫供油。立轴油池油面高度应低于轴承端面，也应低于密封件的密封间隙	依据需要的流量选择油绳的截面
油浴	通常用于低速。有时限制 DN 值为 10^5，但若搅油不成问题还可提高	滚动体下半部浸入油中，即油面到最低滚动体的中心。立轴上用多列轴承时，油面到最下一列滚动体的中心	—
飞溅	通常用于轴承和其他零件可用同一种油的场合，溅油零件转速不宜过低	溅油零件浸入油中的深度不要过多，以轴承中不存油为限	—
甩油罩	主要用于转速为 8000~10000r/min 的立轴轴承	油面低于轴承端面和密封间隙	应有防止磨屑进入轴承的结构措施
油雾	无实际的 DN 值极限。多半用于 5000r/min 以上的小轴承，但也可用于较低速度的场合	参考油量：$(0.1 \sim 0.3)\dfrac{d}{25.4}\times$列数$\times 10^{-3}$，$\dfrac{L}{h}$。有预紧载荷的轴承流量应增加 1 倍	—
循环	无实际的 DN 值极限。高速时通常用油雾	参考流量：6L/min	油的流量一般应由运转温度确定

（3）齿轮传动的润滑

齿轮啮合点形成油楔条件差，而且滑动方向和大小急剧变化，轮齿间接触应力极高，如准双曲面齿轮面应力可达 1000~3000MPa，且齿面加工粗糙度高。因此，润滑齿轮的油必须具有较高的黏度，具有良好的稳定性、低温流动性、抗磨性、耐负荷性、抗泡性、水分离性和防锈性。

开式齿轮传动常选用易于黏附的高黏度含胶质沥青的开式齿轮油，开式齿轮油黏度见表5-20。通常，普通机械设备上闭式齿轮传动，采用 46 黏度等级的机械油就能满足使用要求。对于难以形成油膜润滑的负荷较大的闭式齿轮传动，应采用黏度大一些，且含有添加剂的闭式工业齿轮油，用油黏度参考表5-21。例如，在承载冲击负荷的齿轮上，要用铅皂或含硫添加剂的齿轮油。蜗杆传动可用含有动物油油性添加剂的齿轮油。

齿轮传动的润滑方法见表5-22。

表 5-20　开式齿轮油黏度表　　　　　　　　　　单位：mm²/s

工作温度/℃	工作状态	供油方法					
		连续润滑					断续润滑
		循环润滑		飞溅润滑		惰轮油浴润滑	油雾润滑
		速度/（m/s）					
		≤5	>5	≤5	>5	≤1.5	<8
-9~16	连续工作	200~250	140~170	200~250	140~170	650~1700	428.5~856*
	断续工作	200~250	140~170	200~250	300~360	650~1700	
4~38	连续工作	420~500	300~360	420~500	300~360	4200~5200	6300~7700
21~52	断续工作	420~500	300~360	1400~3600	650~1700	4200~5200	190~220*

注：带 * 号为 V100，其余为 V40。

表 5-21　蜗杆传动润滑油黏度表

中心距/mm	蜗杆速度/（r/min）	蜗杆类型	环境温度/℃	
			-10~15	10~50
			推荐黏度 V100（mm²/s）	
0~150	>700	圆柱蜗杆	26~32	32~41
		环面蜗杆	32~41	32~41
	<700	圆柱蜗杆	26~32	32~41
		环面蜗杆	32~41	41~54
150~300	>450	圆柱蜗杆	26~32	26~32
		环面蜗杆	32~41	32~41
	<450	圆柱蜗杆	26~32	32~41
		环面蜗杆	32~41	41~54
300~450	>300	圆柱蜗杆	26~32	26~32
		环面蜗杆	32~41	32~41
	<300	圆柱蜗杆	26~32	32~41
		环面蜗杆	32~41	41~54
450~600	>250	圆柱蜗杆	26~32	26~32
		环面蜗杆	32~41	32~41
	<250	圆柱蜗杆	26~32	32~41
		环面蜗杆	32~41	41~54
>600	>200	圆柱蜗杆	26~32	26~32
		环面蜗杆	32~41	32~41
	<200	圆柱蜗杆	26~32	32~41
		环面蜗杆	32~41	41~54

表 5-22　齿轮传动润滑方法

润滑方法	闭式齿轮传动				开式齿轮传动
	渐开线齿轮	圆弧齿轮	双曲线齿轮	蜗轮蜗杆	齿轮和蜗杆传动
手工加油润滑	—	—	—	—	适用
滴油润滑	—	—	—	—	适用
油浴润滑	适用	适用	适用	适用	适用
循环润滑	适用	适用	适用	适用	—
油雾润滑	适用				适用

（4）机床导轨的润滑

机床导轨的润滑常选用机械油和导轨油。导轨油具有良好的黏滑特性，可使导轨在低速时爬行现象明显减少。但导轨油价格高，一般机械油能满足润滑要求的地方，应使用机械油，而不选用导轨油。机床导轨的润滑油选用、润滑方法见表 5-23 和表 5-24。

表 5-23　各种机床导轨润滑油的选用

机床类型	普通车床 铣床 钻床 拉床 滚齿机	万能磨床 外圆磨床 内圆磨床 齿轮磨床	镗床 镗铣床	大型车床	落地镗床	大型滚齿机	超重型 蹚铣床
润滑油黏度等级及类型	46~68 黏度等级机械油	32~46 黏度等级液压导轨油	68~150 黏度等级导轨油	68~100 黏度等级导轨油	100~150 黏度等级导轨油	100 黏度等级机械油	高黏度导轨油

表 5-24　机床导轨的润滑方法

导轨类型	润滑剂	润滑方法	备注
普通滑动导轨	切削液	从切削区溅来	只适用于用油作为切削液的机床
	液压导轨油	由液压系统供油	适用于有液压装置的机床，如各种磨床，与液压装置用同一种油
	机械油	油绳、油轮、循环润滑	速度不要求很低、没有爬行现象的普通车床
	导轨油	油绳、油轮、循环和油雾润滑	用于可能出现爬行现象的机床。注意排出空气，使工作面不被切削液沾污
	润滑脂	脂枪、脂杯、供脂到运动件摩擦面的油槽里	用于垂直导轨和偶尔有慢速运动的导轨
静压导轨	空气或润滑油	静压供油（气）系统供油（气）	摩擦极小，没有爬行。刚度高。要求工作面清洁
滚动导轨	润滑油	下滚动面应恰好触及油槽中的油	不是各种类型都能用。必须防止污染
	润滑脂	组装时填好，但应有补充油的油嘴	必须防止污染

选择导轨的润滑油时，要使其有利于克服导轨在低速运动条件下产生爬行现象。通常可适当地加大用油黏度，或加入一定量的添加剂，降低摩擦力，提高导轨的抗爬行能力。

（5）链传动的润滑

链传动润滑的特点是润滑点多，冲击载荷大，润滑困难。在传动中速度较高时，容易把油甩出。因此，润滑油必须具有较好的润滑性（油性），较高的渗透性和抗氧化稳定性。

在选择润滑油时，应依据链条的传动速度、载荷、工作温度和润滑方法等情况综合确定。通常可以选用机械油，黏度等级可参考表 5-25。

表 5-25　链传动黏度等级

润滑方法	链条速度/（m/s）	环境温度/℃		
		<4	4～38	>38
人工加油	<1	46	68	68
	1～4	68	68	100
滴油润滑	<10	68	68	100
油浴润滑	<6	46	68	68
	6～12	68	68	100

链传动润滑方法和循环润滑喷嘴流量见表 5-26 和表 5-27。

表 5-26　链传动的润滑方法

润滑方法	油量	P_{n1} 限制/（kW·r/min）	速度限制/（m/s）
手工加油	每隔 15～25h 加油一次	$P_{n1}<160$	<4
滴油润滑	5～20 滴/min	$P_{n1}>160～P_{n1}^{1.36}<4600$	0～3
	>20 滴/min		3～7.5
飞溅润滑	甩油环浸入油深 12～25mm。链轮宽度小于 125mm 时，用 2 个甩油环	$P_{n1}^{1.36}>4600～$ $P_{n1}<15000$	甩油环速度>3
油浴润滑	链轮浸油深度 6～12mm 或 1.5×链条节距		6～12
循环润滑	见表 5-22	$P_{n1}～15000$	>7.5

表 5-27　链传动的循环润滑喷嘴流量　　　　　　（单位：m/s）

链速/（m/s）	链条节距/mm			
	≤19.05	25.4～31.75	38.1～44.45	>50.8
7.5～13	1.0	1.5	2.0	2.5
13～18	2.0	2.5	3.0	3.5
18～24	3.0	3.5	4.0	4.5

第四节 气动系统安装调试及维护

一、气动机构元件类别

1. 气源处理元件

气压传动系统中，气源处理元件是指空气过滤器、减压阀和油雾器，英文缩写为F. R. L.。其工作过程是，压缩空气首先进入空气过滤器，经除水、滤灰、净化后进入减压阀，经减压后气体的压力满足气动系统的要求，输出的稳压气体最后进入油雾器，将润滑油雾化后混入压缩空气一起输往气动装置。

（1）空气过滤器

空气过滤器的作用是滤除压缩空气中含有的固体颗粒、水分、油分等各类杂质，如图5-46所示。

1）空气过滤器的工作原理是压缩空气由输入口进入过滤器内部后，受到旋风叶片的导向，在内部产生强烈的旋转，在离心力的作用下，空气中混有的大颗粒固体杂质、液态水滴和油滴等被甩到过滤器壳体内表面上，在重

图5-46 空气过滤器

力作用下沿壁面沉降到底部，由手动或自动排水器排出。气体通过滤芯进一步清除其中的固态颗粒，洁净的空气便从输出口输出。挡水板可防止气流的旋涡卷起沉积的污水，造成二次污染。

2）空气过滤器的主要性能指标如下。

① 流量特性表示在额定流量下其进出口两端压力差与通过该元件中的标准流量之间的关系。它是衡量过滤器阻力大小的标准，在满足过滤精度条件下，希望阻力越小越好。

② 分水效率是衡量过滤器分离水分能力的指标。一般要求分水效率大于80%。

③ 过滤精度表示能够滤除最小固体颗粒的尺寸值，有$2\mu m$、$5\mu m$、$25\mu m$等，标准过滤精度为$5\mu m$。过滤精度的高低与滤芯的通气孔大小有直接关系，孔径越大，过滤精度越低，但阻力损失也低。

（2）减压阀

由于气源空气压力往往比每台设备实际所需要的压力高些，同时压力波动值比较大，因此需要用减压阀将其压力降低到每台设备所需要的压力，如图5-47所示。

1）减压阀的工作原理就是将输出压力调节在比输入压力低的调定值上，并保持稳定不变。减压阀也称调压阀，气动减压阀与液体减压阀一样，也是以出口压力为控制信号的。

图5-47 减压阀

2）减压阀的主要性能指标如下。

① 压力特性。减压阀的压力特性是在一定的流量下，输出压力和输入压力之间的函数关系（可查手册）。对比减压阀的压力特性曲线可知，当输出压力较低、流量适当时，减压阀的稳压性能最好。当输出压力较高、流量太大或太小时，减压阀的稳定性能较差。

② 流量特性。流量特性表示输入压力为定值时，输出流量和输出压力之间的函数关系（可查手册）。根据减压阀的流量特性曲线，输入压力一定时，输出压力越低，流量变化引起输出压力的波动越小。

③ 调压精度。对于直动式减压阀来说，弹簧刚度越小，调压精度越高。但弹簧刚度不能太小，要与阀工作压力和公称流量相适应。膜片直径越大，调压精度越好，但又不能太大，以免影响弹簧刚度和阀结构的大小。在保证密封的前提下，应尽量减少阀芯上密封圈产生的摩擦力以便提高调压精度。

（3）油雾器

在气动元件中，气缸、气马达或气阀等部件内部常有滑动部分，为使其动作灵活、经久耐用，一般需加入润滑油润滑。油雾器是一种特殊的注油装置，其作用是使润滑油雾化后注入空气流中，随着空气流动进入需要润滑的部件，达到润滑的目的，如图 5-48 所示。

1）油雾器的工作原理。当压缩空气通过油雾器时，其在油室与视油器之间产生一个压降，该压降使油液经吸油管上升，并经喷嘴引射到压缩空气中，油滴被雾化，随压缩空气流出。

2）油雾器的主要性能指标如下。

① 流量特性。流量特性也称为压力-流量特性，它表征了在给定进气压力下，随着通过空气流量的变化，油雾器进出口压降的变化情况。油雾器中通过额定流量时，进出口压降一般不超过 0.15MPa。

图 5-48　油雾器

② 起雾空气流量。当油位处于最高位置，节流阀全开，气流压力为 0.5MPa 时，起雾时的最小空气流量规定为额定空气流量的 40%。

③ 油雾粒径。油雾粒径过大或过小，都会导致润滑或冷却效果下降。油雾粒径规定在试验压力 0.5MPa，输油量为 30 滴/min 时不大于 50μm。油雾器的选用主要根据气动系统所需气体流量及油雾粒径大小来确定。一次油雾器的油雾粒径为 20~35μm，二次油雾器油雾粒径可达 5μm。

2. 气动执行元件

气动执行元件是指将气体能转换成机械能，以实现往复运动或回转运动的元件。实现直线往复运动的气动执行元件称为气缸，实现回转运动的称为气马达。

（1）气缸

气缸主要由缸筒、端盖、活塞、活塞杆和密封件等组成，它是气压传动中的主要执行元件，如图 5-49 所示。

气缸在基本结构上分为单作用式和双作用式两种。前者的压缩空气从一端进入气缸，使活塞向前运动，靠另一端的弹簧力或自重等使活塞回到原来的位置；后者气缸活塞的往复运动均由压缩空气推动。气缸一般用 0.5~0.7MPa 的压缩空气作为动力源，行程从数毫米到数百毫米，输出推力从数十千克到数十吨。随着应用范围的扩大，还不断出现新结构的气缸，如带行程控制的气缸、气液进给缸、气液分阶进给缸、具有往复和回转90°两种运动方式的气缸等，它们在机械自动化和机器人等领域得到了广泛的应用。

图 5-49　气缸

（2）气马达

气马达分为摆动式和回转式两类，前者实现有限回转运动，后者实现连续回转运动。回转式气马达如图 5-50 所示。

1）摆动式气马达有叶片式和螺杆式两种。螺杆式气马达利用螺杆将活塞的直线运动变为回转运动。它与叶片式相比，虽然体积稍显笨重，但密闭性能很好。摆动式气马达是依靠装在轴上的销轴来传递转矩的，在停止回转时有很大的惯性力作用在轴心上，即使调节缓冲装置也不能消除这种作用，因此需要采用油缓冲，或设置外部缓冲装置。

2）回转式气马达可以实现无级调速，只要控制气体流量就可以调节功率和转速。它还具有过载保护作用，过载时，气马达只降低转速或停转，但不超过额定转矩。常见的回转式气马达有叶片式和活塞式两种。

图 5-50　回转式气马达

活塞式比叶片式转矩大，但叶片式转速高。叶片式的叶片与定子间的密封比较困难，因而低速时效率不高，可用以驱动大型阀的开闭机构。活塞式气马达用以驱动齿轮齿条带动负荷运动。

3. 气动控制元件

气动系统中组成的气动回路是为了驱动用于各种实现不同目的的机械装置，其最重要的三个控制对象是力的大小、力的方向和运动速度。而这三个对象的控制主要是靠气动控制元件，即压力控制阀、方向控制阀和速度控制阀。

（1）压力控制阀

压力控制阀用于控制气动输出力的大小，满足各种压力要求或用以节能，气压传动系统使用的压缩空气储在储气罐中（高压），然后减压到适用于系统的压力。所以每台气动装置的供气压力都用减压阀（又称调压阀）来减压，必要时还要用精密减压阀（或定值器）以获得更稳定的供气压力。

压力控制阀包括增压阀、减压阀、定值器、溢流阀、限压切断阀、顺序阀、平衡阀、压力比例阀、真空发生器。依据压力控制阀功能分三类。

1）起降压、稳压作用的减压阀、定值器。

2）起限压、保护作用的溢流阀、限压切断阀。

3）根据气压不同进行某种控制的顺序阀、平衡阀。

图 5-51 为直动式调压阀的工作原理图及符号。工作原理：转动手柄（顺时针），调压弹簧（两个，起调压作用）推动弹簧座、膜片和阀芯向下移动。当阀口开启时，气流经阀口后压力降低，从右侧输出二次压力气体，与此同时，部分气流经过阻尼孔进入膜片室产生一向上推力与弹簧力平衡，调压阀便有稳定的压力输出。

当输入压力 P_1 升高→输出 P_2 升高→通过阻尼孔，膜片室压力升高，将膜片上推，阀芯在复位弹簧的作用下上移，使阀口的开口度减小，节流作用增大，使输出压力降低到调定值为止。反之，压力 P_1 下降，膜片下移，使阀口的开口度增大，节流作用降低，使输出压力回升到调定值为止。

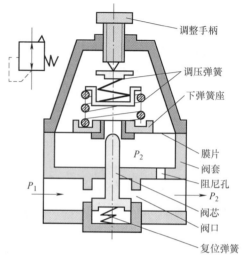

图 5-51 直动式调压阀的工作原理图及符号

（2）方向控制阀

方向控制阀用于控制气缸的运动方向，其分类如下。

1）按阀芯结构不同可分为：滑柱式（或柱塞式、滑阀）、截止式（或提动式）、平面式（或滑块式）、旋塞式和膜片式。截止式换向阀和滑柱式换向阀应用较多。

2）按其控制方式不同可分为：电磁换向阀、气动换向阀、机动换向阀和手动换向阀。

3）按其作用特点可以分为单向型控制阀和换向型控制阀。

图 5-52 为截止式方向控制阀的工作原理图及符号。工作原理：图 5-52a 为没有控制信号 K 时的状态，阀芯在弹簧和 P 腔压力作用下关闭，阀处于排气状态。图 5-52b 为输入控制信号 K，主阀芯下移，P、A 相通。它属于常闭型二位三通阀。当 P 与 O 换接时，成为常通型二位三通阀。图 5-52c 为其图形符号。

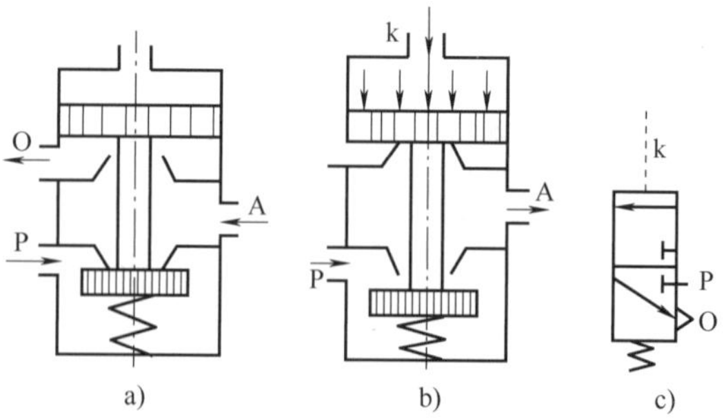

图 5-52 截止式方向控制阀

截止式方向控制阀与滑阀式换向阀一样，可组成二位三通、二位四通、二位五通或三位四通、三位五通等多种形式，与滑阀相比，其特点如下。

① 阀芯的行程短，只要移动很小的距离就能使阀完全开启，故开启时间短，流通能力

强，流量特性好，结构紧凑，适用大流量场合。

② 截止式方向控制阀一般采用软质材料（如橡胶）密封，且阀芯始终存在背压，所以关闭时密封性好，泄漏量小，但换向力较大，换向时冲击力也较大，所以不宜用在灵敏度要求较高的场合。

③ 抗粉尘及污染能力强，对过滤精度要求不高。

（3）速度控制阀

为控制气动执行元件的运动速度，就需要采用速度控制阀调节压缩空气的流量。速度控制阀包括速度控制阀、缓冲阀、快速排气阀，排气节流阀。

排气节流阀原理与节流阀相同，也靠调节流通面积调节流量，区别是节流阀安装在系统中，而排气节流阀只能安装在排气口处，调节排入大气的流量。

图 5-53 所示为排气节流阀的工作原理：气流从 A 进入阀内，由节流口经过消声套排出，它不仅能调节执行元件的运动速度，还可达到消声的效果，故应用广泛。

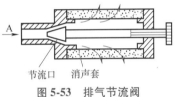

图 5-53　排气节流阀

4. 辅助元件

气动辅助元件分为气源净化装置和其他辅助元件两大类。

（1）气源净化装置

气源净化装置一般包括后冷却器、油水分离器、储气罐、干燥器、过滤器等。

1）后冷却器，安装在空气压缩机出口，作用是将空气压缩机排出的压缩空气由 140～170℃降至 40～50℃，使压缩空气中的油雾和水汽迅速达到饱和，让大部分油雾和水汽析出并凝结成油滴和水滴，以便经油水分离器排出。后冷却器的结构形式有蛇形管、列管、散热片、管套式，有水冷和气冷两种方式。

2）油水分离器，安装在后冷却器出口，作用是分离并排出压缩空气中凝聚的油分、水分等，使压缩空气得到初步净化。油水分离器的结构形式有环形回转式、撞击折回式、离心旋转式、水浴式以及以上形式的组合使用等。它的工作原理是当压缩空气由入口进入分离器壳体后，气流先受到隔板阻挡而被撞击折回向下，之后又上升产生环形回转。这样凝聚在压缩空气中的油滴、水滴等杂质会受惯性力作用而分离析出，沉降于壳体底部，由放水阀定期排出。

3）储气罐，储存一定数量的压缩空气，以备发生故障或临时需要应急使用，消除由于空气压缩机断续排气而对系统造成压力脉动，保证输出气流的连续性和平稳性，进一步分离压缩空气中的油、水等杂质。储气罐一般采用焊接结构，以立式居多。

4）干燥器，用于去除压缩空气中的油、水及少量粉尘。经过后冷却器、油水分离器和储气罐后得到初步净化的压缩空气，已满足一般气压传动的需要。但压缩空气中仍含一定量的油、水以及少量的粉尘，如果用于精密的气动装置、气动仪表等，上述压缩空气还必须进行干燥处理，压缩空气干燥方法主要采用吸附法和冷却法。

吸附法是利用具有吸附性能的吸附剂（如硅胶、铝胶等）来吸附压缩空气中含有的水分，从而使其干燥。冷却法是利用制冷设备使空气冷却到一定的露点温度，析出空气中超过饱和水蒸气部分的多余水分，从而达到所需的干燥度。

5）过滤器，其作用是进一步滤除压缩空气中的杂质。常用的过滤器有一次性过滤器（也称简易过滤器，滤灰效率为 50%～70%）、二次过滤器（滤灰效率为 70%～99%）。在要求高的特殊场合，还可使用高效率的过滤器。

（2）其他辅助元件

其他辅助元件一般包括油雾器、消声器、管道连接件。

1）油雾器是一种特殊的注油装置。它以空气为动力，使润滑油雾化后，注入空气流中，并随空气进入需要润滑的部件，达到润滑的目的，如图 5-54 所示。

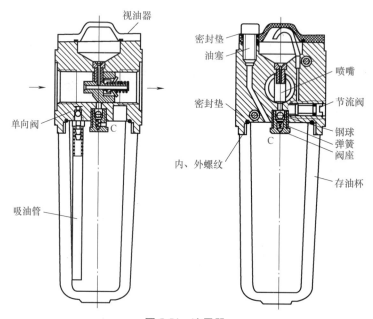

图 5-54　油雾器

油雾器工作原理：压缩空气由入口进入后，通过喷嘴下端的小孔进入阀座的腔室内，在截止阀的钢球上下表面形成压差，由于泄漏和弹簧的作用，而使钢球处于中间位置，压缩空气进入存油杯的上腔油面受压，压力油经吸油管将单向阀的钢球顶起，钢球上部管道有一个方形小孔，钢球不能将上部管道封死，压力油不断流入视油器内，再滴入喷嘴中，被主管气流从上面的小孔引射出来，雾化后从输出口输出，节流阀可以调节流量，使滴油量在每分钟 0～120 滴内变化。

二次油雾器能使油滴在雾化器内进行两次雾化，使油雾粒度更小、更均匀，输送距离更远，二次雾化粒径可达 5μm。

油雾器的选择主要是根据气压传动系统所需额定流量及油雾粒径大小来进行的，所需油雾粒径在 50μm 左右选用一次油雾器，若需油雾粒径很小可选用二次油雾器。油雾器一般应配置在滤气器和减压阀之后，用气设备之前较近处。

2）消声器的作用是降低排气噪声。在气压传动系统之中，气缸、气阀等元件工作时，排气速度较高，气体体积急剧膨胀，会产生刺耳的噪声。噪声的强弱随排气的速度、排量和空气通道的形状而变化。排气的速度和功率越大，噪声也越大，一般可达 100~120dB，为了降低噪声可以在排气口装消声器。消声器就是通过阻尼或增加排气面积来降低排气速度和功率，从而降低噪声的。

气动元件使用的消声器一般有三种类型：吸收型消声器、膨胀干涉型消声器和膨胀干涉吸收型消声器。

吸收型消声器主要依靠吸声材料消声，消声罩为多孔的吸声材料，一般用聚苯乙烯或铜珠烧结而成。当消声器的通径小于 20mm 时，多用聚苯乙烯作消音材料制成消声罩，当消声器的通径大于 20mm 时，消音罩多用铜珠烧结，以增加强度。其消声原理是，当有压气体通过消声罩时，气流受到阻力，声能量被部分吸收而转化成热能，从而降低了噪声强度，如图 5-55 所示。

吸收型消声器结构简单，具有良好的消除中、高频噪声的性能，消声效果大于 20dB。在气压传动系统中，排气噪声主要是中、高频噪声，尤其是高频噪声，所以采用这种消声器是合适的。在主要产生中低频噪声的场合，应使用膨胀干涉型消声器。

图 5-55　吸收型消声器

3）管道连接件　包括管道和各种管接头。有了管道和各种管接头，才能把气动控制元件、气动执行元件以及辅助元件等连接成一个完整的气动控制系统。因此，实际应用中，管道连接件是不可缺少的。

管道可分为硬管和软管两种。总气管和支气管等一些固定不动的、不需要经常装拆的地方，使用硬管；连接运动部件、临时使用、希望装拆方便的管路应使用软管。硬管有铁管、铜管、黄铜管、纯铜管和硬塑料管等；软管有塑料管、尼龙管、橡胶管、金属编织塑料管以及挠性金属导管等。常用的是纯铜管和尼龙管。

气动系统中使用的管接头的结构及工作原理与液压管接头基本相似，分为卡套式、扩口螺纹式、卡箍式、插入快换式等。

二、气动机构元件常见故障

1. 三联件常见故障

气源三联件是指空气过滤器、减压阀和油雾器无管连接而成的组件。三联件的安装顺序依进气方向分别为空气过滤器、减压阀和油雾器。

（1）空气过滤器

空气过滤器用于对气源的清洁，可过滤压缩空气中的水分，避免水分随气体进入装置。过滤器排水有压差自动排水和手动排水两种方式。手动排水时，当水位达到滤芯下方水平之前必须排除，滤芯和存水杯要定期进行清洗。

空气过滤器常见故障如下。

1）滤芯和存水杯要定期进行清洗。调压失灵不准时，应检查调压装置的弹簧、阀芯、平衡弹簧是否损坏。

2）溢流孔有大量气体溢出时，应检查膜片和阀杆上的橡胶是否损坏，定期清洗。可用肥皂水和清水，忌用丙酮、甲苯等有机溶剂清洗存水杯、视油窗等塑料零件。装配时，滑动零件及 O 形密封圈处涂适量黄油或润滑油。

空气过滤器常见故障及维修方法见表 5-28。

表 5-28　空气过滤器常见故障及维修方法

故障现象	故障原因	检查部位	维修方法
压降增大，流量减少	滤芯堵塞	检查滤芯	更换滤芯
杯体与主体之间漏出空气	O 形密封圈损伤	检查 O 形密封圈	更换 O 形密封圈、在 O 形密封圈中增加润滑脂
杯体漏气	杯体破损	检查杯体	更换杯体，确认流体及环境
空气从排水器漏出	排水器的密封部位损伤	检查排水器，检查密封部位	打开排水器吹气数秒，清洗排水器，更换装配杯体
二次侧配管异常，有冷凝水流出	滤芯被冷凝水浸湿	检查冷凝水	打开排水阀，排出冷凝水并更换滤芯
打开排水开关后冷凝水没有排出	排水开关被固体物质堵塞	检查排水开关	清洗排水阀中的异物（冲洗配管）

（2）减压阀

减压阀用于对气源进行稳压，使气源处于恒定压力状态，可减小因气源气压突变对阀门或执行器等硬件的损伤。压力调整方法：先拉起减压阀旋钮，顺时针旋为调高，逆时针旋为调低，当压力调好后，压下旋转钮固定。注意在调节过程中，应逐步均匀地调节至所需压力值，同时观察压力表的读数是否稳定。

减压阀常见故障如下。

1）压力调不高，往往是调压弹簧断裂或膜片破裂造成的，必须换新。

2）压力上升缓慢，一般是过滤网堵塞引起的，应拆下清洗。

3）调压失灵或不准，应检查调压装置的弹簧、阀芯、平衡弹簧是否损坏。

减压阀常见故障及维修方法见表 5-29。

表 5-29　减压阀常见故障及维修方法

故障现象	故障原因	检查部位	维修方法
无法调压	流向接反	确认安装方向	更正配管
	调压弹簧损坏	检查调压弹簧	异常时更换
	主阀芯弹簧损坏	检查主阀芯弹簧	异常时更换
	阀芯阀座之间卡有异物	检查阀芯、阀座部位以及阀门 O 形密封圈	清理阀芯阀座配合部位
	阀芯密封面损坏	检查阀芯密封面	异常时更换

（续）

故障现象	故障原因	检查部位	维修方法
手柄处溢流口持续泄气	二次侧压力超过设定值	确认出口侧压力	正常现象
	膜片损坏	检查膜片	异常时更换
	溢流阀座磨损	检查溢流阀座	异常时更换
	溢流阀座处有异物	检查溢流阀座	清理
	主阀芯密封面损坏	检查主阀芯	异常时更换
	阀芯阀座间有异物	检查主阀芯阀座配合	清理
本体与上盖之间漏气	紧固螺钉松动	检查紧固螺钉	紧固
	膜片脱落	检查膜片	重新组装

（3）油雾器

油雾器用于对机体运动部件进行润滑，可以对不方便加润滑油的部件进行润滑，大大延长机体的使用寿命。油雾器使用无添加剂 1 号汽轮机油（俗称透平油）（黏度等级为 32），加油量不能超过油杯的 80%，油量大小靠油杯顶部的黑色旋钮调节，由 0~9 数字标注，其中 0 为油量最小，9 为油量最大，旋转方向统一按由 0 到 9 的方向旋转调节油雾器的供油量，一般不宜过多，油雾量一般不超过 25mg/m^3。

油雾器常见故障如下。

1）油雾器不滴油，应检查进气口的气流量是否低于起雾流量、是否漏气、油量调节针阀是否堵塞等。

2）润滑油量过多或过少，判定方法：找一张清洁的白纸放在换向阀的排气口附近，如果阀在工作 3 或 4 个循环后，白纸上只有很轻的斑点，则表明润滑是良好的。

3）如果油杯底部沉积了水分，应及时排除。

4）当密封圈损坏时，应及时更换。

油雾器常见故障及维修方法见表 5-30。

表 5-30 油雾器常见故障及维修方法

故障现象	故障原因	检查部位	维修方法
出口侧出现冷凝水	冷凝水到达滤芯	确认冷凝水量	排出冷凝水
冷凝水的积流少，但从二次侧溢出	由于流量过大，分离的冷凝水再次流到二次侧	确认流量	流量调整到适当范围
杯体安装部位漏气	安装松动，O 形密封圈损伤，杯体破损	检查夹具	紧固安装螺钉，如果不能止住，先关闭再分解，更换损伤部件
排水阀有空气漏出	排水阀松动，排水阀密封部分有异物或密封处破损	检查排水阀的安装或排水阀的密封部位	拧紧排水阀，如果不能止住，先停止供气，再分解，除去异物，更换损伤部件

（续）

故障现象	故障原因	检查部位	维修方法
自动排水器不排水	油雾分离器有安装偏差，浮子不能顺利工作	检查油雾分离器的安装	如果有偏差要矫正
	冷凝水中的油分等发黏的物质妨碍了浮子的正常工作	确认冷凝水中浮子的工作状态	停止供气，分解并清洁排水器
自动排水器的排水口不断漏水	阀垫部分损伤	确认阀垫部分	停止供气后分解，更换损伤部件

2. 气缸常见故障

（1）气缸的组成

气缸是将压缩气体的压力能转换为机械能的气动执行元件，由缸筒、端盖、活塞、活塞杆和密封件等组成。

1）缸筒的内径大小代表了气缸输出力的大小，活塞要在缸筒内做平稳的往复滑动，缸筒内表面的表面粗糙度 Ra 应达到 $0.8\mu m$。

2）端盖上设有进排气通口，有的还在端盖内设有缓冲机构。杆侧端盖上设有密封圈和防尘圈，以防止从活塞杆处向外漏气并防止外部灰尘混入缸内。杆侧端盖上设有导向套，以提高气缸的导向精度，承受活塞杆上少量的横向负荷，减小活塞杆伸出时的下弯量，延长气缸使用寿命。

3）活塞是气缸中的受压力零件。为防止活塞左右两腔相互窜气，活塞上设有活塞密封圈。活塞上的耐磨环可提高气缸的导向性，减少活塞密封圈的磨耗，减少摩擦阻力，耐磨环常使用聚氨酯、聚四氟乙烯、夹布合成树脂等材料。活塞的宽度由密封圈尺寸和必要的滑动部分长度来决定，滑动部分太短，易引起早期磨损和卡死。

4）活塞杆是气缸中最重要的受力零件，通常使用高碳钢，表面经镀硬铬处理，或使用不锈钢，以防腐蚀，并提高密封圈的耐磨性。

5）密封件是气缸的重要部件，回转或往复运动处的部件密封称为动密封，静止件部分的密封称为静密封。

（2）气缸常见的故障

1）产生内部漏气和窜气，通常情况下是气缸内部前腔和后腔之间产生漏泄，出现漏气的原因有活塞密封圈损坏、缸筒头损坏、轴心密封圈有问题等。

2）外部泄漏，工作时气缸内部向外部泄漏气体，出现漏气的原因有防尘圈密封圈有损坏、轴心表面有杂质、缸筒变形等。

3）运行不良、不流畅，原因有轴心和负载连接有问题、配件之间不相匹配、缸筒变形等。

4）缓冲不良，原因有缓冲表面、密封圈、螺纹锥面等有损伤不光滑或变形。

5）活塞杆弯曲或断裂，原因有缓冲密封圈、螺纹锥面、孔锥面变形或者受损不光滑等。

6）气缸不同步，故障原因有输出管路不一样长、气缸摩擦系数不同、在安装的时候没有安装调速节流阀等。

7）输出力不足，出现故障的原因有供气压力不足、负载力大于气缸的作用力、气缸漏气等。

气缸常见故障及维修方法见表 5-31。

表 5-31　气缸常见故障及维修方法

故障现象		故障原因	维修方法
外部泄漏	活塞杆端漏气	活塞杆安装偏心；润滑油供应不足；活塞密封圈磨损；活塞杆轴承配合面有杂质；活塞杆有伤痕	重新安装调整，使活塞杆不受偏心横向负荷；检查油雾器是否失灵；更换密封圈；清洗除去杂质，安装更换防尘罩；更换活塞杆
	缸筒与缸盖间漏气		
	缓冲调节处漏气		
内部泄漏	活塞两端窜气	活塞密封圈损坏；润滑不良；活塞被卡住，活塞配合面有缺陷；杂质挤入密封面	更换密封；检查油雾器是否失灵；重新安装调整，使活塞杆不受偏心横向负荷；除去杂质，采用净化空气
输出力不足，动作不平稳		润滑不良；活塞或活塞杆卡住；供气流量不足；有冷凝水杂质	检查油雾器是否失灵；重新安装调整，消除偏心横向负荷；加大连接或管接头口径；注意用净化干燥的压缩空气，防止水汽凝结
缓冲效果不良		缓冲密封圈磨损；调节螺钉损坏；气缸速度太快	更换密封圈；更换调节螺钉；注意缓冲机构是否适合
损伤	活塞杆损坏	有偏心横向负荷；活塞杆受冲击负荷；气缸的速度太快	消除偏心横向负荷；冲击不能加在活塞杆上；设置缓冲装置
	缸盖损坏	缓冲机构不起作用	在外部或回路中设置缓冲机构

3. 电磁阀常见故障

（1）电磁阀的组成

电磁阀是由电磁线圈和磁心组成，包含一个或几个孔的阀体。当线圈通电或断电时，磁心的运动将导致流体通过或切断，以达到改变流体方向的目的。电磁阀的电磁部件由固定铁心、动铁心、线圈等部件组成，阀体部分由滑阀芯、滑阀套、弹簧底座等组成。电磁线圈被直接安装在阀体上，阀体被封闭在密封管中，构成一个简洁、紧凑的组合。常用的电磁阀有二位三通、二位四通、二位五通等。所谓的二位，对于电磁阀来说就是带电和失电，对于所控制的阀门来说就是开和关。

（2）电磁阀常见的故障

气动电磁阀的故障将直接影响到切换阀和调节阀的动作，常见的电磁阀故障有以下几种。

1）电磁阀接线头松动或线头脱落，电磁阀断电，可紧固线头。

2）电磁阀线圈烧坏，可拆下电磁阀的接线，用万用表测量，如果开路，则电磁阀线圈烧坏。原因是线圈受潮，引起绝缘不好而漏磁，造成线圈内电流过大而烧毁，因此要防止雨水进入电磁阀。此外，弹簧过硬，反作用力过大，线圈匝数太少，吸力不够也可使得线圈烧毁。紧急处理时，可将线圈上的手动按钮由正常工作时的"0"位打到"1"位，使得电磁阀打开。

3）电磁阀的滑阀套与滑阀芯的配合间隙很小（小于0.008mm），一般都是单件装配的，当有机械杂质带入或润滑油太少时，很容易卡住。可用钢丝从头部小孔捅入，使其弹回。根本的解决方法是将电磁阀拆下，取出滑阀芯及滑阀套，用四氯化碳（CCL4）清洗，使得滑阀芯在滑阀套内动作灵活。拆卸时应注意各部件的装配顺序及外部接线位置，以便重新装配及正确接线，还要检查油雾器喷油孔是否堵塞，润滑油是否足够。

4）电磁阀漏气会造成空气压力不足，使得强制阀的启闭困难，原因是密封垫片损坏或滑阀磨损而造成几个空腔窜气。在处理切换系统的电磁阀故障时，应选择适当的时机，等该电磁阀处于失电状态时进行处理，若在一个切换间隙内处理不完，可将切换系统暂停，从容处理。

电磁阀常见故障及维修方法见表5-32。

表5-32　电磁阀常见故障及维修方法

故障现象	故障原因	维修方法
阀无法工作	电压低于额定值	确保供电电压在额定范围内（通常为额定电压的±10%）
	环境温度过高	确保环境温度在额定范围内
	线圈断路、短路	更换电磁线圈
	两侧压差过大	确保两侧压差在额定范围内（常见于先导式二通阀）
	部件变形、破损	必要时更换
	流体黏度过大	使用产品允许的黏度适当的流体
	漏电压过大	降低漏电压（交流规格：额定电压20%以下，直流规格：额定电压2%以下）
	异物混入	清理
内部泄漏	异物混入	清理
	流体与产品不匹配	确认阀体材质、密封圈材质与流体的匹配性
外部泄漏	阀体密封圈破损	更换

三、气动机构元件使用注意事项

1. 气动系统对设计选型者、使用者的要求

（1）使用产品型号、规格的确认

气动系统的设计者和气动元件的选型者应根据气动系统的性能要求，考虑到安全性及可能出现的故障，按最新产品样本和资料来决定气动元件的规格。必要时，还应做相应的分析和试验。用于某些新兴行业或特殊行业时，应与气动元件制造商共同进行选型工作。

（2）需特别注意的情况

1）压缩空气一旦使用失误，是很危险的，气动设备的组装、操作和维护等应由受过专门培训和有一定实际经验的人员来进行。

2）在确认安全之前，绝对不允许启动设备或从设备上拆卸气动元件。

3）确认已进行上述安全处理后，再切断电源和气源，排掉气动系统内残存的压缩空气，才能进行维修或拆卸。

4）在启动气动设备之前，要确认不会发生活塞杆急速伸出现象。

2. 气动系统对使用环境的要求

1）在有腐蚀性气体、化学药品（如有机溶剂）、海水、水及水蒸气的环境中或附着上述物质的场所使用，与介质接触的密封件、阀体等需要改为特殊材质。

2）避免在有爆炸性气体的场所使用（如需要使用，则需要考虑采取防爆措施）。

3）在有振动和冲击的场合，须确保各类气动元件耐振动、耐冲击的能力符合产品设计需求。在设计系统时需考虑动力源发生故障的可能性，请采取相应措施确保气压、电力等气动系统驱动装置动力源发生故障时，不会造成人身伤害或装置损坏。

4）在设计系统时应进行防止飞出回路的设计。气动系统在调试或检修时，回路排掉残压，这时启动，活塞是单侧加压的，驱动物体会高速飞出。在这种情况下，应设计防止气缸急速伸出的回路或装置，以免造成夹住手脚等人身伤害以及机械损坏。

5）设计系统时应考虑紧急停止时的动作状态。设计应确保重新启动时不会造成人身伤害以及元件损坏。另外，需要将气缸复位到启动位置时，请设计安全的控制装置。

6）关于中间停止，利用三位中封型方向控制阀进行气缸活塞中间停止时，由于空气的压缩性，活塞很难像油压那样正确并精准地停止。另外，由于不能保证阀门或气缸的零空气泄漏，因此，活塞有时不能长时间保持在停止位置上，需要长时间停止位置保持时，应设计必要的装置。

7）关于系统中多个气缸的同步，由于空气的压缩性，由同一方向控制阀控制几个或多个气缸并联达到较高的同步精度是很难的，这种情况应在设计时考虑特殊装置或回路。

应将净化的干燥空气用作压缩空气，请勿使用含合成油（含化学药品、有机溶剂）、盐分或者腐蚀性气体等的压缩空气，以免导致元件损坏或者动作不良。

3. 气动系统润滑油使用注意事项

1）一般情况下，气动元件在出厂时内部预加了润滑脂，已进行初期润滑，因此可在没有润滑的状态下使用。

2）给油时，应使用无添加剂 1 号透平油（黏度等级为 32），不得使用机油、锭子油等，以免丁腈橡胶（NBR）等密封件被泡涨。

3）中途不可停止给油。如停止给油，内部预加的润滑油脂可能被冲洗掉，在没有润滑的情况下会导致元件动作不良，加速磨损，因此请务必持续给油，给油时应配置流量适合的油雾器。

4）当采用压缩空气润滑时，油雾量一般不超过 $25\mathrm{mg/m^3}$。

4. 气动系统对压缩空气的要求

1）不能直接使用空气压缩机输出的压缩空气，该压缩空气中含有一定量的水分、油分和灰尘，经过压缩后的空气温度为 140~170℃，部分水及油以气态形式存在。

2）必须使用净化处理后的压缩空气。一般机械及一般气动回路等要求过滤精度<40μm；逻辑元件、射流元件、气马达等要求过滤精度<10μm，食品、药品、电子、烟酒、空气轴承等要求过滤精度<5μm。

3）压缩空气中的油雾气可能聚集在储气罐、管道、气动系统的容器中形成易燃物，会对气动系统造成很大的危害。

4）变质的润滑油会使橡胶、塑料、密封材料损坏，堵塞小孔，造成阀类动作失灵。

5）水分和粉尘会造成金属件腐蚀生锈，使运动件磨损、卡死，堵塞小孔，造成气压信号传感失常。在寒冷地区，水分结冰会造成管道冻结、冻裂、气动元件工作失灵。

6）不能使用混杂有害气体（如酸、碱等）的压缩空气，酸、碱会给气动元件内部的各零件造成损伤。

7）请不要使用含有空气压缩机氧化油、焦油和炭等成分的压缩空气。

8）如果气动元件内部进入氧化油、焦油和炭，并固着下来，会增大滑动部分的阻力，从而导致动作不良。氧化油、焦油和炭等与润滑油混在一起，会磨损气动元件的滑动部分。

9）气动元件不适合使用超干燥空气。需使用超干燥空气时，应选择对应匹配的元件。超干燥的压缩空气会缩短气动元件的使用寿命。

5. 气动系统配管与安装

1）气动系统有关接头、配管连接时的密封带的缠绕方法，请遵循以下规定。请从距离管螺纹部分前端1.5~2个螺纹以上的内侧位置开始，按照螺纹的正方向和反方向进行缠绕。

2）连接配管时，请以适当的力矩进行紧固，目的是防止空气泄漏和螺纹损坏。连接螺纹紧固力矩见表5-33。

表5-33　连接螺纹紧固力矩

连接螺纹	紧固力矩/N·m	连接螺纹	紧固力矩/N·m	连接螺纹	紧固力矩/N·m
M3	0.3~0.6	PT1/4	12~14	PT3/4	28~30
M5	1.0~1.5	PT3/8	22~24	PT1	36~40
PT[①]1/8	7.0~9.0	PT1/2	28~30		

① PT螺纹为55°密封圆锥管螺纹。我国用 R_c/R_2 或 R_p/R_1 表示。

3）在使用尼龙或聚氨酯材料软管时应注意，在有高温飞溅物的环境中应使用阻燃管或金属管，在不同温度下使用时，应注意软管的最大耐压的差异。

4）配管与接头在连接气动元件之前应先用压缩空气清洗管路。

6. 控制元件安装与使用要求

1）使用前注意检查组件在运输过程中是否损坏，然后安装使用。

2）安装时请注意气体流动方向及接管牙型是否正确。

3）请注意安装条件是否符合技术要求（如电压、动作频率、工作压力、使用温度范围等），然后安装使用。

4）安装时请注意气体流动方向，P为进气口，A（B）为工作口，R（S）为排气口。

5）尽量避免在振动的环境下使用，并注意低温下的防冻措施。

6）连接管路时，注意生料带缠绕不可超过接头牙端面，注意清除管路接头的粉尘、铁屑等隐藏物，避免杂质或异物进入阀体内。

7）请注意防尘，建议排气口安装消声器或消声节流阀。拆下不用时，应在进、出气口装防尘套。

8）整机调试时，建议先用手动装置调试，然后再通电调试。

四、气动系统安装调试及维护

1. 气动系统的安装

（1）管路安装

管路安装前要彻底清理管道内的粉尘及杂物，管道支架要牢固，工作时不得产生振动。接管时要保证密封性，防止出现漏气，尤其注意接头处和焊接处管路应尽量平行布置，减少交叉，并考虑其自由拆卸功能。安装软管时应该有一定的转弯半径，不允许有拧扭现象。

（2）气缸的安装

1）活塞杆的轴线应与负载移动方向保持一致。不一致会导致活塞杆和缸筒产生横向负荷，缸筒内表面、导向套和活塞杆的表面以及密封件容易磨耗和破损。

2）使用外部导向的场合，活塞杆前端与负载的连接，在行程的任何位置都不允许有载荷运动方向与活塞杆轴心线不一致的情况存在。

3）安装过程中活塞杆的滑动部位不能撞伤或划伤，滑动部位的伤痕会导致密封件损伤而产生漏气。

4）缓冲气缸出厂时，缓冲阀已经做过调整。使用时，需要根据负载及运动速度的大小，对安装在气缸缸盖上的缓冲阀做重新调整。顺时针方向旋转缓冲阀，节流开度变小，缓冲能力增强。调整之后，应将缓冲阀的锁母锁紧。缓冲阀不要处于全闭状态使用，以免损坏密封件。

5）对给油型气缸，应在回路中设置油雾器。使用无添加剂 1 号透平油（黏度等级为 32）供油。不得使用机油、锭子油。对不给油气缸，由于有预加润滑脂，无须供油。不给油气缸也可给油使用，使用无添加剂 1 号透平油，但一旦给油，不得中途停止给油，因预加润滑脂已被冲洗掉，不给油会导致气缸动作不良。

6）应使用洁净的压缩空气，靠近换向阀的上游侧应安装过滤精度为 5μm 以下的空气过滤器。

7）长行程气缸上应设置中间导向支撑，以避免活塞杆自然下垂。

8）气缸调试时，其节流阀应该从关闭状态逐步打开，从低速慢慢地将气缸的速度调整到系统所需速度。节流阀安装方式一般有排气节流和进气节流两种，多数采用排气节流方式。

（3）油雾器的安装

1）应垂直向下安装，进出口不得装反，外壳上箭头方向即为空气流动方向。安装时保证有空间更换滤芯、方便向油雾器内注油以及调节滴油量。

2）油雾器应安装在过滤器、减压阀之后，防止水分进入油杯内使得油产生乳化。

3）油雾器调节环刻度盘上的数字是滴油量的大小，数字大，则滴油量大。使用的空气流量必须满足滴油量的最小起雾需求。

4）在给油雾器加油时，要缓慢拧开注油塞，等油杯内的压力完全释放后再拆除，防止注油塞喷出。

5）油杯内油位需要在上下限位之间，应及时补油。一般每 $10m^3$ 自由空气量使用 $1m^3$ 基准供油。

（4）减压阀的安装

1）减压阀按照气流的方向安装，首先装空气过滤器，其次是减压阀，最后是油雾器。进出口装反会导致泄气，调节失效。

2）减压阀安装要方便调压旋钮操作，压力表置于能观察的方位。

3）若压缩空气中冷凝水较多，则尽可能将调节旋钮安装在下部，避免冷凝水滞留在阀内，造成减压阀调节不良。

4）减压阀二次侧的设定压力应在一次侧压力的 85% 以下。

5）若在两个减压阀的高低气压回路中，需要使用单向阀，以免造成空气逆流。

6）压力调整完毕后应锁定调节旋钮。

2. 气动系统的调试

（1）调试前准备

调试前，了解设备气动系统的原理、结构和性能，了解各类气动元件在设备上的安装位置、调节方法及调节旋钮的旋向等结构特点。

（2）空载运行

1）空载运行前，截止阀关闭，减压阀完全松开使输出压力为零，油雾器滴油控制节流阀关闭，速度控制阀及气缸缓冲阀全部关闭。

2）确保油雾器油杯内油液液面在油量 2/3 处。

3）执行元件不接负载，待工作正常。打开截止阀，此时电源不接通。将减压阀调节至系统压力。

4）按压电磁阀手动按钮，电磁阀换向工作正常。

5）由小至大逐渐打开执行元件上的节流阀，逐渐提高执行元件的速度。调节气缸速度的同时，逐渐打开气缸上的缓冲阀，使气缸平稳运行至行程末端。调整完毕后，锁定节流阀及缓冲阀旋钮。

6）调整油雾器至合适滴油量。

7）空载运行时间通常不少于 2h，运行过程注意压力、流量、温度的参数变化，若发现异常应立即关停，待故障排除后才能继续运转。

（3）负载试运转

1）试运转正常后，接通电源，调节执行元件上的速度控制节流阀，使气缸处于低速带载运行。

2）调整执行机构限位器、行程开关等的位置。

3）确保各个回路工作运行正常。

4）带负载运行时间通常不少于 4h，对运行数据进行详细记录。确定运转完全正常后可转入正常负载工作，调试结束。

3. 气动系统的维护

气动装置使用中，如果不注意维护保养工作，会过早损坏或频发故障，使得气动装置的使用寿命大大缩短。在对气动装置进行维护保养时，应针对事故苗头，及时发现问题并制定对策，减少和防止大故障的发生，延长气动装置的使用寿命。

气动装置维护的核心工作就是保证供给气动系统清洁干燥的压缩空气，保证气动系统的密封性，保证气动元件得到良好的润滑，保证气动元件和系统得到正常的工作条件（如压力、电压等）。

（1）经常性维护工作

1）主要任务就是排放系统冷凝水、检查润滑油等。每日作业结束，应将系统各处冷凝水排掉，防止夜间温度过低导致结冰。

2）系统运行时，每天检查一次油雾器的滴油量是否达到要求值。

3）开机前检查各旋钮是否在正确位置。每日使用结束后应对执行元件活塞杆和导轨等外露部分表面进行擦拭。

（2）定期性维护工作

每周维护主要工作就是检查系统漏气及检查油雾器。

1）漏气检查通常在班前班后，此时车间现场不生产，现场噪声小，便于检查漏气情况。此项检查应至少每月一次，任何存在泄漏的地方都应立即进行修补。

2）对方向阀等排气口进行检查时，若有大量冷凝水排出，检查排出冷凝水的装置是否合适、过滤器的安装位置是否恰当。

3）检查安全阀、限位器等元件安装的牢固程度，工作是否正常可靠。

4）观察方向阀的动作是否可靠。检查阀芯或密封件是否磨损，让电磁阀反复切换，从切换声音可判断阀的工作是否正常。

5）油雾器通常一周补油一次，补油时注意观察补油量，若补油量过少，需要调整油雾器滴油量。

复习题

1. 判断题

（1）有色金属、精密零部件可以采用强酸、强碱溶液浸泡清洗。（　　）

（2）煤油、汽油、酒精、乙醚等易挥发清洗液应远离动火区域，防止产生火灾事故。（　　）

（3）键安装时要去除边角毛刺，防止装配时造成损伤。（　　）

（4）齿轮传动适用于传输距离过大的场合。（　　）

（5）推力轴承是主要承受径向力的轴承，它包括轴向接触轴承和角接触推力轴承。（　　）

（6）滚动轴承发热，主要是轴承游隙过小，润滑不当引起的。（　　）

（7）断头螺钉较粗时，可用扁錾沿着螺钉圆周剔出螺钉。（　　）

（8）在允许的情况下，可用直径大于断头螺钉大径的钻头把断头螺钉钻掉，重新攻螺纹。（　　）

（9）气动系统试运转正常后，接通电源，调节执行元件上的速度控制节流阀，使气缸处于高速带载运行。（　　）

（10）气动系统空载运行前，截止阀关闭，减压阀完全松开使输出压力为零。（　　）

（11）设备保养的目的在于及时发现和消除设备在运行过程中因疲劳、正常损耗等而产生的停机故障，避免设备部件的恶性损伤。（　　）

（12）设备点检通常是指通过人的五感（视、听、嗅、味、触）或者借助工具、仪器，按照预先设定的周期和方法，对设备上的规定部位（点）有无异常进行检查与判断，以使设备的隐患和缺陷能够被早期发现、早期预防、早期处理。（　　）

（13）螺栓拧紧时，预紧力应该尽可能地加大，降低螺栓松动的风险。（　　）

（14）三相异步电动机在用万用表进行绕组检查中，各绕组线圈自身和各绕组线圈之间都应该以接通状态为正常。（　　）

（15）机床的几何精度是指机床某些基础零件工作面的几何精度，它指的是机床在不运动（如主轴不转、工作台不移动）或运动速度较低时的精度。（　　）

（16）气源三联件是指空气过滤器、减压阀和油雾器有管连接而成的组件。（　　）

（17）气动执行元件是指将气体能转换成机械能，以实现往复运动或回转运动的元件。实现直线往复运动的气动执行元件称为气马达；实现回转运动的称为气缸。（　　）

（18）减压阀作用是将输出压力调节到比输入压力低的调定值上，并保持稳定不变，也是以出口压力为控制信号的。（　　）

（19）后冷却器作用是分离并排出压缩空气中凝聚的油分、水分等，使压缩空气得到初步净化。（　　）

（20）判断电磁阀线圈是否烧坏，可拆下电磁阀的接线，用万用表测量，如果开路，则电磁阀线圈烧坏。（　　）

2. 单选题

（1）装配同一种零件，在装配时零件不经过修配、选择或调整就可以达到要求的装配精度。这种装配称为（　　）。

A. 互换装配法　　　　B. 选配装配法　　　　C. 调整装配法　　　　D. 修配装配法

（2）当丝杠螺纹磨损不超过齿厚的（　　）时，可以采用车削加深螺纹的方法进行修复。

A. 5%　　　　　　　B. 25%　　　　　　　C. 10%　　　　　　　D. 30%

（3）角接触推力轴承是公称接触角大于（　　　），但是小于 90° 的推力轴承，主要用于承受轴向载荷，也能同时承受较小的径向载荷。

A. 30°　　　　　　B. 60°　　　　　　C. 45°　　　　　　D. 120°

（4）蜗杆和蜗轮相互啮合时，在中间的平面上，蜗杆的轴面模数、压力角和蜗轮端面模数、压力角（　　　）。

A. 不相等　　　　　B. 相等　　　　　C. 无法判定

（5）带轮的 V 形槽底与 V 带底面间隙小于标准间隙的（　　　）时，可车削达到设计要求。

A. 1/2　　　　　　B. 1/3　　　　　　C. 1/4　　　　　　D. 1/8

（6）橡胶高压软管弯曲半径 R 应大于（　　　）倍外径，至少应在离接头 6 倍直径处弯曲。

A. 1~10　　　　　　B. 5~8　　　　　　C. 9~10　　　　　　D. 10~20

（7）油雾器通常（　　　）补油一次，补油时注意观察补油量，若补油量过少，需要调整油雾器滴油量。

A. 两周　　　　　　B. 一周　　　　　　C. 半年　　　　　　D. 一个月

（8）油雾器调节环刻度盘上的数字是滴油量的大小，数字（　　　），则滴油量（　　　）。使用的空气流量必须满足滴油量的最小起雾需求。

A. 小，大　　　　　B. 小，小　　　　　C. 大，大　　　　　D. 大，小

（9）设备点检的"六定"不包括（　　　）。

A. 定点　　　　　　B. 定人　　　　　　C. 定标准　　　　　　D. 定时

（10）下列不属于润滑"三过滤"的是（　　　）。

A. 入库过滤　　　　B. 发放过滤　　　　C. 加油过滤　　　　D. 放油过滤

（11）机床的静态精度不包括（　　　）。

A. 几何精度　　　　B. 加工精度　　　　C. 传动精度　　　　D. 定位精度

（12）机床的几何精度坐标系的定义符合右手定则，下列说法正确的是（　　　）。

A. 右手拇指代表 y 轴　　　　　　　　　B. 食指代表 z 轴

C. 中指为 x 轴　　　　　　　　　　　　D. 指尖所指的方向为各坐标轴的正方向

（13）气源三联件的安装顺序依进气方向分别为（　　　）。

A. 过滤器、减压阀、油雾器　　　　　　B. 减压阀、油雾器、过滤器

C. 油雾器、过滤器、减压阀　　　　　　D. 过滤器、油雾器、减压阀

（14）由于气源空气压力往往比每台设备实际所需要的压力（　　　）些，同时压力波动值比较大，因此需要用减压阀将其压力（　　　）到每台设备所需要的压力。

A. 低，升高　　　　B. 高，降低　　　　C. 低，降低　　　　D. 高，升高

（15）油雾器油雾粒径过大或过小，都会导致润滑或冷却效果下降。油雾粒径规定在试验压力 0.5 MPa，输油量为 30 滴/min 时不大于（　　　）。

A. 30μm　　　　　　B. 50μm　　　　　　C. 100μm　　　　　　D. 10μm

（16）气动回路是为了驱动用于各种实现不同目的的机械装置，其最重要的三个控制对象是力的大小、力的方向和运动速度，而其中运动速度是靠（　　）来控制。

A. 压力控制阀　　　　B. 方向控制阀　　　　C. 流量控制阀　　　　D. 以上都不是

（17）空气过滤器出现进出气侧压差增大，流量减少的现象，一般是（　　）造成的。

A. 排水口堵塞　　　　　　　　　　　B. O 形密封圈损伤

C. 杯体漏气　　　　　　　　　　　　D. 滤芯堵塞

3. 简答题

（1）请简述拆卸断裂螺钉的方法。

（2）请简述缺陷成长过程的各个阶段，以及如何才能通过对缺陷成长过程的分析处理来避免停机故障的出现。

（3）减压阀出现无法调压的故障现象，请分析说明产生该问题的可能原因及处理方法。

第五章复习题答案

附录　汽车行业职业技能评价规范
——汽车机电维修工（初级）

一、基本要求

1. 职业道德

（1）职业道德基础知识

1）职业道德的概念。

2）职业道德的主要内容。

3）职业道德的基本特征。

4）职业道德的作用。

5）职业道德的原则。

6）职业道德的规范。

（2）职业守则

1）遵守法律、法规和有关规定。

2）爱岗敬业，具有高度的责任心。

3）严格执行工作程序、工作规范、工艺文件。

4）工作认真负责，团结合作。

5）爱护并正确使用设备及各类工装。

6）着装整洁，劳动安全防护用品穿戴符合规定；严格遵守安全操作规程，保持工作环境清洁有序，文明生产。

2. 基础知识

（1）电工基础理论知识

1）直流电路基础知识。

2）电磁基础知识。

3）交流电路基础知识。

4）电工识图基础知识。

5）电力变压器的识别与分类。

6）常用电机的识别与分类。

7）常用低压电器的识别与分类。

8）自动控制技术基础知识。

（2）电子技术基础

1）常用电子元器件的基础知识。

2）集成电路基础知识。

3）整流、滤波、稳压电路基础应用知识。

（3）钳工基础知识

1）机械识图基础知识。

2）公差与配合基础知识。

3）划线基础知识。

4）机械加工常用设备基础知识（分类、用途）。

5）钳工操作基础知识（錾、锉、锯、钻、攻螺纹、套螺纹）。

6）机械传动基础知识。

7）常用金属材料及热处理基础知识。

8）气动液压基础知识。

（4）常用工具使用知识

1）常用电工工具（包括专用工具）及其使用。

2）钳工工具、夹具使用与维护知识。

（5）常用仪器、量具、仪表使用知识

1）仪表、仪器测量基础知识。

2）量具、仪器及其使用。

（6）安全知识

1）电工、钳工安全基础知识。

2）安全用具。

3）触电急救知识。

4）电气消防、接地、防雷、机械防护知识。

5）安全距离、安全色和安全标志等国家标准规定。

6）电气安全装置及电气安全操作规程。

7）高压安全知识。

（7）其他相关知识

1）质量管理知识。

2）环境保护知识。

3）现场文明生产知识。

4）汽车工艺知识。

5）计算机基础知识。

（8）相关法律、法规知识

1）《中华人民共和国劳动合同法》相关知识。

2)《中华人民共和国电力法》相关知识。

3)《中华人民共和国安全生产法》相关知识。

二、工作要求

附表是汽车机电维修工（初级）的职业功能相关要求。

附表 汽车机电维修工（初级）职业功能相关要求

职业功能	工作内容	技能要求	相关知识要求
1. 电器安装和线路敷设	1.1 低压电器选用	1.1.1 能识别常用低压电器的图形符号、文字符号 1.1.2 能识别和选用刀开关、熔断器、断路器、热继电器、主令电器、漏电保护器、指示灯等低压电器的规格、型号 1.1.3 能识别防爆电气设备的防爆型式、防爆标识 1.1.4 能识别相关安全装置标识	1.1.1 常用低压电器图形符号、文字符号的国家标准 1.1.2 常用低压电器的电器结构、工作原理及使用方法 1.1.3 防爆电气设备标识、等级 1.1.4 相关安全装置标准标识
	1.2 电工材料选用	1.2.1 能根据安全载流量和导线规格、型号选用电线、电缆 1.2.2 能根据使用场合选用电线管、桥架、线槽等 1.2.3 能识别低压电缆接头、接线端子	1.2.1 电工常用线材、管材选用方法 1.2.2 电线、电缆分类、性能、使用方法 1.2.3 电工辅料类型、选用方法
	1.3 照明电路装调	1.3.1 能按要求配备照明灯具，确定安装位置 1.3.2 能按要求安装照明灯具 1.3.3 能对不同照明灯具电路装调配备装具并安装接线 1.3.4 能对照明线路进行调试 1.3.5 能选择、安装有功电能表	1.3.1 电光源及照明器材的种类 1.3.2 灯具安装规范 1.3.3 穿管电线安全载流量计算方法 1.3.4 接线工艺规范 1.3.5 日光灯等常用电光源的工作原理 1.3.6 有功电能表的结构和工作原理
	1.4 动力及控制电路装调	1.4.1 能安装配电箱（柜） 1.4.2 能对金属管进行煨弯、穿线、固定 1.4.3 能对电线保护管进行切割、穿线、连接、敷设 1.4.4 能使用线槽、槽板、桥架、拖链带等敷设电缆 1.4.5 能识别线号和标注线号 1.4.6 能进行导线的直线和分支连接 1.4.7 能选择和压接接线端子 1.4.8 能对动力配电线路进行接线、调试	1.4.1 低压电器安装规范 1.4.2 管线施工规范 1.4.3 室内电气布线规范 1.4.4 单芯、多芯导线的连接方法 1.4.5 接线盒内导线的连接方法 1.4.6 低压保护系统分类 1.4.7 接地、接零安装规范

（续）

职业功能	工作内容	技能要求	相关知识要求
2. 继电器控制电路装调维修	2.1 低压电器安装、维修	2.1.1 能安装、修理、更换按钮、继电器、接触器、指示灯 2.1.2 能进行低压电器电路的检查、故障排除 2.1.3 能对手电钻等手持电动工具的线路进行检修	2.1.1 低压电器拆装工艺 2.1.2 手持电动工具国家标准
	2.2 交流电动机接线、维护	2.2.1 能分辨控制变压器的同名端 2.2.2 能分辨三相交流异步电动机绕组的首尾端 2.2.3 能对单相交流异步电动机进行接线、维护 2.2.4 能对三相交流异步电动机进行保养	2.2.1 变压器同名端判断方法 2.2.2 交流异步电动机工作原理、分类方法 2.2.3 电动机绝缘检测方法 2.2.4 交流异步电动机保养方法
	2.3 低压动力控制电路维修	2.3.1 能识读电气原理图 2.3.2 能进行三相异步电动机单方向运转控制电路的检查、调试、故障排除 2.3.3 能进行三相异步电动机正反转控制电路的检查、调试、故障排除 2.3.4 能进行三相异步电动机多处控制电路的检查、调试、故障排除	2.3.1 电气原理图的识读分析方法 2.3.2 三相异步电动机单方向运转电路原理 2.3.3 三相异步电动机正反转电路原理 2.3.4 三相异步电动机多处控制电路原理
3. 电子电路装调维修	3.1 电子元件焊接作业	3.1.1 能根据焊接对象选择焊接工具 3.1.2 能进行焊前处理 3.1.3 能安装、焊接由电阻器、电容器、二极管、三极管等组成的单面印制电路板 3.1.4 能识别虚焊、假焊	3.1.1 电子焊接工艺 3.1.2 电烙铁、焊丝的分类、选用方法 3.1.3 助焊剂选用方法
4. 钳工基本作业	4.1 量具使用与油品选用	4.1.1 能使用游标卡尺、直角尺、千分尺等常用量具进行简单测量作业 4.1.2 能维修简单机械连接故障 4.1.3 能根据技术要求，合理选用润滑油品及液压油品	4.1.1 游标卡尺、直角尺、千分尺等常用量具使用方法、测量精度 4.1.2 简单机械零件联接形式和机械传动方式 4.1.3 常用液压油、润滑油类型、型号及使用要求
	4.2 锯削、锉削加工	4.2.1 能锯削断面平面度公差 0.8mm、尺寸精度 $IT12$、直径 $\Phi30\sim\Phi50$ 的圆钢 4.2.2 能锉削平面度公差 0.1mm、尺寸精度 $IT10$、表面粗糙度 $Ra12.5\mu m$、$50mm \times 25mm \times 25mm$ 的钢件	4.2.1 型材的锯削方法 4.2.2 六方体的锉削加工方法
	4.3 孔、螺纹加工	4.3.1 能钻削位置度公差 $\Phi0.6mm$、孔径尺寸精度 $IT10$、直径 $\Phi10mm$ 的孔 4.3.2 能使用丝锥（或板牙）攻（或套）$\Phi20mm$ 以下的内（或外）螺纹	4.3.1 钻头的刃磨方法 4.3.2 钻孔的相关知识 4.3.3 攻（套）螺纹的工艺知识

（续）

职业功能	工作内容	技能要求	相关知识要求
5. 机械设备装调	5.1 设备装配	5.1.1 能按技术要求拆卸、装配小型设备的部件 5.1.2 能按技术要求装配气动、液压机构部分	5.1.1 设备原理及构造 5.1.2 气动、液压机构装配方法
6. 机械设备保养与维修	6.1 设备维护与保养	6.1.1 能进行车床、铣床等类似设备的维护保养工作	6.1.1 车床、铣床等设备的维护保养知识
	6.2 设备维修	6.2.1 能对气动机构元器件进行故障判别和器件更换	6.2.1 常见气动机构元器件故障判别及更换方法